Die neue Küche

Christian Eigner

Die neue Küche

Küchen planen,
auswählen und
kaufen

Planen, vergleichen, entscheiden 6

Wie Traumküchen Gestalt annehmen

Backen, grillen, dämpfen 40

Türen auf – hier kommt die neue Vielfalt

Kochen wie die Profis 80

Perfekter Geschmack ohne lästigen Dunst

Einfrieren, kühlen, temperieren 108

Lebensmittel perfekt lagern

Reinigen, spülen, trocknen 154

Vorzugsbehandlung für Geschirr und Besteck

Service 171

Planen, vergleichen, entscheiden

Wie Traumküchen
Gestalt annehmen

Grundlagen

Funktional und ergonomisch, aber auch freundlich und einladend soll die moderne Einbauküche wirken – und natürlich umwerfend aussehen. Um alle Wünsche zu erfüllen, braucht es perfekte Planung: von der Küchenform über Stauraum und Einbaugeräte bis hin zu Farben, Materialien und Design.

Kein Raum hat sich in unserer Wahrnehmung so radikal verändert wie die Küche. Noch vor 30 Jahren galt sie als reiner Funktions- und Arbeitsraum – fast ausschließlich dazu gedacht, Speisen zuzubereiten sowie Lebensmittel und Geschirr aufzubewahren. Alles sollte praktisch sein, die Wege möglichst kurz.

Ausgangspunkt dieser Tradition war die „Frankfurter Küche" – der Urtyp der heutigen Einbauküche. Sie wurde im Jahr 1926 von der Wiener Architektin Margarete Schütte-Lihotzky entworfen. Das Konzept der Frankfurter Küche fußte auf dem Gedanken, dass sich Arbeitsabläufe beschreiben und optimal steuern lassen. Dieses – später oft kritisierte – Prinzip wurde als Taylorismus bekannt. Es zielte darauf ab, die Arbeit in Betrieben zu rationalisieren und die einzelnen Schritte vorzugeben. Was für den Fabrikarbeiter monotone Arbeit und umfassende Kontrolle bedeutete, war für die Hausfrau aus damaliger Sicht ein immenser Fortschritt.

Folglich war die Frankfurter Küche so praktisch gestaltet wie ein industrieller Arbeitsplatz. Alle wichtigen Dinge ließen sich mit einem Handgriff erreichen und eine Vielzahl von Gerätschaften verkürzte die Arbeitsgänge. Dank ihrer kompakten Abmessungen ließ sich die Küche auch in beengten Wohnverhältnissen nutzen – und stand dennoch für gehobenes Design. Allerdings war auch die Frankfurter Küche eine von der übrigen Wohnung abgetrennte „Kochwerkstatt" für die damalige Hausfrau.

Funktionalität, Ergonomie, Gestaltung – alle diese Aspekte spielen nach wie vor eine große Rolle. Doch der Lebensraum Küche hat

sich mit unseren Lebens- und Essgewohnheiten und unserem Wohnstil weiterentwickelt. Der ehemals abgeschlossene Arbeitsraum ist zu einem Zentrum des Zusammenlebens geworden. In der Küche wird nicht nur gekocht, gebraten und gebacken – hier trifft man sich mit der Familie, mit Freunden oder Nachbarn. Wenn wir von einer Wohnküche sprechen, meinen wir einen in Richtung Wohnbereich offenen Raum, in dem wir zur Ruhe kommen und uns wohlfühlen können. Dadurch gewinnen insbesondere die optischen Aspekte in der Küche eine ganz neue Bedeutung.

Auch die Einbauküche ist Ausdruck des Lebensgefühls ihrer Benutzer. Möbel und Küchengeräte sind nicht nur zweckmäßig und effizient, sondern ästhetisch ansprechend und technisch auf dem neuesten Stand. Die Gestaltungsmöglichkeiten sind groß, ob Landhausküche aus Echtholz oder Betonarbeitsfläche im Industrial Design, ob grifflose Fronten oder gedämpfte Auszüge.

Wert pro Küche steigt

Wer sich 2018 eine Einbauküche kaufte, gab im Schnitt 7 125 Euro aus – und damit 228 Euro mehr als im Jahr davor. Der Gesamtumsatz der Branche sank dagegen leicht von rund 9,7 auf rund 9,3 Milliarden Euro. Immer mehr an Bedeutung gewinnen die höheren Preisklassen ab 10 000 Euro, deren Umsatzanteil kontinuierlich steigt. Mittlerweile lassen sich 14 Prozent der Käufer ihre Küche sogar mindestens 20 000 Euro kosten.

Quelle: Arbeitsgemeinschaft Moderne Küche e. V. (AMK)

Eine Einbauküche macht umso mehr Freude, je besser sie auf die Gewohnheiten, Ansprüche und Vorlieben ihrer Nutzer abgestimmt ist. Das zu leisten ist zwar Aufgabe des professionellen Planers, doch dieser ist auf den Input der künftigen Nutzer angewiesen. Mit anderen Worten: Wer eine Küche planen lässt, muss selbst jede Menge Überlegungen anstellen und Entscheidungen treffen.

Ergonomie

Eine Einbauküche ist eine Kombination verschieden hoher, breiter und tiefer **Schränke**, die unter, über und neben einer durchgehenden **Arbeitsplatte** angeordnet werden und Platz für Geschirr, Vorräte, Küchenutensilien sowie den Einbau von **Elektrogeräten** bieten (siehe auch „Küchenvarianten", S. 16). Eine Einbauküche verfügt über eine **Spüle** oder ein Spülbecken, eine **Armatur** und oft auch über eine integrierte **Beleuchtung**.

Eine der wichtigsten Anforderungen an eine Einbauküche: Sie muss **ergonomisch** sein. Sämtliche Elemente sollen soweit wie möglich an den oder die Nutzer angepasst sein. Das betrifft die Höhe von Backofen, Kochfeld und Spüle genauso wie die Breite der Arbeitsplatte.

Da die meisten Menschen relativ viel Zeit in ihrer Küche verbringen, kommt der **Körperhaltung** beim Arbeiten eine entscheidende Rolle zu: Ob jemand jahrelang in gebückter oder aufrechter Haltung Gemüse schnibbelt, ob er dabei sitzt oder steht, ob er den Inhalt von Oberschränken ganz bequem oder nur auf den Zehenspitzen stehend erreicht – all das macht einen nicht zu unterschätzenden Unterschied. Falsch angeordnete Möbel und Geräte können nicht nur zu Unfällen führen, sondern auch zu Ermüdung, Muskelverspannungen und Rückenschmerzen.

Zentral für eine gesunde Körperhaltung ist die richtige **Arbeitshöhe**. Sind Arbeitsplatte und Kochstelle zu niedrig angebracht, drohen die geschilderten

Optimale Arbeitshöhen

Für ein möglichst rückenschonendes Arbeiten sollten Kochfeld und Arbeitsplatte so geplant werden, dass ihre Höhen in einem bestimmten Verhältnis zur Körpergröße der Person stehen, die die meiste Küchenarbeit verrichtet.

Körpergröße in Zentimetern	Höhe Arbeitsplatte in Zentimetern	Höhe Kochfeld in Zentimetern
160	85	79
165	90	85
170	90	85
175	95	89
180	100	91
185	105	96
190	105	96
195	110	102

gesundheitlichen Risiken – sind sie zu hoch, bedeutet das erhöhten Kraftaufwand.

Für vorbereitende Tätigkeiten sollte heute jede Einbauküche über eine **Sitzgelegenheit** sowie eine **Arbeitsfläche in Sitzhöhe** verfügen. Damit Unterarm und Hand bequem aufliegen können, befindet sich diese Arbeitsfläche am besten etwa fünf Zentimeter über dem Oberschenkel. Für diese Arbeitsfläche eignet sich eine ausziehbare oder ausklappbare Platte. Unterschiede in der Körpergröße lassen sich mit Hilfe eines höhenverstellbaren Stuhls ausgleichen. Als Alternative ist eine höhenverstellbare Arbeitsfläche möglich, wie sie insbesondere bei barrierefreien Küchen zum Einsatz kommt.

Wie Arbeitswissenschaftler der TU Darmstadt im Jahr 2011 im Auftrag der Arbeitsgemeinschaft Moderne Küche e.V. (AMK) feststellten, ist es am sinnvollsten, zum Ermitteln der optimalen Höhe und Tiefe der Arbeitsplatte die **Ellenbogenhöhe** des hauptsächlichen Nutzers heranzuziehen. Die Ellenbogenhöhe wird vom Boden bis zum Gelenk bei geradem, um 90 Grad abgewinkeltem Unterarm gemessen. Für Küchenarbeiten sollte sich die Arbeits-

Ist die Arbeitsfläche zu tief (Bild links), können Rückenprobleme die Folge sein. Deutlich gesünder ist eine aufrechte Haltung.

Küchenstile

Eine Einbauküche ist im Schnitt 17 Jahre in Gebrauch. Als erstes sollten Sie sich deshalb einen Stil überlegen. Hier ein Überblick:

> **Klassikküche:** Klare Formen und ruhige, eher helle Farben sowie zeitloses Design prägen den klassischen Stil. Die Küche integriert sich dezent in ihre Umgebung und ist mit hochwertiger Technik und Möbeln aus traditionellen, langlebigen Materialien ausgestattet.

> **Landhausküche:** In einer Landhausküche steht Wohnlichkeit über allem. Dafür sorgen warme und neutrale Farbtöne wie Grün, Grau und Beige, natürliche Materialien sowie verspielte Muster oder besondere Griffe. Varianten sind unter anderem die nordische Skandinavienküche, die Wohnküche mit Bauernhaus-Ambiente und die Holzküche im Vintage-Stil.

> **Designküche:** Modernste Materialien, innovative Geräte und Smart-Kitchen-Funktionen charakterisieren die Designküche. Dank klarer Linien, glatter Fronten, fehlender Griffe und ausgeklügelter Stauraumlösungen wirkt sie schnörkellos, aufgeräumt und hochwertig.

> **Funktionsküche:** Besonders bei Familien beliebter Stil, oft mit kunststoffbeschichteten Fronten und Arbeitsflächen, die robust und pflegeleicht sind. Meist ist ein Esstisch integriert. Auch kleine Küchen bieten viel Stauraum für Kochgeschirr, Vorratsdosen, Babyfläschchen etc. Ratsam sind mobile und höhenverstellbare Elemente, die für Flexibilität sorgen und den Platz optimal nutzen.

platte etwa 10 bis 15 Zentimeter unter der Ellenbogenhöhe befinden, fanden die Forscher außerdem heraus.

Wer vorhat, die Arbeitsfläche nicht nur zum Zubereiten von Speisen, sondern auch zum Abstellen oft verwendeter Kleingeräte wie Wasserkocher, Toaster oder Entsafter zu nutzen, sollte darüber nachdenken, die **Arbeitstiefe** von standardmäßig 60 auf 70 oder mehr Zentimeter zu vergrößern. Neben mehr Reichweite und Stellfläche beim Arbeiten vergrößert sich dadurch auch der Stauraum in den darunter befindlichen Unterschränken.

Die **Kochstelle** sollte sich wegen der Topfhöhe etwa 25 Zentimeter unter der optimalen Arbeitshöhe befinden. Um das zu erreichen, wird häufig die Arbeitsfläche abgesenkt. Eine elegante Alternative ist das Auslagern der Kochstelle in eine Kücheninsel mit angepasster Höhe.

Der Rand des **Spülbeckens** sollte sich je nach Tiefe des Beckens etwa 10 Zentimeter über der optimalen Arbeitshöhe befinden. Zudem sollte es möglichst nah an der Vorderkante der Arbeitsplatte eingelassen werden, um den Rücken nicht unnötig beugen zu müssen.

Ist beides nicht möglich und auch eine Kücheninsel keine Alternative, kommt eventuell ein Spülenschrank mit Liftsystem oder Hubautomatik in Frage. Dieser lässt sich auf Arbeitshöhe anheben oder absenken. Auch mithilfe eines Spülenmoduls oder Aufsatzbeckens lässt sich die Arbeitsfläche erhöhen.

Besonders praktisch sind Armaturen mit herausziehbarer Handbrause, weil sich damit Obst und Gemüse, aber auch Geschirr und Besteck leichter abspülen lassen.

Extra-Tipp: Achten Sie auch auf die richtige Position der Abtropffläche – für Rechtshänder links, für Linkshänder rechts neben dem Becken.

Beim Planen von Oberschränken ist besonders auf die **Kopffreiheit** zu achten. Die Schränke sollen sich öffnen lassen, ohne dass sich Nutzer an Türen stoßen. Viele Oberschränke besitzen deshalb Schiebetüren oder Faltklappen, die sich nach oben öffnen. Die Oberkante von Schränken und Regalen sollte höchstens 35 Zentimeter über der eigenen Körpergröße liegen. Ansonsten plant man besser eine **Trittleiter** mit, die sich zum Beispiel in einer Sockelschublade verstauen lässt.

Für eine gute Ergonomie in der Küche sollten häufig benutzte **Einbaugeräte** erhöht eingebaut werden. Das ist bei Backofen und Kühlschrank längst Standard – mittlerweile aber auch beim

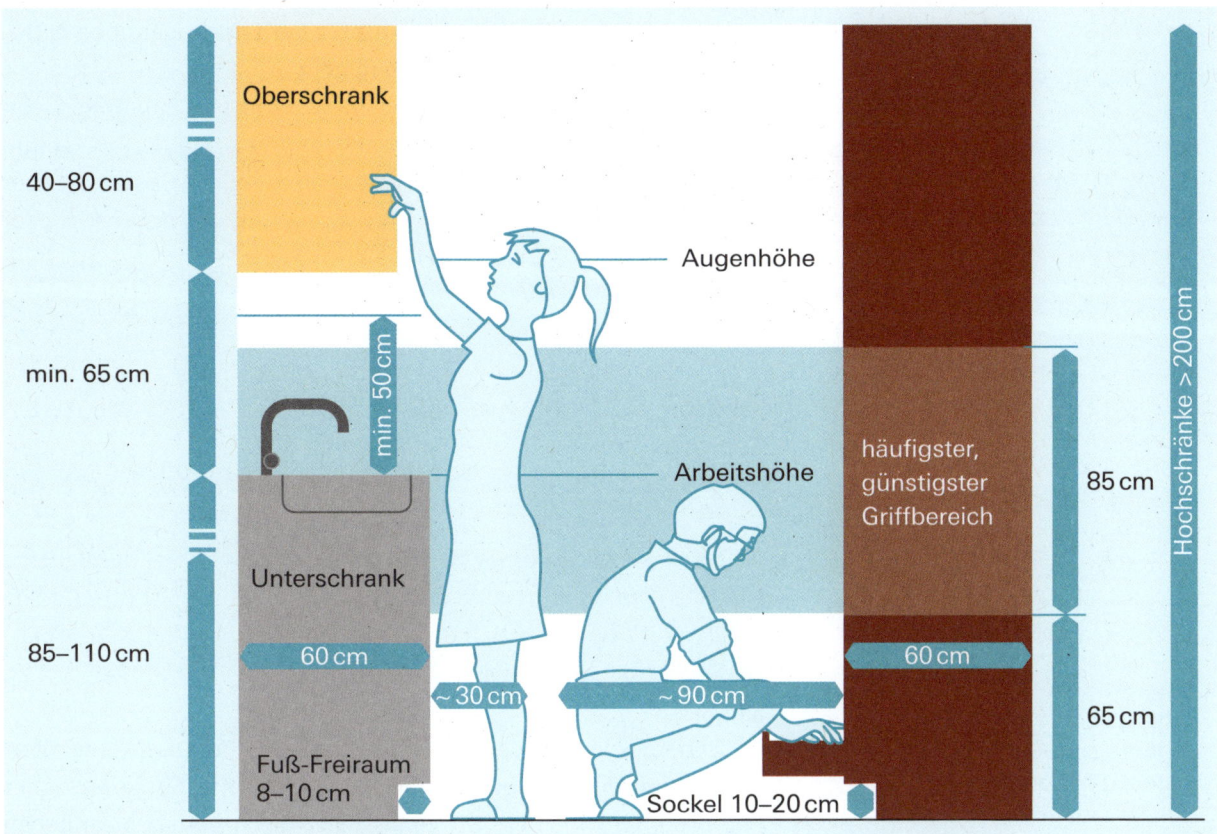

Geschirrspüler möglich. Hier gilt es bei der Planung zusätzlich darauf zu achten, dass sich die jeweilige Gerätetür soweit öffnen lässt, dass eine bequeme Bedienung möglich ist.

Auch die Auswahl eines geeigneten **Kochfelds** ist für die Gesundheit nicht zu unterschätzen. Der Grund: Komfortabel kochen lässt sich nur relativ nahe am Körper. Um in zweiter Reihe liegende Kochzonen zu erreichen, muss man sich oft relativ weit nach vorn beugen. Lösung: Entweder nutzt man die hintere Reihe vorrangig zum längeren Köcheln von Gerichten – oder man verzichtet ganz auf sie. Diese Möglichkeit bieten Panorama-Kochfelder mit linear angeordneten Zonen. Diese sind allerdings deutlich breiter als herkömmliche Modelle.

In Sachen **Dunstabzug** gelten schräg angebrachte Kopffreihauben (siehe Seite 99) sowie Kochfeldabzüge (siehe Seite 104) als besonders ergonomisch. Übrigens sind auch Dampfgarer, Mikrowelle und Kaffeevollautomat zum Einbauen erhältlich, sie lassen sich in Griffhöhe in einen Hochschrank integrieren.

Eine ergonomisch geplante Küche verfügt über optimal erreichbare Schränke und ausreichende Bewegungsflächen. Häufig genutzte Geräte wie Backofen und Geschirrspüler befinden sich im günstigsten Griffbereich.

Selbst Kleingeräte lassen sich in eine Küche einbauen (siehe S.19). Sie fest in einer Schublade oder hinter einer Schrankblende zu installieren, ist nicht nur ergonomisch sinnvoll, sondern spart auch Platz auf der Arbeitsfläche.

Arbeitsbereiche

Küchenarbeit besteht im Wesentlichen aus wiederkehrenden Tätigkeiten: Frühstück vorbereiten, Geschirrspüler ein- und ausräumen, Einkäufe einräumen, Essen kochen. Ausgehend von den dazu nötigen Arbeitsschritten lassen sich **Funktionsbereiche** identifizieren und sinnvoll anordnen. Je nach zugrunde liegendem Konzept variieren die Bezeichnungen der Bereiche.

Das System „Intelligent Kitchens" der Firma Hettich, Hersteller von Möbeltechnik, geht von folgenden Funktionsbereichen in einer Küche aus:

❯ Lebensmittelaufbewahrung
❯ Lebensmittelzubereitung
❯ Vorratsbehälter und Kleinteile
❯ Reinigung und Abfall
❯ Besteck und Geschirr

Das System „Dynamic Space" des Beschlägeherstellers Blum unterscheidet dagegen folgende fünf Zonen:

❯ Bevorraten
❯ Aufbewahren
❯ Spülen
❯ Vorbereiten
❯ Kochen/Backen

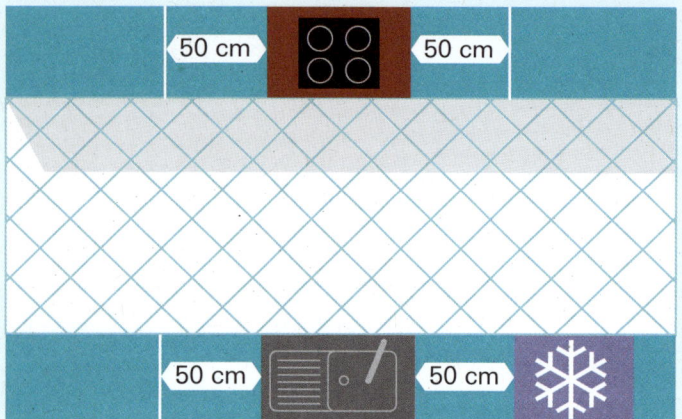

Um Speisen effizient vor- und zuzubereiten, sollten Arbeitsflächen ausreichend groß sein.

In beiden Fällen werden die Bereiche so angeordnet, dass sie den Arbeitsabläufen entsprechen und möglichst kurze Wege nach sich ziehen. Bei Rechtshändern ordnet man die genannten Arbeitsbereiche sinnvollerweise im Uhrzeigersinn an – bei Linkshändern umgekehrt. Die Anordnung der Zonen lässt sich am Beispiel des Konzepts „Dynamic Space" für verschiedene Küchenvarianten darstellen:

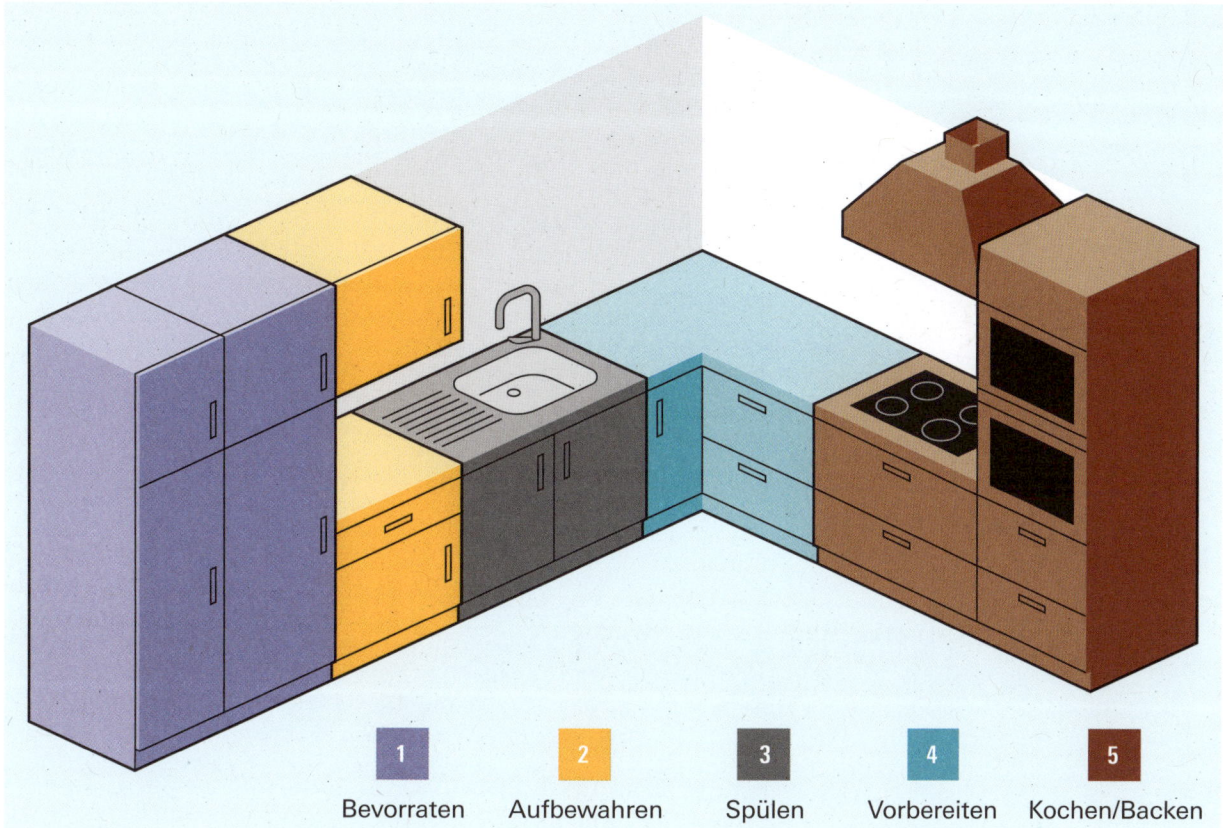

1	2	3	4	5
Bevorraten	Aufbewahren	Spülen	Vorbereiten	Kochen/Backen

In den Schränken der Zone **Bevorraten** – unter anderem Kühl- und Vorratsschrank – werden gekühlte und ungekühlte Lebensmittel untergebracht. Ausnahme: offene Lebensmittel wie Mehl, Kaffee, Reis, Nudeln und Müsli.

In die Zone **Aufbewahren** gehören Besteck, Geschirr, Gläser, Schüsseln, aber auch Kleinteile wie Flaschenöffner und Tütenclips sowie selten benötigte Elektrokleingeräte. Täglich benutzte Teller, Schüsseln und Gläser bewahren Sie so in Unter- und Oberschränken auf, dass Sie leicht auf sie zugreifen können.

Im Zentrum der benachbarten Zone **Spülen** befinden sich Spülbecken und Geschirrspüler. Der Spülenunterschrank beherbergt sinnvollerweise ein Abfalltrennsystem sowie Bürsten,

Rechtshänder verrichten Küchenarbeit am effizientesten, wenn die Funktionsbereiche im Uhrzeigersinn angeordnet sind. Die Wege zwischen den drei Hauptzonen Bevorraten, Spülen und Kochen sollten möglichst kurz sein.

Schwämme und Lappen, Hand- und Maschinenspülmittel, Müllsäcke und Geschirrtücher.

Unmittelbar zwischen Koch- und Spülbereich sollte die Zone **Vorbereiten** liegen. Hier befinden sich alle Küchenhelfer, darunter auch offene und häufig verwendete Lebensmittel. Damit das Vorbereiten leicht von der Hand geht, sollten folgende Gegenstände in unmittelbarer Reichweite sein:

❱ Arbeitsbesteck und -schüsseln
❱ Küchenhelfer
❱ Elektrokleingeräte
❱ Schneidbretter
❱ Essig, Öl, Gewürze
❱ Küchenwaage

Zwischen Spüle und Herd befindet sich die Hauptarbeitsfläche. Sie sollte ausreichend breit und zudem gut ausgeleuchtet sein. Ihre Mindestbreite liegt bei 90 Zentimetern, angenehmer sind 120 Zentimeter oder mehr. Gut organisierte Auszüge im Unterschrank erleichtern den Zugriff auf benötigte Utensilien.

Herzstück der Küche ist die Kochstelle. In die Zone **Kochen/ Backen** gehören außerdem Dunstabzug und Backofen sowie – falls vorhanden – Dampfgarer und Mikrowelle. Hinzu kommen Kochgeschirr und Kochbesteck, Bleche, Roste und Topflappen.

Neben Herd beziehungsweise Backofen und autarker Kochstelle sollten unbedingt freie Flächen geplant werden – rechts mindestens 30 Zentimeter Abstellfläche, links mindestens 60, besser 90 Zentimeter Arbeitsfläche.

Küchenvarianten

Die Küchenzonen lassen sich unterschiedlich kombinieren. Welche Variante die beste ist, hängt – neben persönlichen Vorlieben – von Größe und Grundriss der Küche, der Position von Tür und Fenster(n) sowie der Lage der Elektro- und Wasseranschlüsse ab.

Grundsätzlich sind folgende Varianten üblich:

❱ **Einzeilige Küche:** Bei einer Zeilenküche sind Möbel und Elektrogeräte nebeneinander in einer Reihe angeordnet. Eine Küchenzeile ist meist zwischen 1,80 und 2,90 Meter lang und eignet sich vor allem für kleine Wohnungen und Appartements mit nur einer freien Stellwand.

Grundriss und Geschmack entscheiden

Welche Küche darf's sein?

Aktuell haben 50,1 Millionen Deutsche über 14 Jahre eine Einbauküche in ihrem Haushalt. Das Konzept hat sich jahrzehntelang bewährt – ist aber nicht alternativlos: In letzter Zeit erfreuen sich sogenannte Modulküchen wachsender Beliebtheit. Wie der Name bereits sagt, handelt es sich dabei um einzelne Elemente, die sich auf verschiedene Weise kombinieren lassen. Beide Küchenarten haben Vor- und Nachteile.

❭ **Einbauküche:** Sie besteht klassischerweise aus Unter-, Ober- und Hochschränken, Spüle, Arbeitsflächen sowie Herd oder Backofen, Kühlschrank und Geschirrspüler. Ihr größter Vorteil – eine Einbauküche lässt sich individuell an räumliche Gegebenheiten anpassen – ist gleichzeitig ein Nachteil: Eine einmal installierte Einbauküche lässt sich, wenn überhaupt, nur mit erheblichem Aufwand an einen anderen Raum anpassen. Professionelle Planung vorausgesetzt, nutzt eine Einbauküche den zur Verfügung stehenden Raum optimal aus. Die sinnvolle Anordnung einzelner Elemente beziehungsweise ganzer Bereiche ermöglicht zügiges und effizientes Arbeiten. Zum Einbau ist in den meisten Fällen ein professioneller Monteur zwingend erforderlich.

❭ **Modulküche:** Eine Modulküche besteht aus einzelnen Möbeln und Geräten, die sich im Baukastensystem kombinieren lassen. Das macht sie unschlagbar flexibel. Wer mit einer Modulküche umzieht, stellt die einzelnen Elemente einfach so wieder auf, wie es den neuen Gegebenheiten am besten entspricht. Nachteil: Modulküchen nutzen den vorhande-

nen Raum – beispielsweise Ecken und hohe Wände – niemals optimal aus und verschwenden häufig eine Menge Platz.

Je nach Größe und Lage einer Küche im Wohnraum lassen sich weitere Unterscheidungen treffen:

❭ **Offene Küche:** Offene Küchen sind in den Wohnraum integriert. Sie wirken einladend und ermöglichen ein unkompliziertes Kommunizieren. Nachteil: Im Wohnbereich können sich Küchendunst, Gerüche und Geräusche unangenehm bemerkbar machen.

❭ **Wohnküche:** Ist eine Küche räumlich vom Rest der Wohnung getrennt und verfügt auch über genügend Platz für mehrere Menschen, lässt sie sich als Wohnküche bezeichnen.

❭ **Küchenzeile:** Sind Ober- und Unterschränke, Arbeitsplatte sowie Backofen/Herd und Spülmaschine nebeneinander an einer Wand aufgereiht, ist von einer Küchenzeile die Rede. Sie ist ideal für kleine Wohnungen, da sie den vorhandenen Raum optimal nutzt.

❭ **Pantryküche:** Häufig auch als Miniküche bezeichnet, ist eine Pantryküche meist nicht breiter als 1,20 Meter. Sie verfügt in der Regel nur über Spüle, Kochstelle und Kühlschrank. Pantryküchen kommen in Single-Appartements, Ferienwohnungen, auf Booten und in Wohnmobilen zum Einsatz.

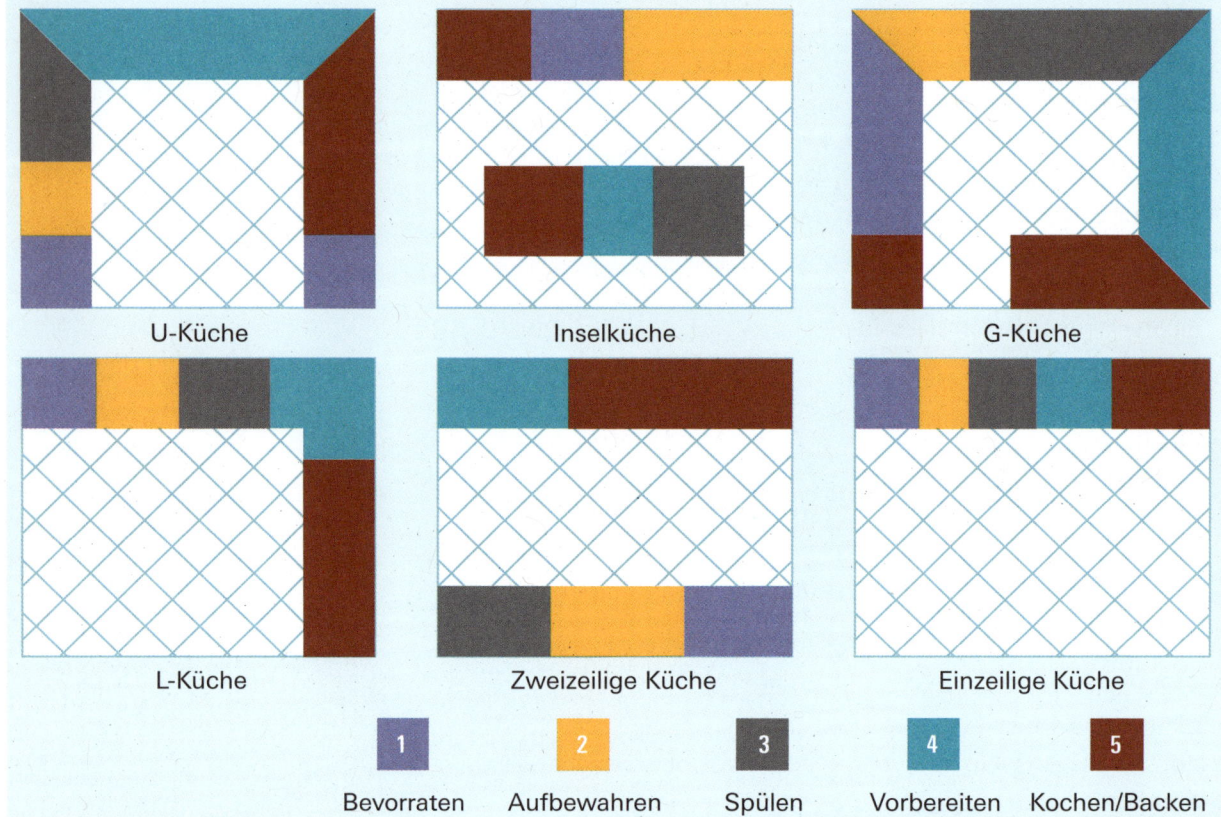

U-Küche

Inselküche

G-Küche

L-Küche

Zweizeilige Küche

Einzeilige Küche

| 1 | | 2 | | 3 | | 4 | | 5 |
| Bevorraten | | Aufbewahren | | Spülen | | Vorbereiten | | Kochen/Backen |

Die benötigten Anschlüsse vorausgesetzt, lassen sich die Funktionsbereiche in allen Küchengrößen und -varianten realisieren – für effizientes Arbeiten werden sie jeweils unterschiedlich angeordnet.

❯ **Zweizeilige Küche:** Um zwei gegenüberliegende Küchenzeilen unterzubringen, sollte der Raum mindestens 2,40 Meter breit sein. Bei dieser Variante lassen sich verschiedene Zonen planmäßig kombinieren, zum Beispiel Spülen und Kochen/Backen auf der einen, Aufbewahren und Bevorraten auf der anderen Seite – samt Abstell- und Arbeitsflächen.

❯ **L-Küche:** Bei dieser Variante ordnet man die Küchenzonen entlang zweier rechtwinklig aneinander grenzender Wände an. Da sich Nutzer hier auf relativ kleinem Raum bewegen, gelten L-Küchen als besonders ergonomisch. Außerdem lässt sich darin oft ein Essplatz integrieren. Damit wenigstens ein kleinerer Tisch samt Stühlen Platz hat, sollten weder Länge noch Breite des Grundrisses 3,00 Meter unterschreiten.

❯ **U-Küche:** Eine ausreichend große Grundfläche vorausgesetzt, bietet sich eine U-Küche für großzügige Wohnküchen an. Zwei mit Schränken verbundene Küchenzeilen erlauben es zudem, zusätzlichen Stauraum zu schaffen oder etwa die Zonen Spülen oder Vorbereiten platzsparend in die Ecken zu verlegen.

❯ **G-Küche:** Eine G-Küche – oft auch als Halbinselküche bezeichnet – ist eine U-Küche mit sich anschließender Sitzgelegenheit. Soll die Küche in den Wohnbereich integriert werden, lässt sich die Sitzgelegenheit als Raumteiler planen.

❯ **Inselküche:** Ergänzend zu einer Küchenzeile oder einer L-Küche lässt sich eine frei stehende Kücheninsel mit quadratischer, rechteckiger, kreisförmiger oder ovaler Grundfläche planen. Die Küche sollte dafür möglichst quadratisch und mindestens 16 Quadratmeter groß sein. In die Insel lassen sich eine oder mehrere Küchenzonen verlagern, zum Beispiel Kochen/Backen und/oder Spülen.

Stauraum

Stauraum kann man nie genug haben – was liegt also näher, als im Vorfeld jede Menge davon einzuplanen? Was in der Theorie sehr einleuchtend klingt, ist in der Praxis keinesfalls die Regel: Studien zufolge beklagen viele Nutzer nach dem Kauf, dass sie nicht genug Stauraum haben.

Tatsache ist: Je nach Anzahl der Personen im Haushalt sowie individuellen Koch- und Essgewohnheiten sind in einer Küche unterschiedliche Mengen an Vorräten, Geschirr und Utensilien unterzubringen. Auch das Thema Stauraum verlangt nach einer individuellen Planung – von der Entscheidung für die richtige Küchenvariante bis zur Auswahl der Küchenschränke.

Mithilfe von praktischen Küchenschränken und Ausstattungen lässt sich das Potenzial an Stauraum ausschöpfen. Dafür stehen Küchenplanern zahlreiche Möglichkeiten zur Verfügung. Hier eine Auswahl bewährter Ideen:

❯ **Tiefe Auszüge:** Auszüge, die sich komplett herausziehen lassen (Vollauszüge), nutzen die gesamte Schranktiefe aus.

❯ **Breite Auszüge:** Anstelle zwei schmaler Auszüge bietet ein einzelner breiter Auszug mehr Platz und ist in der Lage, auch größere Gegenstände zu fassen.

❯ **Hohe Seitenwände:** Auszüge mit hohen und geschlossenen Seitenwänden nutzen den verfügbaren Raum deutlich besser als Auszüge mit eher niedrigen Seitenwänden und Relingstab – einer mehr angedeuteten horizontalen Begrenzung.

Für Ordnungsliebhaber
Eine interessante Möglichkeit für Küchennutzer, die allergisch auf vollgestellte Arbeitsflächen reagieren, sind Kleingeräte und Utensilien, die sich platzsparend einbauen lassen. So bietet Hersteller Ritter sowohl Toaster als auch Allesschneider und Pürierstab zum Einbau in eine Schublade an – und hat darüber hinaus Einbausysteme für Brottopf und Küchenwaage sowie einen in den unteren Sockel einbaubaren Sauger im Programm.

Quelle: ritterwerk.de

Die Küchennische zwischen Arbeitsplatte und Oberschränken lässt sich zum Aufbewahren von Messern, Kochutensilien oder Gewürzen nutzen – hier mit einem individuell konfigurierbaren Modulsystem für die Rückwand, dessen Elemente sich horizontal verschieben lassen.

❯ **Niedriger Sockel:** Um auf die optimale Arbeitshöhe zu kommen, sollte im Zweifel nicht der Sockel erhöht, sondern eher noch ein weiterer Auszug geplant werden.

❯ **Eckschränke:** Bei Planungen über Eck in L-Küchen und U-Küchen ermöglichen Eckschrank-Karussells die Nutzung toter Winkel. Stufenlos verstellbare Ablagen lassen sich an hohes und flaches Staugut individuell anpassen.

❯ **Inneneinteilungen:** Flexible Einsätze und Halterungen bringen Ordnung in Schubladen. Mit ihrer Hilfe lassen sich Besteck, Schneidbretter oder Kleinteile übersichtlich verstauen und bei Bedarf schnell entnehmen.

❯ **Halterungen:** Für Komfort und Sicherheit sorgen zum Beispiel Messer-, Gewürz- und Topfdeckelhalter.

❯ **Ordnungssysteme:** Die Wandfläche zwischen Arbeitsplatte und Hängeschrank eignet sich bestens zur Aufbewahrung von Kochwerkzeugen und Zubehör. Die Palette reicht von einfachen Hakenleisten über Küchenrollenhalter bis zu Magnetschienen und Halterungen für Kochbücher und Tablets. Bedenken Sie aber, dass offen aufbewahrte Gegenstände in der Nähe der Kochstelle mit der Zeit verschmutzen und schmierige Oberflächen bekommen können.

Häufig benutzte Utensilien wie Besteck, Kochlöffel und Pfannenwender sollten in gut erreichbarer Höhe verstaut werden. Das kann eine Schublade oder das Ordnungssystem in der Küchennische sein. Experten sprechen beim Bereich zwischen Knie und Augen auch von der **mittleren Ergonomieebene**. Die Ebenen eins und drei befinden sich darunter beziehungsweise darüber und sollten weniger oft genutzten Utensilien vorbehalten bleiben. Schon bei der Planung – und erst recht beim Einräumen – der Küche empfiehlt es sich, das Augenmerk auf diese Höhenebenen zu legen.

Extra-Tipp: Jede Menge Stauraum und einen komfortablen Zugriff bieten Hochschränke mit Apotheker- und Tandemauszügen. Achten Sie bei der Auswahl auf stabile und leichtgängige Führungsschienen, denn Schubladen und Vollauszüge müssen besonderen Beanspruchungen standhalten.

Möbel und Flächen

Regale und Auszüge, Türen und Klappen, Scharniere und Führungen – wer seine Küchenmöbel planen will, taucht ein in eine Welt aus Materialien, Farben und Dekors. Jetzt mit Spüle, Armatur und Arbeitsplatte noch ein paar trendige Statements setzen – und fertig ist die Küche.

Die Tiefe von Unter- und Hochschränken sowie Arbeitsflächen beträgt standardmäßig 60 Zentimeter. Was Breite und Höhe betrifft, lassen sich die Küche und ihre Elemente nahezu beliebig an räumliche Gegebenheiten und persönliche Vorlieben der Nutzer anpassen. Geschieht das im Rahmen herkömmlicher Raster-maße, halten sich auch die Kosten im Rahmen. Wer dagegen Sondermaße beauftragt, muss mit höheren Ausgaben rechnen.

Küchenschränke

Um den verfügbaren Raum optimal zu nutzen, stehen verschiedene Typen von Küchenschränken zur Verfügung.

❯ **Unterschrank:** Ein Unterschrank kann einen oder mehrere Auszüge oder Schubladen besitzen, als Kochstellen-, Spülen- oder Regalschrank fungieren sowie mit einer Glastür, Schiebetür oder Jalousie verschlossen werden. Art und Ausstattung bestimmen das Er- scheinungsbild der Küche maßgeblich mit. Für Komfort sorgen praktische Innenlösungen.

❯ **Eckunterschrank**: Um tote Ecken zu vermeiden und Stauraum zu nutzen, gibt es Eckunterschränke in verschiedenen Ausfüh-

Auf Umweltsiegel achten

Orientierung in Sachen nachhaltige Produktion von Möbeln und Herkunft der Rohstoffe bieten folgende Ökolabel.

❯ **Blauer Engel:** Das Prüfzeichen für Umwelt- und Gesundheitseigenschaften von Bundesumweltministerium und Umweltbundesamt würdigt den Einsatz von Ressourcen aus nachhaltiger Forstwirtschaft und geringe Emissionen. Es ziert u. a. Tische, Sitzmöbel und Elektrogeräte.

❯ **EU-Ecolabel:** Das EU-Umweltzeichen wird an Produkte und Dienstleistungen mit relativ geringen Umweltauswirkungen verliehen – darunter Elektrogeräte, Textilien und Möbel.

❯ **Das Goldene M:** Deutschlands einziges offiziell anerkanntes Gütezeichen für Möbel, das deren Haltbarkeit, Materialgüte sowie Langlebigkeit und Umweltfreundlichkeit bezeugt.

❯ **ÖkoControl:** Das Zeichen des Verbands der Ökologischen Einrichtungshäuser erhalten mit natürlichen Produkten behandelte Biomöbel aus Massivholz oder Holzwerkstoffen.

❯ **Eco-Institut:** Das Label „Tested Product" tragen hochwertige, weitgehend umweltverträgliche und gesundheitlich unbedenkliche Möbel.

❯ **FSC:** Das Label FSC („Forest Stewardship Council") würdigt v. a. die ökologisch und sozial verträgliche Bewirtschaftung von Wäldern und Plantagen.

❯ **PEFC:** Zertifikat für Rohstoffe aus nachhaltig bewirtschafteten Wäldern – von der Wiederaufforstung über den Erhalt von Flora und Fauna bis hin zu Arbeitnehmerrechten.

rungen, zum Beispiel Rondell-, Magic-Corner- und Le-Mans-Eckunterschränke. Auch Lösungen für Spülen-, Herd- und Kochstellenschränke sind planbar, sodass sich Ecken sogar als Arbeitszentren nutzen lassen.

❯ **Hochschrank:** Hochschränke werden unter anderem als Auszug-, Vorrats-, Apotheker-, Gerätehoch-, Eckhoch- und Regalhochschrank angeboten und ermöglichen ein rückenschonendes Arbeiten. Häufig beherbergen Hochschränke Elektrogeräte wie Backofen oder Dampfgarer.

❯ **Oberschrank:** Ober- oder Hängeschränke schaffen Stauraum, ohne Bodenfläche zu belegen. Sie beherbergen Geschirr, Gläser oder Vorräte und setzen durch ihr Design, etwa als Vitrinenschrank, gestalterische Akzente. Sie werden unter anderem als Diagonal-, Eck- oder Regal-Oberschrank eingesetzt und mittels Jalousien, Schiebe- oder Klapptüren beziehungsweise schwenk- oder faltbaren Klappen verschlossen.

❯ **Aufsatzschrank:** Ein Aufsatzschrank steht auf der Arbeitsplatte und nutzt die Höhe der Küchennische für zusätzlichen Stauraum. Er ist als Diagonal-, Eck- und Regalschrank erhältlich, verfügt über Türen oder Jalousien und kann als Vitrinenschrank ausgeführt sein.

Materialien und Fronten

Neben **Massivholz** und **Spanplatten** kommen als Grund- und Trägermaterial vor allem mitteldichte Faserplatten, kurz: **MDF-Platten**, zum Einsatz. Sie sind sehr stabil, biegefest und werden aufgrund ihrer glatten Oberfläche gern für lackierte Fronten verwendet, lassen sich aber auch mit Folie beziehen.

Extrem stabil und hart sind auch Laminatplatten, kurz: **HPL-Platten**, die aus mehreren Zelluloseschichten gepresst werden. Für das gewünschte Design sorgt eine gefärbte oder bedruckte Dekorschicht. Auch HPL-Platten gibt es in vielen Farben und Strukturen.

Um eine einheitliche **Küchenfront** herzustellen, werden auf das Trägermaterial Beschichtungen aufgebracht. Folgende Frontenarten sind möglich:

❯ **Kunststoff:** Zur Wahl stehen Folien-, Melaminharz- und Schichtstofffronten. Folienfronten sind in zahllosen Farben und Mustern erhältlich und relativ günstig. Folien neigen jedoch dazu, sich im Lauf der Zeit vom Trägermaterial abzulösen und sind nicht besonders kratzfest und hitzebeständig. Dagegen sind mit Melaminharz beschichtete Fronten widerstandsfähig, pflegeleicht und eignen sich für beanspruchte Küchen. Die Platten sind chemikalienresistent sowie abrieb- und lichtbeständig. Die widerstandsfähigsten Fronten besitzen eine Schichtstoffauflage aus Phenolharz, Dekorpapier und einer transparenten Deckschicht. Da Schichtstoffplatten dicker und härter sind als Folienfronten, halten sie großen Beanspruchungen stand.

❱ **Lack:** Je nachdem, ob Käufer eine matte, glänzende oder Microlack-Oberfläche bevorzugen, wird diese mit Hilfe unterschiedlicher Verfahren lackiert, geschliffen und poliert. Lackfronten sind zwar teurer als Kunststofffronten, dafür ausdrucksstark, strapazierfähig und dicht versiegelt.

Während vom Trägermaterial Stabilität und Oberflächenbeschaffenheit von Küchenmöbeln abhängen, zeichnen sich die auf ihrer Vorderseite aufgebrachten Fronten durch Eigenschaften wie Kratzfestigkeit und Hitzebeständigkeit aus und bestimmen das äußere Erscheinungsbild der Küche maßgeblich mit.

❱ **Glas:** Seit einigen Jahren wird Glas nicht nur für Frontsegmente oder Schranktüren, sondern für komplette Fronten verwendet. Dazu wird Einscheibensicherheitsglas (ESG) auf der Rückseite lackiert oder sandgestrahlt und rahmenlos auf das Trägermaterial aufgebracht. Glasfronten sind pflegeleicht, relativ kratzfest und hitzebeständig – allerdings eher hochpreisig.

❱ **Holz:** Holzfronten besitzen eine natürliche Oberfläche aus Massivholz oder Echtholzfurnier. Bei Massivholzküchen besteht der gesamte Möbelkorpus aus solidem Holz, bei Echtholzküchen nur die Front. Teilweise ist sogar nur der Rahmen massiv, während die Füllung aus furnierten Span- oder MDF-Platten besteht. Holzfronten lassen sich auf Wunsch lasieren, beizen, kalken, bürsten, sandstrahlen, patinieren oder farbig lackieren.

❱ **Edelstahl:** Eine Edelstahlfront besteht aus einer Trägerplatte samt aufgezogenem Blech. Edelstahl ist ästhetisch und pflegeleicht. Fingerabdrücke und Kratzer sind jedoch sichtbar. Knackpunkt ist zudem die Verarbeitung von Ecken und Kanten.

❱ **Acryl:** Eine Alternative zu hochglanzlackierten Fronten sind Acrylfronten. Sie bestehen aus massiven Acryl- oder beschichteten MDF-Platten. Ihr Design reicht von der schlichten Unifarbe bis zum edlen Holzdekor. Acrylfronten sind glatt, pflegeleicht und – eine Versiegelung vorausgesetzt – auch kratzfest.

Abmessungen

Ausgehend vom Quasistandard 60 Zentimeter sind Küchenschränke in verschiedenen Breiten erhältlich. Die Schritte betragen jeweils 10 oder 15 Zentimeter nach oben oder unten. Solche **Rastersysteme** erleichtern die Küchenplanung und sorgen für ein harmonisches Gesamtbild.

❱ **Unterschränke** können 30, 40, 45, 50, 60, 80, 90, 100 oder 120 Zentimeter breit sein. Bei einer Tiefe von 60 Zentimetern sind sie meist 60 bis 80 Zentimeter hoch.

❱ **Oberschränke:** Oberschränke sind in denselben Breiten wie Unterschränke erhältlich. Sie sind meist 30 bis 90 Zentimeter hoch, doch lediglich 35 Zentimeter tief.

❱ **Hochschränke:** Wie Unter- und Oberschränke sind Hochschränke in einer Breite zwischen 30 und 120 Zentimetern erhältlich. Sie sind zwischen 140 und 220 Zentimeter hoch und 60 Zentimeter tief.

❱ **Einbauschränke:** Schränke zum Einbau von Elektrogeräten sind standardmäßig 60 Zentimeter breit. Für Geschirrspüler gibt es auch 45 Zentimeter breite Schränke, für Kochfelder stehen Modelle mit 45, 80 und 90 Zentimetern zur Auswahl.

Die **Gesamthöhe** von Unter- und Hochschränken ergibt sich aus den Höhen des Küchensockels und des Möbelkorpus. Beide können variieren. Der mindestens 10 Zentimeter hohe **Sockel** wird um 5 Zentimeter zurückgesetzt, damit Nutzer bequem stehen können. Oberschränke werden – je nach Raumhöhe und Größe der Nutzer – zwischen 50 und 65 Zentimeter über der Arbeitsfläche montiert. Die Gesamthöhe liegt damit bei 200 bis 245 Zentimetern. Auch ein bündiger Einbau bis zur Zimmerdecke ist möglich.

Auszüge, Scharniere & Co.

Entscheidend zum Bedienkomfort einer Einbauküche trägt die in den Küchenschränken verbaute Möbeltechnik bei. Hochwertige und langlebige Schienen, Scharniere und Beschläge helfen, den

---

Stell- und Bewegungsfläche

In modernen Einbauküchen sind Möbel, Elektrogeräte und Zubehör in ihren Abmessungen genau aufeinander abgestimmt und lassen sich aus diesem Grund vielfältig kombinieren. Während sich die Breite einer solchen Küchenzeile nach örtlichen Gegebenheiten und individuellen Wünschen richtet, liegt deren Tiefe aufgrund standardisierter Nischenmaße bei 60 Zentimetern, wobei sich auch Übertiefen planen lassen. Aus ihrer Länge und Tiefe lässt sich die Stellfläche einer Küchenzeile errechnen. Die verbleibende Grundfläche des Küchenraums wird als Bewegungsfläche bezeichnet. Um optimal arbeiten, Elektrogeräte bequem bedienen sowie Küchenschränke problemlos öffnen und schließen zu können, sollte die Bewegungsfläche mindestens 120 Zentimeter tief sein. Insgesamt sollte eine einzeilige Einbauküche also mindestens 180 Zentimeter tief sein, eine zweizeilige oder U-Küche mindestens 240 Zentimeter. L-Küchen und Inselküchen sollten eine Bewegungsfläche zwischen 310 und 350 Zentimetern Tiefe aufweisen.

Quelle: HEA

verfügbaren Stauraum zugänglich zu machen. Auf diese Weise tragen sie entscheidend zur Wertigkeit der Küche bei.

So sorgen Beschläge im Möbelinneren für ein reibungsloses Öffnen und Schließen von Küchenschränken. Folgende Typen von Beschlägen lassen sich bei der Planung einbeziehen:

❱ **Türscharniere:** Türscharniere ermöglichen das Öffnen und Schließen von Schranktüren zur Seite, nach oben oder unten. Sie sind mit Dämpfung und Selbsteinzug erhältlich. Dennoch sind Türen nicht so ergonomisch wie Auszüge oder Klappen.

❱ **Schubkastenführungen:** Komfortabler und ergonomischer sind Schränke, die über (Voll-)Auszüge und/oder Schubladen verfügen. Damit diese sich leicht bewegen lassen, benötigen sie hochwertige Führungen, zum Beispiel Teleskopschienen, mit ausreichender Tragkraft. Auf Wunsch sorgt eine integrierte Dämpfung für geräuscharmes Schließen.

❱ **Klappenbeschläge:** Oberschränke sollten sinnvollerweise über moderne Klappenbeschläge verfügen. Dank stufenloser Stopp-Funktion bleibt die geöffnete Klappe in jeder gewünschten Position stehen. Ob Hochklapp-, Hochfalt-, Hochschwenk- oder Hochliftbeschläge verbaut werden, hängt von individuellen Wünschen und räumlichen Gegebenheiten ab.

❱ **Außenbeschläge (Griffe):** Griffe, darunter Bügelgriffe, Knöpfe, Griffmuscheln und Griffleisten, ermöglichen nicht nur das Öffnen und Schließen von Schranktüren – sie sind darüber hinaus ein Designfaktor. Für eine moderne Optik werden sichtbare Griffelemente heute gern weggelassen. Türen, Auszüge und Klappen griffloser Küchen lassen sich über eingefräste Griffleisten oder auf Druck öffnen. Mechanische oder elektrische Systeme erleichtern das zusätzlich. Nachteil: Fronten, die permanent mit verunreinigten Händen in Berührung kommen, tragen schnell Spuren davon und müssen oft gereinigt werden.

Für höchste Komfortansprüche lassen sich Einbauküchen mit weiteren Funktionen ausstatten.

❱ **Lift- und Hebesysteme:** Dank integrierter Hebetechnik lassen sich höhenverstellbare Sitzplätze auf verschieden große Nutzer einstellen. In den Sockel der Arbeitsplatte integrierte Hubelemente erlauben ein Verstellen auf Knopfdruck. Auch Oberschränke können höhenverstellbar geplant werden, sodass Nutzer leichter an deren Inhalt gelangen.

Nachhaltige Küche

Wie groß der „ökologische Fußabdruck" einer Küche ist, entscheidet sich bereits beim Kauf von Möbeln und Einbaugeräten. Immer mehr Menschen sind bei ihrer Kaufentscheidung neben Funktionalität und Komfort der Schutz von Natur und Klima sowie soziale Aspekte wichtig.

Für die Auswahl von Kühlschrank, Backofen & Co. gilt: Kaufen Sie Geräte der besten Energieeffizienzklasse, deren Größe zu Ihren Bedürfnissen passt. Beim Thema Möbel gilt es genau hinzusehen: Wer gedankenlos auf Tropenhölzer setzt, schadet mit hoher Wahrscheinlichkeit der Umwelt und unterstützt menschenunwürdige Arbeitsbedingungen. Eine umweltfreundliche Alternative sind Möbel aus heimischen Hölzern. Außerdem gibt es Materialien aus nachwachsenden Pflanzen und recycelten Stoffen.

Umweltbewusste Käufer achten darüber hinaus auf kurze Wege zwischen Material- und Produktionsstandort. Bei der Herstellung sollten Wasser, Energie und CO_2 gespart werden, Hölzer emissionsarm transportiert werden.

Kompakte Informationen zu relevanten Ökolabeln finden Sie auf S. 22 („Auf Umweltsiegel achten"). Vertiefende Infos und Bewertungen bietet zum Beispiel die Website label-online.de.

Dank mechanischer und elektrischer Öffnungs- und Schließsysteme lassen sich grifflose Schubladen, Schränke und Auszüge auch mit verunreinigten Händen komfortabel bedienen.

❱ **Selbsteinzug und Dämpfung:** Das Schließen von Türen, Schubladen und Auszügen per Hand belastet auf Dauer Scharniere und Führungen. Immer beliebter werden Beschläge und Scharniere mit Dämpfung. Ein Selbsteinzug sorgt dafür, dass sich Tür oder Auszug nach dem Antippen von allein schließt.

❱ **Druckschnäpper:** In grifflose Möbeltüren sind häufig Elemente eingebaut, die das Öffnen von Auszügen, Türen oder Klappen unterstützen. Ein leichtes Antippen der Front reicht dann aus. Für Auszüge ist die Öffnungsunterstützung auch in Verbindung mit einem Dämpfungssystem erhältlich.

❱ **Öffnungs- und Schließsysteme:** Der Bedienkomfort von Klappen und Auszügen lässt sich mit elektrischen Öffnungssystemen weiter steigern. Hängeschränke mit Klappen lassen sich beispielsweise durch leichtes Antippen öffnen und per Knopfdruck schließen.

Küchenspüle

Eine **Spüle mit Armatur** ist eines der Herzstücke jeder Küche. Der Spülbereich fungiert als **Wasserstelle** und **Reinigungszentrum**. Spülen sind in verschiedenen Formen und aus vielen Materialien wie Edelstahl, Keramik und Verbundwerkstoffen auf Quarzbasis erhältlich. Es gibt Spülen mit einem oder zwei **Becken**, in der Regel samt **Abtropffläche**. Immer häufiger kommt zusätzlich ein kleines **Ausguss- oder Restebecken** zum Einsatz. Zur jeweiligen Spüle ist grundsätzlich ein passender Unterschrank zu planen.

❱ **Einbeckenspüle:** Einbeckenspülen kommen eher in Küchenzeilen und kleinen Küchen zum Einsatz. Sie sind in runder oder eckiger Form in unterschiedlichen Größen mit und ohne Abtropffläche verfügbar. Der Unterschrank muss zwischen 45 und 90 Zentimeter breit sein.

❱ **Zweibeckenspüle:** Eine in Haupt- und Nebenbecken unterteilte Spüle erlaubt gleichzeitiges Spülen und Benutzen des Abflusses. Sie ist in verschiedenen Breiten erhältlich.

❱ **Eckspüle:** In einer L-Küche oder U-Küche lässt sich eine Ecke gut zum Spülzentrum machen. Die Eckspüle wird in einen Eckschrank eingebaut. Sie ist als Einzelbecken mit oder ohne Abtropffläche, als Doppelspüle mit Abtropfteil hinter oder zwischen den Becken und in weiteren Varianten erhältlich. Auch flächenbündige Eckspülen sind im Angebot.

❯ **XL-Spüle:** Geräumig und komfortabel sind Spülen in Übergröße. Sie eignen sich für Küchen, in denen viel Handarbeit verrichtet wird und sperrige Teile wie Woks, Bräter und Backbleche zu spülen sind. XL-Spülen gibt es in verschiedenen Breiten.

Im Trend liegen Spülzentren mit mehreren Arbeitsebenen und **verschiebbaren Elementen** aus Holz, Glas oder Metall sowie mobilen Einsätzen. Möglich sind auch Kombinationen von Kochfeld und Spüle im gleichen Design. Besonders wichtig ist eine gute Ausleuchtung. Um das Tageslicht optimal zu nutzen, werden immer mehr Spülen vor dem Küchenfenster geplant. Dank einer sogenannten **Vorfenster-Armatur** lässt sich das Fenster trotzdem öffnen. Solche Armaturen lassen sich mit einem Handgriff einfahren, einklappen oder abnehmen.

Eine Vorfenster-Armatur ermöglicht das Platzieren der Spüle vor dem Fenster und eine optimale Nutzung des Tageslichts.

Einbauarten

Klassischerweise wird eine Spüle von oben in die Arbeitsfläche eingebaut. Der so entstehende Rand ist jedoch hinderlich beim Reinigen. Auch wenn es inzwischen **Einbauspülen** mit extrem flachen Rändern gibt – der Trend geht zum **flächenbündigen Einbau**. Dabei gehen Spüle und Arbeitsfläche stufenlos ineinander über. Das stellt höhere Anforderungen an die Montage, zahlt sich jedoch in erhöhtem Komfort – zum Beispiel einer einfachen Reinigung – und hochwertiger Optik aus. Zunehmender Beliebtheit erfreuen sich **aufgesetzte Spülenmodule** beziehungsweise **Spülsteine**, die es ermöglichen, die Spüle höher als die umgebende Arbeitsfläche und damit ergonomisch vorteilhaft einzubauen.

Bei Arbeitsplatten aus Naturstein, Glas oder Verbundwerkstoffen kommt eine **Unterbauspüle** in Frage. Der Rand des Beckens wird dabei unter die ausgeschnittene Arbeitsplatte montiert. Dadurch reicht diese bis an den Rand der Spüle, was sehr edel wirkt. Hinzu kommt ein Plus an Komfort, denn Reste und Schmutz lassen sich ohne Hindernis direkt ins Spülbecken wischen. Auf die Spitze

Rein in die Nische!

Der 50 bis 65 Zentimeter hohe Raum zwischen Arbeitsplatte und Oberschränken heißt Küchennische. Vor allem ihre Rückwand muss Fett- und Saucenspritzer aushalten, soll sich leicht reinigen lassen – und ästhetische Akzente setzen. Der traditionelle Spiegel aus kleinformatigen Fliesen ist dabei nur eine Möglichkeit. Wer sich für eine Glasrückwand entscheidet, kann zwischen klarem, satiniertem und verspiegeltem Glas wählen. Klarglas lässt sich mit einer Motivfolie oder dem Druck eines selbst gemachten Fotos hinterlegen. Auch matt gebürsteter Edelstahl, ein Anstrich mit Latexfarbe oder Tafellack oder das Verwenden des Arbeitsplattenmaterials sorgen für einen individuellen Charakter.

Hoch- oder Niederdruck?

Standard in der modernen Küche ist eine Hochdruckarmatur. Sie besitzt je einen Anschluss für Kalt- und Warmwasser und ist für einen Druck bis 10 Bar ausgelegt. Zum Vergleich: Aus dem Leitungsnetz kommt Wasser mit rund 3 bis 6 Bar. Hochdruckarmaturen mischen Kalt- und Warmwasser in ihrem Inneren.

Im Unterschied dazu ist eine Niederdruckarmatur für den Anschluss an einen Wasserspeicher (Boiler) geeignet, in dem kein oder nur geringer Druck herrscht. Niederdruckarmaturen besitzen grundsätzlich drei Anschlüsse: Ein Schlauch dient zum Anschluss ans Kaltwassernetz, die beiden anderen werden am Boiler installiert. In der Aufheizphase reagieren Niederdruckarmaturen auf die Ausdehnung des Wassers im Boiler, indem sie tropfen.

Stehen in der Küche ein Kalt- und ein Warmwasseranschluss zur Verfügung, ist also eine Hochdruckarmatur zu installieren.

Gibt es nur einen Kaltwasseranschluss und wird das warme Wasser aus einem separat angebrachten Boiler geliefert, kommt eine Niederdruckarmatur zum Einsatz. Auch in diesem Fall lässt sich problemlos ein Einhandmischer installieren – genauso wie eine Zweigriffarmatur im Retro-Look oder eine Thermostatarmatur, die Wasser in exakt der eingestellten Temperatur liefert.

treiben lässt sich der Designaspekt mit einer **in die Arbeitsfläche integrierten Spüle**. Dabei kommt ein aus einem Verbundmaterial bestehender und in Form gegossener Monoblock zum Einsatz.

Abtropffläche

Vor allem auf Arbeitsplatten aus Holz oder Naturstein sollte man besser kein Geschirr und Besteck trocknen. Wasserschäden könnten die Folge sein. Eine wasserabweisende **Abtropffläche** schafft Abhilfe. Neben Tellern, Tassen und Töpfen lassen sich auf ihr auch gewaschenes Obst und Gemüse trocknen oder heiße Backbleche ablegen. Gute Nachricht für Designfans: Abtropfflächen kommen heute nicht mehr zwingend in der klassischen geriffelten Edelstahloptik daher, sondern zeigen sich gern edel und glatt.

Wer eine Abtropffläche in seiner Wohnküche dennoch als störend empfindet, sollte eventuell eine Alternative in Erwägung ziehen, etwa ein **mobiles Abtropfelement**, das sich bei Bedarf aus der Schublade holen lässt, oder ein Element, das sich über die Abtropffläche schieben lässt und diese verdeckt.

Zubehör

Apropos: In immer mehr Spülenmodelle lassen sich Zubehörteile einsetzen, die insbesondere das Vorbereiten von Lebensmitteln ermöglichen. Dazu gehören **Siebe, Schneidebretter, Reiben, Abtropfkörbe** und vieles mehr. Hinzu kommen **Behälter für Spülbürsten, Spülmittelspender** bis hin zu kleinen **Müllsammelstellen**. Insbesondere Schneide- und Arbeitsbretter fungieren dank edler (und öko-zertifizierter) Hölzer nicht mehr nur als Gebrauchsgegenstände, sondern als Dekoelemente.

Armaturen

Die Armatur wertet die Spüle funktional und optisch auf. Für viele Käufer spielt das Design eine überragende Rolle. Im Angebot sind verschiedene Armaturentypen:

❯ **Zweigriffmischer:** Mittels zweier Hähne rechts und links wird die gewünschte Temperatur per Hand gemischt. Geeignet für eher rustikale Küchen. Nachteil: hohe Wasserverschwendung.

❱ **Einhebelmischer:** Häufigster Armaturentyp, erhältlich in Edelstahl, Messing und Mineralwerkstoffen, oft verchromt. Mit dem oben oder seitlich angebrachten Hebel lassen sich sowohl Temperatur als auch Durchflussstärke regeln.

❱ **Schlauchbrause:** Mit einer aus dem Wasserhahn herausziehbaren Handbrause lassen sich Spüle, Abtropffläche sowie Vasen und große Töpfe besser reinigen.

❱ **Sensorarmatur:** Die Armatur reagiert auf Bewegungen, bleibt dadurch hygienisch sauber und spart Wasser. Nachteil: Um das Spülbecken zu füllen, muss man länger mit der Hand wedeln. Alternative: Sensoren, die auf Berührungen von Unterarm oder Handgelenk reagieren.

❱ **Versenkbare Armatur:** Per Hand oder auf Knopfdruck in die Arbeitsplatte versenkbare Armatur. Vorteil: aufgeräumter Look. Nachteil: hoher Preis.

❱ **Sprudelarmatur:** Wird an die Trinkwasserleitung angeschlossen, filtert das Wasser und versetzt es mit der gewünschten Menge Kohlensäure. Teilweise mit Kühlung. Nachteil: Sehr teuer.

❱ **Heißwasserarmatur:** Dank eines Boilers mit Drucksystem (bei Kochendwasser-Modellen) ist ständig Wasser mit bis zu 100 Grad Celsius verfügbar. Vorteil: Die benötigte Wassermenge ist genau zapfbar. Nachteil: hoher Energieverbauch, um das Wasser permanent bei 100 Grad Celsius zu halten. Außerdem können sich Kinder unbeabsichtigt verbrühen.

Kaffee aufbrühen, Babyfläschchen sterilisieren, Gemüse blanchieren – eine Heißwasserarmatur liefert 100 Grad heißes Wasser direkt aus der Leitung. Vorteil: Man zapft nur so viel Wasser, wie man benötigt. Nachteil: Das permanente Aufheizen im Boiler kostet jede Menge Energie.

Arbeitsplatten

Arbeitsplatten müssen eine Menge aushalten: Auf ihnen wird geschnitten, hin- und hergeschoben, abgestellt und mit sauren bis basischen Flüssigkeiten gekleckert. Doch eine Arbeitsplatte soll nicht nur robust, pflegeleicht und hitzebeständig sein – sie soll auch gut aussehen.

Laminat, Edelstahl oder Naturstein – oder doch lieber Holz oder Beton? Allein die Materialvielfalt macht es schwierig sich zu entscheiden. Im ersten Schritt sollten Sie sich deshalb vergegenwärtigen, wie stark die Arbeitsplatte bei Ihnen beansprucht wird. Was passiert etwa, wenn jemand darauf Wasser verschüttet, einen heißen Topf abstellt oder mit einem scharfen Messer Brot schneidet?

Die gängigste – und günstigste – Variante sind **Laminat- oder Schichtstoff-Arbeitsplatten**. Sie bestehen aus einem Holzwerk-

Bei der Gestaltung des Spülbeckens sind der Fantasie kaum Grenzen gesetzt. Der letzte Schrei für Design-Fans sind sogenannte Monoblöcke – aus Verbundmaterial gegossene Arbeitsplatten mit integriertem Becken.

stoff, der mit Laminat oder Schichtstoff (HPL, CPL) versehen wird. Diese Dekorschicht lässt sich mit einer Vielzahl von Farben und Mustern bedrucken. Den Abschluss bildet eine Schutzschicht, die die Arbeitsplatte vor Feuchtigkeit schützt. Diese Oberflächen sind sehr pflegeleicht, jedoch empfindlich gegenüber Schlägen und Kratzern. Sie besitzen zudem bei Weitem nicht den Charme von Naturstein oder Massivholz.

Eine Alternative zu pflegeintensiven Natursteinplatten sind Arbeitsplatten aus **Kunststein**, der auch als Quarzstein oder Quarzkomposit bezeichnet wird. Aufgrund ihrer hohen Belastbarkeit bieten sich Platten aus Kunststein für stark beanspruchte Familienküchen an. Sie sind stoß- und kratzfest, pflegeleicht und hitzebeständig – allerdings relativ teuer.

Dagegen bestehen Arbeitsplatten aus **Naturstein** aus Granitwerkstoff, echtem Marmor, Schiefer oder Kalkstein. Die Gründe für ihre Beliebtheit liegen in ihrer natürlichen Ausstrahlung und der edlen Optik. Was viele Käufer im Nachhinein überrascht: Marmor, Kalkstein und auch Schiefer sind vergleichsweise empfindlich und bedürfen regelmäßiger Pflege.

Wohnlich und individuell wirken Arbeitsplatten aus **Massiv- und Echtholz**. Unter Echtholzplatten versteht man mit einem Furnier beschichtete Trägerplatten. Sie sind leichter und günstiger als Massivholzplatten. Holzarbeitsplatten können eine vergleichsweise unebene Oberfläche haben, sind weniger hygienisch als Edelstahl- und Keramikplatten, empfindlich gegen Feuchtigkeit, Stöße und Kratzer und müssen regelmäßig imprägniert werden.

Immer beliebter werden Arbeitsplatten aus belastbarem **Glas** – vor allem Klarglasvarianten mit glatter Oberfläche, die es in verschiedenen Farben gibt. Matt satinierte Glasplatten weisen eine leicht strukturierte Oberfläche auf. Auf diesen sind Fingerabdrücke weniger leicht zu erkennen als auf Klarglas. Glasplatten sind pflegeleicht und hygienisch, beständig gegen Wasser und Hitze, allerdings empfindlich gegen Kratzer und relativ teuer.

Relativ neu auf dem Markt sind Arbeitsplatten aus **Keramik**. Sie sehen hochwertig und edel aus und besitzen eine porenlose, harte

Oberfläche, die kaum einer Pflege bedarf und sich leicht reinigen lässt. Nachteile sind der hohe Preis und die Tatsache, dass Geschirrstücke, die etwas unsanfter auf der Platte abgesetzt werden, mit einiger Wahrscheinlichkeit splittern oder zerbrechen.

Äußerst hygienisch, robust und pflegeleicht sind Arbeitsplatten, auf deren Trägermaterial eine Schicht **Edelstahl** geklebt wurde. Sie verbreiten edlen Glanz, wirken aber auch steril. Weitere Nachteile: Fingerabdrücke und Fettspritzer zeichnen sich sofort ab. Zudem hinterlassen Messer schnell Kratzspuren. Schließlich sollten heiße Töpfe und Teekannen stets mit Untersetzer auf die Arbeitsplatte gestellt werden, damit der Kleber nicht weich wird.

Noch eher selten, von daher besonders modern und exklusiv sind Arbeitsplatten aus **Leichtbeton**. Sie sind wasser- und kratzfest, hitzebeständig und pflegeleicht – allerdings auch vergleichsweise schwer. Sie müssen vor Ort gegossen und angepasst werden und sind deshalb extrem teuer. Da Beton porös und empfindlich gegenüber Säuren ist, benötigt er zudem eine regelmäßige Imprägnierung.

Küchentheken

Insbesondere in kleinen Küchen und Single-Küchen ist oft kein Platz für eine separate Sitzecke. In solchen Fällen bietet es sich an, eine **Küchentheke** einzuplanen. Je nach persönlichem Geschmack und räumlichen Gegebenheiten kann die Arbeitsplatte mit Überstand geplant oder mit einem seitlichen Ansetztisch erweitert werden. Alternativ lässt sich die Theke als höhenmäßig stärkere Platte in eigener Optik direkt auf die Arbeitsplatte aufsetzen, sodass sie dekorativ nach oben und/ oder vorn übersteht. So entstehen eine platzsparende Tischlösung sowie zusätzliche Arbeits- und Ablagefläche.

Planung und Kauf

Genug der Vorrede, jetzt wird es konkret. Wie Ihre Traumküche aussehen soll, wissen nur Sie selbst. Bevor Sie sie im Küchenstudio oder Möbelhaus zusammenstellen lassen, legen Sie Ihr Budget fest, analysieren Ihre räumliche Situation und entwickeln schon mal möglichst konkrete Ideen.

Sie stecken in der Raumplanung für Ihr künftiges Eigenheim? Sie ziehen in ein fertiges Haus oder eine Wohnung? Sie wollen Ihre alte Küche gegen eine neue austauschen? Je nach persönlicher Situation können Sie Ihren Küchenraum selbst planen oder mit den bestehenden Verhältnissen arbeiten.

Vor allem für Mieter sind bauliche Veränderungen am Küchenraum, zum Beispiel das Verlegen von Anschlüssen, aufgrund der damit verbundenen Kosten meist nicht attraktiv. Anders sieht die Sache aus, wenn sich etwa ein passionierter Hobbykoch im Zuge der Sanierung eines Mehrfamilienhauses einen Erdgasanschluss in seine künftige Küche legen lassen will. Auch dafür ist jedoch die Zustimmung des Vermieters erforderlich.

Die Realisierung der meisten Küchenprojekte gehört letztlich in die Hände eines kompetenten Partners. Wer es eher günstig will, wendet sich meist an einen **Baumarkt** oder ein **Einrichtungshaus**. Umfassende persönliche Beratung und einen Rundum-sorglos-Service versprechen vor allem **Küchenstudios**. Sie sind bevorzugte Ansprechpartner für sehr hochwertige bis luxuriöse Küchen, deren Planung und Montage einen großen Aufwand erfordern.

Ausgangspunkt für die Planung einer Einbauküche sind die Antworten auf folgende Fragen:

❭ Wie viel Platz ist vorhanden?
❭ Wie sieht der Grundriss aus?
❭ Wo liegen die Anschlüsse für Wasser, Gas und Strom?
❭ Wie hoch ist das Budget?

So viel vorab: Kein seriöser Händler wird verlangen, dass Sie selbst ein exaktes **Aufmaß Ihres Küchenraums** nehmen, auf dessen Basis dann eine mehrere Tausend Euro teure Einbauküche angefertigt wird. Stattdessen wird er Ihnen anbieten, dass ein Experte den Raum ausmisst.

Für den Kauf einer einfachen Küchenzeile ist das unter Umständen jedoch gar nicht nötig – und wer es sich zutraut, kann die Planung seiner Küche in vielen Fällen selbst in die Hand nehmen und anschließend vom Händler checken lassen.

Extra-Tipp: Informieren Sie sich auf Webseiten von Küchenstudios oder -planern, welche Hilfen für die Ausgestaltung einer neuen Küche angeboten werden.

Wer sich eingehend beraten lassen will, sollte in jedem Fall einen präzisen **Grundriss seiner Küche** mitbringen. Dieser muss sämtliche Raummaße darstellen, dazu alle Abstände zu Wasser- und Abwasseranschlüssen, zum Elektroanschluss des Herdes sowie die Lage aller Steckdosen. Sind obendrein Türen und Fenster – inklusive der Höhe des Fensterbretts – eingezeichnet, verfügen Sie bereits über eine gute Basis für die Planung.

Finanzierung klären

Einbauküchen gibt es in nahezu jeder Preisklasse – von unter 5 000 bis weit jenseits der 50 000 Euro. Je nach finanziellen Möglichkeiten sollten Sie sich bereits in einem frühen Stadium eine Obergrenze setzen, die Sie nicht überschreiten wollen. Diese Obergrenze sollte sich zudem nicht nur auf Möbel und Elektrogeräte beziehen, sondern auf den Endpreis – also auf sämtliche Kosten für die Einbauküche, inklusive Lieferung und Montage.

Wenn Sie noch nicht in nächster Zeit auf den Küchenkauf angewiesen sind, sollten Sie sich überlegen, ob Sie die geplante Summe im Vorfeld ansparen wollen beziehungsweise können. Alternativ lässt sich oft ein Teil der kurzfristig verfügbaren **Ersparnisse** auflösen. Und: Überlegen Sie, ob Ihnen ein Familienangehöriger **zinslos oder günstig Geld leihen** kann.

Prüfen Sie jedoch zunächst, wie viel Geld Sie monatlich aus **laufenden Einnahmen**, meist Lohn, Gehalt oder Rente, aufbringen können. Kalkulieren Sie Ihre **aktuellen Verbindlichkeiten**, etwa eine Autofinanzierung oder laufende Kredite, mit ein. Tipp: Setzen Sie nicht alle verfügbaren Mittel für den Küchenkauf ein. Behalten Sie eine Reserve von ein, zwei, am besten drei monatlichen Haushaltsnettoeinkommen für unerwartete Ausgaben zurück. Nicht nur die Küche kann teurer werden, eventuell braucht auch Ihr Auto in nächster Zeit eine unerwartet teure Reparatur.

Haben Sie das benötigte Kapital trotz aller Anstrengungen nicht (komplett) flüssig, kommt eine Finanzierung des Kaufpreises per Kredit in Frage. Jedes Küchenstudio wird Ihnen gern eine **Händlerfinanzierung** anbieten. Bevor Sie sich darauf einlassen, sollten Sie sich bei Ihrer Hausbank – Internetnutzer auch bei einer oder mehreren Direktbanken bzw. Vergleichsplattformen für Finanzdienstleistungen – nach einem **Konsumentenkredit** erkundigen und den **effektiven Jahreszins** erfragen. Nur dieser kann als Vergleichsmaßstab dienen.

Wer auf der Suche nach einer möglichst günstigen Küche ist, kommt an den Angeboten von **Möbelhäusern** kaum vorbei. Deren Küchen sind funktional, oft ansehnlich und bieten einfache Lösungen – auch was die Einbaugeräte betrifft. Um ihr Budget zu entlasten, kaufen viele Menschen nur die Küche selbst im Möbelhaus, um diese dann mit hochwertigeren als den dort angebotenen – und meist dennoch günstigen – Einbaugeräten auszustatten. Hier kommt es auch auf das persönliche Verhandlungsgeschick an.

Grundsätzlich sollten Sie Ihr Budget wie folgt aufteilen:
- Rund **70 Prozent** für die Kosten von Küchenmöbeln und deren Ausstattung
- Etwa **25 Prozent** für Küchengeräte
- **5 Prozent** für die Entsorgung der alten sowie Lieferung und Montage der neuen Küche

Räumliche Situation

Das A und O jeder gelungenen Küchenplanung sind das richtige Aufmaß, die korrekte Darstellung der Position von Wasser-, Gas- und Stromanschlüssen sowie der Lage von Heizkörper(n), Fenster(n) und Tür(en). Wer selbst zu Messgerät und Stift greift, sollte die in der Checkliste rechts genannten Werte ermitteln.

Augen auf bei Musterküchen

Mit dem Kauf einer Ausstellungsküche – auch Musterküche genannt – können flexible Kunden viel Geld sparen. Einrichtungshäuser und Küchenstudios verkaufen diese – etwa bei Modellwechseln oder Umbauten – mit bis zu 50 Prozent Rabatt. In vielen Fällen gilt das auch für Einbaugeräte, die Händler zur Präsentation in den Musterküchen verbaut haben. Wer sich dafür interessiert, muss jedoch nicht nur kleinere Beschädigungen und Abnutzungen in Kauf nehmen. Eine bereits aufgebaute Küche passt auch fast nie auf Anhieb in die eigene Küche. Fast immer muss die Arbeitsplatte bearbeitet oder sogar getauscht werden – oft gilt das auch für Schränke. Weitere Zusatzkosten können für Spüle, Armatur und Einbaugeräte entstehen. Lassen Sie sich bei konkretem Interesse also einen verbindlichen Kostenvoranschlag mit sämtlichen notwendigen Anpassungsarbeiten erstellen.

Küchenplaner nutzen

Die Planung neuer Einbauküchen erfolgt heutzutage am Computer. Das gilt sowohl für eine laienhafte Vorplanung zu Hause als auch für die professionelle Planung beim Küchenanbieter. Um mit Schränken, Arbeitsplatten und deren Raumwirkung zu experimentieren oder sogar bereits einen fertigen Entwurf zu erstellen, nutzen Sie am besten einen kostenlosen **Internet-Küchenplaner**. In diesen lassen sich die Raummaße eintragen, einzelne Elemente auswählen und verschiedene Ansichten herstellen – von einfachen **Frontansichten und Draufsichten** bis zum **3D-Modell**, das sich am Bildschirm drehen lässt.

Küchenpläne lassen sich jedoch auch ganz traditionell mit Bleistift auf Millimeterpapier zeichnen. Dafür bietet sich der Maßstab 1:20 an. Zehn Zentimeter auf dem Papier entsprechen dann 200

Internet-Küchenplaner

Von Küchenhändlern verwendete Planungsprogramme verfügen über mehr Funktionen, berücksichtigen verfügbare Möbelgrößen, Farben und Designs und zeigen die laufenden Gesamtkosten an. Auch Hersteller wie Alno, Kiveda, Nobilia und Nolte bieten Onlineplaner an, in denen sie Kunden auch Gestaltungstipps liefern. So lassen sich meist mehrere Designs durchspielen und einzelne Elemente möglichst ergonomisch anordnen.

Check: **Küchenraum ausmessen**

- ☐ Länge, Breite und Höhe des Raumes an verschiedenen Stellen
- ☐ Nicht rechtwinklig aufeinander stehende Wände berücksichtigen
- ☐ Lage Kaminvorsprung, Nischen etc.
- ☐ Fliesenplan (falls Fliesenspiegel an der Wand)

Fenster
- ☐ Lage
- ☐ Höhe und Breite
- ☐ Höhe der Unterkante des Fensterflügels
- ☐ Überstand der Fensterbank
- ☐ Brüstungshöhe der Fensterbank
- ☐ Sturzhöhe über dem Fenster

Tür
- ☐ Lage
- ☐ Höhe und Breite
- ☐ Sturzhöhe über der Tür
- ☐ Überstand der Türzarge

- ☐ Türanschlag rechts oder links
- ☐ Öffnung der Tür nach innen oder außen
- ☐ Rahmenhöhe (Türflügelhöhe)

Wichtige Anschlüsse
- ☐ Wasser (Absperrventil, eventuell Wasseruhr)
- ☐ Elektro (eventuell mit 380-V-Anschluss)
- ☐ Gas
- ☐ Steckdosen

Heizkörper
- ☐ Lage
- ☐ Höhe und Tiefe
- ☐ Lage von Vor- und Rücklauf

- ☐ Transportwege (vor allem für Eckschränke, Hochschränke, Arbeitsplatten)
- ☐ Kippradius der Hochschränke
- ☐ Mögliche Mauerdurchbrüche (für Abluft-Dunsthaube oder Durchreiche zum Essplatz)

Spezial

Kompaktküchen für Singles

In vielen deutschen Großstädten liegt der Anteil der Single-Haushalte mittlerweile bei **über 50 Prozent**. Wer allein in seiner Wohnung lebt und/oder beruflich viel unterwegs ist, benötigt meist keine große Einbauküche. Viel praktischer ist dann eine **Single-Küche**. Obwohl sie alles bietet, was man zum Bevorraten, Vorbereiten, Kochen und Spülen braucht, nimmt eine Single-Küche nicht allzu viel Platz in Anspruch. Sie passt auch in kleine Wohnungen oder Apartments, in denen sie sich oft in eine Kochnische im Wohnraum integrieren lässt. Zusätzlicher Vorteil: Eine kleinere Küche bedeutet auch einen geringeren Reinigungsaufwand.

In Single-Küchen **kommen Schrank-, Hängeschrank- und Regalsysteme** zum Einsatz, die sowohl als Stauraum als auch als Designelemente fungieren. Angebracht werden diese oft über Arbeitsplatte oder Spüle, sodass auch der Platz an der Wand bestmöglich genutzt wird. Eine elegante Lösung für kleine Räume sind nach oben öffnende **Klapp-** oder **Schiebetüren**. Alternativ bieten besonders hohe Oberschränke mehr Stauraum. Dennoch sollte auch in Single-Küchen der Abstand zwischen Arbeitsplatte und Oberschrank rund 60 Zentimeter betragen, da das Arbeiten sonst unbequem wird.

Meist ist eine **Küchenzeile** die beste Lösung für kleine Räume: Einige **Unterschränke mit Auszügen** bieten Platz für Kochgeschirr, in **Ober- oder Hängeschränken** über der Arbeitsplatte finden Vorräte Platz. **Elektrogeräte** wie Backofen, Mikrowelle – beide in Kompaktgröße – sowie Kühlschrank lassen sich am besten in Gerätehochschränken unterbringen. Neuerdings gibt es auch kompakte Geschirrspüler für Singles.

Auf die Spitze treiben lässt sich der Wunsch nach Platzersparnis mit einer **Miniküche**. Obwohl grundsätzlich alle Schranktypen in Frage kommen, handelt es sich meist um eine Kombination aus Spültisch und Kochstelle mit zwei Kochfeldern, deren Unterschrank sowohl Raum für einen Kühlschrank, das Müllsystem sowie zum Verstauen von Reinigungsmitteln bietet.

Je nach verfügbarem Platz und persönlichen Ansprüchen lässt sich eine Miniküche um zusätzlichen Stauraum, eine Spülmaschine, weitere Kochfelder, einen Backofen oder eine Mikrowelle ergänzen.

Als **Essplatz** in der Single-Küche bietet sich ein kleiner Ansatztisch, eine Theke oder ein Tresen an, der im Idealfall höhenverstellbar und flexibel einsetzbar ist. Dieser kann als zusätzliche Arbeitsfläche genutzt werden. Auch ein an der Wand befestigter Klapptisch ist in einer Single-Küche praktisch.

Wer seine Single-Küche optisch vergrößern will, plant **helle Fronten** und möglichst **viele Glasflächen** ein. An den Wänden sollten **helle und klare Farben** dominieren. Mit schrillen Accessoires heißt es eher sparsam umzugehen.

Hauptnachteil der Single-Küche: Mit kleinen Möbeln, platzsparenden Lösungen und kompakten Elektrogeräten lässt sich kein Geld sparen – sie sind teilweise sogar teurer als vergleichbare Standardausführungen.

Zentimetern im Original. **Tipp:** Entweder zeichnen Sie direkt auf das Millimeterpapier oder verwenden es als Unterlage für Transparentpapier. Die Arbeit erleichtern im Schreibwarenhandel oder im Internet erhältliche Möblierungsschablonen. Achten Sie beim Kauf jedoch auf den richtigen Maßstab!

Clever kaufen

Selbst mit der besten Vorplanung ist der Küchenkauf alles andere als Formsache. Erst beim Beratungstermin zeigt sich, ob und inwieweit sich Ihre Wünsche und Vorstellungen tatsächlich realisieren lassen. Falls Sie keinen eigenen Entwurf präsentieren können, sollten Sie sich zumindest über **Anforderungen** und Wünsche im Klaren sein, die Sie an Ihre Küche stellen. Nutzen Sie sie allein oder mit der ganzen Familie? Benötigen Sie besonders viel Stauraum oder eine extra große beziehungsweise robuste Arbeitsfläche? Wollen Sie die Einbaugeräte ganz oder teilweise in die Möbelfront integrieren oder setzen Sie auf Standgeräte?

Mit Hilfe eines Küchenexperten und dessen professioneller Planungssoftware entwerfen Sie Ihre Küche von Grund auf. Nehmen Sie sich dafür **ausreichend Zeit**, erscheinen Sie also nicht erst kurz vor Ladenschluss im Küchenstudio! Ihre Vorteile: Sie sehen am Bildschirm genau, wie die Küche aussehen wird, können sie aus verschiedenen Perspektiven betrachten oder im Raum drehen. Zudem zeigt eine gute Software während des Zusammenstellens von Möbeln, Oberflächen und Geräten fortlaufend den Preis an.

Nehmen Sie eine **ausführliche Beratung** zu Vor- und Nachteilen verschiedener Lösungen in Anspruch und machen Sie sich anhand von ausgestellten Musterküchen ein Bild von Aussehen und Funktionalität der einzelnen Elemente. Und: Nehmen Sie nach Möglichkeit Termine bei mehreren Händlern wahr.

Lassen Sie am Ende jeweils ein **unverbindliches Angebot** erstellen, das neben einer **Aufmaßgarantie** – also der Zusicherung, dass ein Experte Ihren Küchenraum zuverlässig ausmisst – auch Angaben zu den **Kosten für Lieferung und Montage** enthält. Auch die **Rücknahme des Verpackungsmaterials** sollte im Kaufpreis inbegriffen sein. Bestehen Sie darauf, dass man Ihnen einen **Endpreis** zusichert, auf den Sie sich verlassen können. **Drei Jahre Garantie** sollten selbstverständlich sein – manche Händler gewähren von sich aus ein oder zwei weitere Jahre.

Markenqualität kostet

Nicht nur Produktvielfalt und Verarbeitungsqualität, auch der Herstellername beeinflusst den Preis einer Küche. Je hochwertiger und namhafter die Marke, desto teurer die Ware. Allerdings bieten Markenhersteller auch eine ganze Menge: So haben sie eine breite Palette an Seitenwänden, Sockeln und Wangen im Programm, was vielen Kunden unnötige Kompromisse erspart.

Mit Küche umziehen?

Wer einen Umzug plant, sollte prüfen, ob es sich wirklich lohnt, die Einbauküche mitzunehmen. Meist müssen Teile ausgetauscht oder ergänzt werden. Ist der Umbau einzelner Scharniere von einer Türseite auf die andere meist noch unproblematisch, ist der Nachkauf von Möbelteilen oder einer neuen Arbeitsplatte weitaus aufwendiger und teurer – von der Planung, dem Ab- und Aufbau sowie dem Transport gar nicht zu reden. In vielen Fällen ist es deshalb günstiger, die Küche in der Wohnung zu lassen und – je nach Zustand – mit dem neuen Mieter oder dem Eigentümer über eine angemessene Abstandszahlung zu verhandeln.

Unser Rat

Reparieren oder ersetzen?

Wer seine Küche mit teuren Einbaugeräten ausstattet, fragt sich bei Schäden: Lohnt sich eine Reparatur oder soll ich ein neues Gerät kaufen? Die Stiftung Warentest ist dieser Frage 2018 am Beispiel von Geschirrspülern nachgegangen und hat die Ergebnisse in „test" veröffentlicht.

Der Beitrag ist unter test.de als Download gegen ein geringes Entgelt abrufbar.

Fazit: Einen Geschirrspüler reparieren zu lassen, lohnt sich aus ökologischen und finanziellen Gründen – umso mehr, je teurer das Gerät beim Kauf war. Leider gelangen die günstigeren freien Werkstätten in vielen Fällen nicht in den Prüfmodus eines Geräts, sodass Nutzer auf Vertragswerkstätten angewiesen sind.

Übrigens: Eine klare gesetzliche Regelung, wie lange Hersteller Ersatzteile bereithalten müssen, gibt es bislang nicht.

Nehmen Sie sich anschließend Zeit, um die Angebote zu vergleichen. Lassen Sie sich dabei nicht ausschließlich vom Gesamtpreis leiten – auch wenn dieser für viele Menschen ein wichtiges Kriterium darstellt. Achten Sie auch darauf, inwieweit die Ausstattungsmerkmale von Möbeln und Elektrogeräten übereinstimmen und ob Sie Abstriche an Ihren ursprünglichen Vorstellungen machen müssen.

Gehen Sie am besten folgende Posten separat durch – gute Händler schlüsseln sie in ihrem Angebot übersichtlich auf:

❯ Möbel
❯ Elektrogeräte
❯ Arbeitsplatte
❯ Lieferung, Montage sowie Anschluss der Geräte ans Strom-, Wasser- und eventuell Gasnetz

Wichtig: Qualität hat ihren Preis. Wer in teure Geräte investiert, aber an der Montage sparen will, spart am falschen Ende.

Seien Sie vorsichtig bei Sonderangeboten: In der Regel bezieht sich der beworbene „Hammerpreis" auf eine festgelegte Anordnung von Schränken und Geräten. Passt diese Anordnung nicht in Ihre Küche und müssen Sie Anpassungen vornehmen lassen oder zusätzliche Schränke und Geräte kaufen, kann es schnell überproportional teuer werden!

Haben Sie sich für einen Anbieter entschieden, prüfen Sie im Kaufvertrag Zahlungsbedingungen und Lieferfristen. Klären Sie, wer genau Ihnen die Küche liefert, wer sie montiert und wer Ihr Ansprechpartner bei etwaigen Mängeln ist.

Ein besonders wichtiger Punkt ist die Auswahl **leistungsfähiger und energiesparender Elektrogeräte**. Gerade bei sehr günstigen Küchen sind jedoch häufig Kühlschränke, Geschirrspüler und Backöfen verbaut, die bestenfalls zweite Wahl sind und sich als Stromfresser entpuppen. Sparen Sie nicht am falschen Ende, achten Sie auf das Energielabel und investieren Sie in Qualität.

In den nächsten Kapiteln erfahren Sie alles, was Sie über moderne Einbaugeräte wissen müssen – inklusive **sinnvoller neuer Funktionen**, die das Leben erleichtern, bis hin zu vermeintlichen oder tatsächlichen **Trendfeatures**, die vor allem Eindruck machen sollen und viel Geld kosten – auf die jedoch viele Menschen getrost verzichten können.

Spezial

Raus in die Gartenküche!

Einbaugrill war gestern – heute gibt es **Outdoor-Küchen**, auch als **Garten- oder Außenküchen** bezeichnet. Immer mehr Hobbyköche entscheiden sich dafür, in ihrem Garten oder auf der Terrasse nicht nur Steaks und Würstchen auf den Rost zu legen, sondern stilvoll ganze Menüs zuzubereiten. Outdoor-Küchen gibt es in allen Größen und Preisklassen – von Einsteiger- bis zum Luxusmodell. Der Trend entstand in den USA und schwappt jetzt auch nach Europa.

Outdoor-Küchen gibt es entweder als **Komplettlösung** oder in Form **einzelner Module** zu kaufen. Wer sich für Module entscheidet, kann klein beginnen und sich schrittweise steigern. Wer dagegen eine komplette Outdoor-Küche kauft, sollte vorher seine Ansprüche definieren, um das richtige Modell zu wählen. Neben klassischen Kohle- und Gasgrills erweitern **Stationen mit Kochfeld** die Zubereitungsmöglichkeiten. So lohnt sich ein **Seitenbrenner**, um Suppen, Soßen oder Heißgetränke zu erhitzen. An einem **Spülbecken** kann man Gemüse säubern oder das Geschirr abwaschen. **Outdoor-Regale** und **Anrichten** bieten Stauraum und Abstellfläche. Wer geschützt auf der überdachten Terrasse und dann wieder unter freiem Himmel kochen will, setzt auf einen **Küchenwagen mit Gasgrill**.

Je nach Größe der Außenküche gilt es zunächst, einen Standort auszuwählen. Dieser soll über eine **befestigte Grundfläche** verfügen, etwa aus Pflastersteinen oder Beton. Rasen eignet sich nicht. Am besten ist ein **windgeschützter, idealerweise überdachter Platz**. Die Außenküche soll von allen Seiten zugänglich und bedienbar sein und weder direkt an der Grenze zum Nachbargrundstück noch in einem Durchgangsbereich stehen. Wer viel Platz hat, ordnet **Module in U- oder L-Form** an, bei wenig Platz reicht aber auch eine **Küchenzeile** aus. Je nachdem, ob die Küche ganzjährig draußen oder im Winter im Schuppen steht, gilt es, **robuste und witterungsbeständige Materialien** auszuwählen. Für Küchengeräte, Spülbecken und Armatur empfiehlt sich Edelstahl.

Ein weiterer wichtiger Punkt ist die **Versorgung mit Wasser und Strom**. Sind keine Anschlüsse vorhanden, lassen sie sich eventuell nachrüsten. Bei Wasserleitungen ist darauf zu achten, dass sie frostsicher in mindestens 80 Zentimeter Tiefe verlegt werden. Der Gasgrill lässt sich in Ermangelung eines Festanschlusses auch mit Flaschengas betreiben.

Die Mindestausstattung für eine Outdoor-Küche sollte folgende Elemente umfassen:
> Gasgrill mit Abdeckhaube
> Arbeits- und Abstellfläche
> Stauraum (zum Beispiel Unterschränke oder Regale)
> Spülbecken mit Kupplung für Gartenschlauch

Erweitern lässt sich diese Ausstattung zum Beispiel mit folgenden Elementen:
> Kühl- und Aufbewahrungsschrank
> Spüle mit Armatur
> Wasserzulauf/-ablauf
> Durchlauferhitzer für Warmwasser
> Bartresen

Backen, grillen, dämpfen

Türen auf – hier
kommt die neue
Vielfalt

Backofen und Herd

Kuchen, Pizza, Weihnachtsplätzchen, Aufläufe – moderne Backöfen versprechen perfekte Ergebnisse in kurzer Zeit. Das Angebot reicht von Basisgeräten mit Ober- und Unterhitze bis zu Premiummodellen mit zahlreichen Automatikprogrammen, Selbstreinigung und WLan-Anschluss.

Ein Backofen zählt seit Generationen zur Grundausstattung in der Küche. Zusammen mit einer Kochstelle bildet er das Zentrum für die Zubereitung von Speisen. Beide Elemente lassen sich am selben Ort oder an verschiedenen Stellen der Küche nutzen – Käufer können die Variante wählen, die ihrer Küche und den eigenen Ansprüchen am besten gerecht wird. Das gilt auch für Größe und Funktionsumfang: Wer regelmäßig kocht und gern Kuchen und Brot bäckt, benötigt eine andere Lösung als jemand, der sich ab und an eine Fertigpizza heiß macht. Welche Bauform und Ausstattung Sie wählen, hängt von folgenden Faktoren ab:

❯ Größe und Möblierung der Küche
❯ Anzahl der Personen im Haushalt
❯ Individuelle Kochgewohnheiten
❯ Finanzielle Möglichkeiten
❯ Ansprüche an Optik und Design

ⓘ **Aktuelle Tests im Internet**
Detaillierte Informationen zu sämtlichen in letzter Zeit von uns getesteten Backöfen finden Sie auf test.de unter dem Suchbegriff „Backöfen".

Bauformen

Ein klassischer Einbaubackofen besitzt keine Füße und benötigt daher einen sogenannten Umbauschrank unter der Arbeitsplatte. Traditionell wird auf diesem eine passende Einbaukochstelle angebracht. Wer sich die Suche sparen will, kauft sie im Paket mit dem Backofen. Eine solche Kombination wird als Herd-Set bezeichnet. Je nach Typ der Kochstelle unterscheidet man Elektro-, Gas- und Induktionsherde (Vergleich siehe „Kochfelder", S. 89). Die einzelnen

Felder der Kochstelle lassen sich über die Bedienelemente an der Ofenfront – etwa versenkbare Knebel – steuern. Einfache Herd-Sets ohne Umluft und Heißluft gibt es bereits ab ca. 170 Euro zu kaufen. High-End-Modelle mit sensorgesteuerten Automatikprogrammen und Netzwerkanschluss kosten schnell 2 500 Euro.

Wer sich für einen solchen **Einbauherd** entscheidet, kann den oft begrenzten Platz in seiner Küche optimal ausnutzen, verleiht ihr ein strukturiertes Erscheinungsbild – bekommt jedoch unter Umständen bald Rückenschmerzen. Denn um Speisen in den Backofen zu stellen oder aus diesem herauszunehmen, ist es erforderlich, sich weit nach unten zu bücken.

In den vergangenen Jahren hat sich deshalb eine rückenschonende Einbauvariante als Standard etabliert. Dabei wird der **Einbaubackofen** inklusive Bedienblende in Augenhöhe in einen Hochschrank montiert. Einfache Geräte sind ab etwa 200 Euro

Wissen in Zahlen

War ein Herd früher die Standardlösung, ist der Marktanteil der Solo-Backöfen – in Bezug auf den Gesamtumsatz – in den vergangenen Jahren gestiegen und lag 2016 bereits bei 59 Prozent (2014: 55 Prozent). Auf Einbauherde entfallen nur noch 41 Prozent (2014: 45 Prozent).

(Quelle: GfK Panelmarkt Deutschland)

Wissen in Zahlen

In Deutschland nutzen 91 Prozent der Haushalte überwiegend Strom und 7 Prozent Erdgas zum Kochen. In den östlichen Bundesländern liegt der Anteil beim Gas mit 12 Prozent deutlich höher. Mit Gas gekocht wird hauptsächlich auf dem Kochfeld. Nur 4 Prozent der Haushalte nutzen einen Gasbackofen, 93 Prozent einen Elektrobackofen.

Quelle: BDEW/HEA-Studie Stromverbrauch im Haushalt 2014

erhältlich, Top-Modelle kosten bis etwa 1 800 Euro. Vorteil: Je nach Platzangebot lassen sich neben, über oder unter dem Backofen weitere Geräte einbauen – allerdings keine Kochstelle. Diese muss unabhängig vom Backofen installiert werden, was interessante Gestaltungsfreiräume eröffnet. Man denke nur an den Einbau in einer Kücheninsel oder sogar im Esstisch. Autarke Kochstellen gibt es mit Gas, Induktion und Wärmestrahlung – zudem lassen sich deren Elemente individuell zusammenstellen, ohne Rücksicht auf die Breite des Backofens (siehe „Kochfelder", S. 84).

Die Alternative zum Einbauherd ist ein **Standherd**. Dabei handelt es sich meist um einen Gasherd aus emailliertem Stahlblech oder Edelstahl. Bei einem Standherd entfällt das Anschließen der Kochstelle, da diese bereits von vornherein installiert ist. Standherde lassen sich frei im Raum aufstellen oder an beziehungsweise

Check: **Backofen und Herd**

Bauform
- ☐ Einbauherd-Set mit Klapptür
- ☐ Einbauherd-Set mit Backwagen
- ☐ Standherd
- ☐ Unterbaubackofen
- ☐ Einbaubackofen
- ☐ Tischbackofen

Beheizung Backofen
- ☐ Elektro
- ☐ Gas

Beheizung Kochstelle
- ☐ Induktion
- ☐ Gas
- ☐ Wärmestrahlung (z. B. Glaskeramik)

Größe
- ☐ Standard-Einbauherd (Breite: 60 cm)
- ☐ Standard-Einbaubackofen (Breite: 60 cm, Höhe: 60 cm)
- ☐ Kompakt-Einbaubackofen (Breite: 60 cm, Höhe 45 cm)
- ☐ Extragroßer Einbaubackofen (Breite: 70 cm oder 90 cm)
- ☐ Doppelbackofen (Höhe: 90 cm)
- ☐ Standard-Standherd (Breite: 60 cm, Höhe: 85 cm)
- ☐ Standherd mit geringerer Breite (zum Beispiel 50 oder 55 cm)
- ☐ Extrabreiter Standherd (90 bis 180 cm)

Türanschlag
- ☐ Unten
- ☐ Rechts
- ☐ Links
- ☐ Unten mit Backwagen
- ☐ Unter Front versenkbare Tür

Kombi-Kochfeld
- ☐ Standard-Kochfeld (Breite: 56 cm, Tiefe: 50 cm)
- ☐ Extrabreites Kochfeld (z. B. 70 bis 100 cm)
- ☐ Kochfeld mit geringerer Tiefe (z. B. 30 cm)

zwischen Unterschränke stellen. Je freier der Herd steht, desto größer die Möglichkeit, seine Optik in Szene zu setzen.

Standherde gibt es sowohl in modern-zeitlosem als auch in nostalgischem Design zu kaufen. Sie eignen sich vor allem für Landhausküchen im Country- oder Cottage-Style. Ihre Gasflammen erzeugen mehr Gemütlichkeit als Elektrokochfelder und erlauben eine bessere und schnellere Wärmedosierung. Nachteil: Ein Standherd, etwa ein amerikanischer **Range Cooker**, benötigt deutlich mehr Platz als ein Einbauherd, da er in der Regel um einiges breiter ist. Dafür bieten manche Modelle zwei oder mehr separat steuerbare Garräume, Wärmeschubladen oder sogar einen Barbecuegrill und sind damit der Traum vieler ambitionierter Hobbyköche.

Für einen top ausgestatteten Range Cooker einer Premiummarken werden schon mal 10 000 oder 15 000 Euro fällig, während es einfache Standherde schon ab 200 Euro zu kaufen gibt.

Wer nicht so viel Geld ausgeben will, selten bäckt oder wenig Platz in seiner Küche hat, der ist unter Umständen mit einem **Tischbackofen** am besten bedient. Dieser kann zum Beispiel auf der Arbeitsplatte stehen, nimmt dort dann allerdings einiges an Platz weg. Bereits ab 50 Euro sind brauchbare Tischbacköfen erhältlich. Topmodelle mit Zusatzfunktionen kosten bis zu 500 Euro. Viele von ihnen haben eine Grillfunktion an Bord, einige eine Mikrowelle oder Dampfgarfunktion und etliche Modelle („Tischherde") besitzen sogar zwei Kochplatten auf ihrer Oberseite.

Als weitere platzsparende Alternativen zum Kochen kommen ein kompaktes Einbaukochfeld oder eine transportable – und damit verstaubare – Doppelkochplatte mit Induktion oder Wärmestrahlung in Frage.

Gerätemaße

Einbauherde sind in der Regel 60 Zentimeter breit, 58 bis 60 Zentimeter hoch und 60 Zentimeter tief. Damit passen sie problemlos in die 60 Zentimeter breite Standardnische im Umbauschrank unter der Arbeitsplatte.

Das Angebot an **Einbaubacköfen** umfasst Geräte mit einer Breite von 60, 70 oder 90 Zentimetern, die in einen dafür vorgesehenen Hochschrank in Sichthöhe eingebaut werden. Ihre Standardhöhe beträgt 60 Zentimeter, darüber hinaus gibt es Modelle mit 45 Zentimetern (Kompaktbackofen) und 90 Zentimetern (Dop-

Unser Rat

Keine echte Alternative

Ob Süßkartoffel-Pommes oder Blumenkohl-Falafel: Die aktuellen Streetfood-Trends klingen gesund und einfach nachzumachen – allerdings besser nicht mit Hilfe einer Heißluftfritteuse (engl. „Air Fryer"). Solche Mini-Backöfen mit zirkulierender Umluft und Grill sind zwar vielseitig und verbreiten kaum Ölgeruch. In unserem Test Anfang 2019 wurden jedoch die Pommes Frites mit fast allen Geräten nicht annähernd so saftig wie in Öl frittierte oder im Backofen beziehungsweise in Kombi-Mikrowellen gebackene. Ganz ähnlich sah es bei Hähnchenschenkeln und Gemüse aus.

Mehr als heiße Luft

Im Ofen garen – so geht's

Die folgenden Definitionen richten sich nach den Begriffsbestimmungen des Bundeszentrums für Ernährung.

❯ **Backen:** Unter diesem Verfahren versteht man das Garen und Bräunen in trockener Wärme bei ca. 120 bis 250 Grad, zum Teil auch bei 270 bis 300 Grad. Gebacken werden feuchte beziehungsweise wasserreiche und stärkehaltige Lebensmittel. Bei wasserarmen Lebensmitteln spricht man auch von Rösten. Das Gargut liegt beim Backen auf einem Grillrost, auf einem Backblech oder in einer Form. Das Garverfahren eignet sich unter anderem für Brot, Kuchen, Aufläufe, Pizza und Fischgerichte.

❯ **Braten:** Eine weitere Garmethode in trockener Wärme bei relativ hohen Temperaturen von 160 bis 275 Grad ist das Braten. Gebraten werden vor allem Fleisch und Fisch. Das Gargut – bei Fleisch traditionell „Braten" genannt – liegt in einem ofenfesten (Römer-)Topf, auf dem Rost oder in der Fettpfanne. Fleischstücke können vorher angebraten werden, um eine Kruste und damit Röstaromen zu erzeugen. Geeignet für große Fleischstücke sowie Fisch und Geflügel.

❯ **Grillen:** Grillen ist eine weitere Garmethode in trockener Wärme, allerdings bei 230 bis 300 Grad. Das Gargut liegt dabei auf einem Rost, bis es innen die gewünschte Temperatur erreicht hat und auf der Außenseite gebräunt ist. Beim Wenden nutzt man eine Zange oder einen Bratenwender, damit die Kruste erhalten bleibt. Geeignet für Fleisch, Fisch, Kartoffeln, Obst und Gemüse. Auch zum Gratinieren/Überbacken gegarter Speisen bei 225 bis 275 Grad geeignet.

❯ **Dünsten:** Garmethode in feuchter Wärme. Das Gargut wird eventuell kurz in Öl angedünstet, mit wenig Flüssigkeit – etwa Wasser, Brühe oder Wein – aufgegossen und mit dicht geschlossenem Deckel im eigenen Dampf gegart. Alternativ dazu kann man das Gargut mit etwas Flüssigkeit in Alufolie oder Pergament einwickeln und auf dem Blech garen. Geeignet für zartes Gemüse, Fisch und Geflügelstücke.

❯ **Schmoren:** Mischverfahren aus Braten und Dünsten. Dazu wird das Gargut, oft ein größeres Fleischstück, in einem Topf, einem Bräter oder einer Pfanne mit wenig Fett angebraten. Danach fügt man Flüssigkeit (zum Beispiel Wasser, Brühe oder Wein) sowie eventuell weitere Zutaten (zum Beispiel Suppengemüse) hinzu und gart alles für längere Zeit zugedeckt im Ofen. Geeignet für durchwachsenes Fleisch, zum Beispiel Schmorbraten, Rouladen oder Gulasch sowie größere Gemüsestücke, zum Beispiel Kohl und Fenchel.

❯ **Niedertemperatur-/Schongaren:** Mischverfahren, bei dem empfindliches Gargut in einem ofenfesten Gefäß bei 30 bis 120 Grad langsam gart. Davor oder danach kann man das Gargut in einer Pfanne mit wenig Fett anbraten, damit sich eine Kruste bildet. Geeignet für Fleischstücke, zum Beispiel Filet, Roastbeef und Schinken sowie Fisch oder Geflügel im Ganzen.

❯ **Einkochen/Sterilisieren:** So nennt man das Haltbarmachen von Obst, Gemüse und Fleisch in Gläsern bei 100 bis 175 Grad.

pelbackofen). Letztere besitzen zwei Garräume, zum Beispiel zwei Backöfen oder Backofen plus Dampfgarer oder Mikrowelle.

Für die Abmessungen von **Standgeräten** existieren Richtwerte, zum Beispiel 85, 90 oder 95 Zentimeter für die Höhe. In Deutschland erhältliche Geräte sind fast durchweg 85 Zentimeter hoch. Die Tiefe liegt in der Regel bei 60 Zentimetern. Die Breite ist grundsätzlich variabel, beträgt jedoch in der Regel 50 oder 60 Zentimeter. **Range Cooker** werden meist in Extrabreiten zwischen 90 und 180 Zentimetern angeboten.

Deutlich kleinere Abmessungen weisen **Tischbacköfen** auf – ob mit oder ohne Herdplatten. Man bekommt sie bereits ab ca. 45 Zentimetern Breite, bei einer Höhe von ca. 35 und einer Tiefe von 25 bis 30 Zentimetern.

Nicht ganz unwichtig ist auch die **Größe des Garraums**. Hier gilt: Oft ist weniger mehr, vor allem in Sachen Energieverbrauch. Während es kleine Pizzaöfen schon ab 9 Liter Garraumvolumen gibt, besitzen kompakte Tischbacköfen in der Regel rund 20 Liter. Die größten bringen es auf bis zu 45 Liter. Zum Vergleich: Das Standardvolumen von Einbaubacköfen liegt bei 54 Litern, die größten unter ihnen fassen bis zu 76 Liter.

Zubehör

Grillrost, Backblech und Fettpfanne sollten bei jedem Backofen zum Lieferumfang zählen – letztere am besten mit Antihaftbeschichtung. Alle drei lassen sich mit Hilfe von Einschubleisten in der gewünschten Höhe platzieren. Weiteres Zubehör ist problemlos im Handel erhältlich.

> **Grillrost:** Optimale Unterlage für Tiefkühlpizzen und knuspriges Gebäck – eventuell in Verbindung mit einem **Pizzablech** oder einem anderen Blech mit gelochter Oberfläche. Da durch die Löcher Hitze einströmen und Feuchtigkeit entweichen kann, wird die Unterseite des Teiges schön kross. Ein **Backstein** führt bei Brot und Pizza zu einem vergleichbaren Effekt.

> **Backblech:** Dank des leicht erhöhten Randes vor allem zum Backen von Blechkuchen sowie Flammkuchen, Pizza und Ähnlichem geeignet. Auch Plätzchen, Tiefkühl-Pommes, Kroketten und Kartoffelecken lassen sich zubereiten. Eine Lage Backpapier verhindert, dass etwas klebenbleibt.

Grills für die Küche

Nicht jeder kann und will draußen über offener Glut grillen. Die gute Nachricht: Es gibt Alternativen.

> **Kontaktgrill:** Ohne stinkenden Rauch in der Küche grillen – ein Kontaktgrill macht's möglich. Zwei Platten heizen von oben und unten. Das Grillgut klemmt zwischen den Platten und gart auf beiden Seiten. Geeignet für Fisch, Geflügel und Gemüse sowie zum Überbacken – viele Grills schaffen sogar Steaks. Ein Pluspunkt sind abnehmbare, spülmaschinengeeignete Grillplatten. Ab ca. 40 Euro, hochwertige Geräte ab ca. 120 Euro.

> **Flächengrill:** Seine Grundfläche ist größer als die eines Kontaktgrills, dafür kommt die Hitze nur von unten. Fleisch und Würstchen dauern meist erheblich länger – das Aufheizen teilweise auch. Modelle mit Glasdeckel sparen Energie und Zeit. Ab ca. 50 Euro, Markengeräte ab ca. 100 Euro.

> **Oberhitzegrill:** Er schafft Temperaturen bis 800 Grad und ist vor allem für Fleischliebhaber geeignet. Für Innenräume sind nur elektrische Modelle zugelassen. Der Grillrost sollte sich in verschiedenen Höhen einschieben lassen, das Fett in eine Schale tropfen. Oberhitzegrills sind relativ schmal, minimalistisch designt und besitzen ein Edelstahlgehäuse. Nachteile sind relativ langsames Aufheizen und starke Geruchsentwicklung. Einfache Modelle gibt es ab ca. 120 Euro, hochwertige Markengeräte ab ca. 600 Euro.

Heißluft, Oberhitze oder Grillen?

Immer die richtige Heizart

Wichtiges Auswahlkriterium für den Kauf eines Backofens sind die verfügbaren Heizarten. Diese unterscheiden sich je nachdem, welche der im Inneren befindlichen Heizkörper zum Einsatz kommen. Möglich sind Ober- und Unterhitze, Heiß- und Umluft sowie die Grillfunktion. Diese lassen sich zu weiteren Heizarten kombinieren und abwandeln.

Basisheizarten

❭ **Ober-/Unterhitze:** Heizwiderstände an Decke und Boden des Ofens erzeugen Hitze, die sich mittels natürlicher Strömung bzw. Konvektion im Innenraum verteilt. Je nach Einschubhöhe des Garguts ändert sich die Hitzeeinwirkung auf Ober- und Unterseite der Speisen. Da das Gargut weniger intensiv erhitzt wird als etwa bei Umluft, wird ihm weniger Feuchtigkeit entzogen und es bleibt saftiger. Kehrseite: Da die Wärme durch Strahlung übertragen wird und die Hitzeverteilung im Innenraum weniger gleichmäßig als im Heißluftbetrieb ausfällt, lässt sich nur eine Ebene nutzen und die benötigte Temperatur ist höher. Geeignet zum Beispiel zum Backen von Kuchen und Braten.

❭ **Unterhitze:** Die Hitze wird nur am Boden erzeugt und wirkt direkt auf die Unterseite des Garguts ein. Geeignet zum Beispiel für Obstkuchen und Pasteten im Wasserbad.

❭ **Oberhitze:** Oberhitze eignet sich gut zum Überbacken und Gratinieren, etwa bei Gratins und Aufläufen, deren Oberfläche dadurch eine schöne Bräune erhält.

❭ **Umluft:** Die Luft innerhalb des Garraums wird angesaugt, erwärmt sich an den Heizkörpern (Ober- und Unterhitze) und wird erneut dem Backofen zugeführt. Der Ventilator an der Rückwand sorgt für eine zügige und gleichmäßige Wärmeverteilung. Daher lassen sich mehrere Backbleche gleichzeitig einschieben. Ein Vorheizen ist nicht notwendig, allerdings trocknen Speisen schneller aus. Geeignet zum Beispiel für knusprige Brötchen und Pizzen.

❭ **Heißluft:** Anders als bei konventioneller Umluft strömt bei Heißluft bereits erhitzte Luft in den Garraum ein. Dadurch entfällt das Vorheizen. Da die Heißluft über ein Lüfterrad gleichmäßig verteilt wird, lassen sich auf drei oder sogar vier Einschubebenen gleichzeitig Speisen braten und backen. Geeignet für mehrgängige Menüs. Noch sparsamer ist eine „Heißluft Eco"-Funktion, die allerdings für das Garen auf einer Ebene konzipiert wurde.

❭ **Grillen:** Eine Heizwendel mit hoher Leistung an der Decke des Ofens eignet sich ideal zum Bräunen oder Überbacken des Grillguts. Meist lässt sich die Leistung der Grillfunktion der Menge des Grillguts anpassen. Manche Öfen sind mit einem Drehspieß für noch gleichmäßigeres Bräunen ausgestattet oder lassen sich damit nachrüsten.

❭ **Umluft- oder Heißluftgrillen:** Hier kommt neben dem Strahlungsheizkörper ein Ventilator zum Einsatz. So werden beispielsweise Braten, Hähnchen oder Ente von allen Seiten erhitzt. Vor allem Fleisch wird außen kross, ohne dass das Innere austrocknet.

Pizzastufe: Die Pizzastufe eignet sich besonders für Tiefgekühltes wie Pizza, Pommes oder Flammkuchen. Das Geheimnis liegt in der Kombination von starker Unterhitze und Heißluft. Dadurch wird die Feuchtigkeit im Garraum beseitigt und der Boden schön knusprig.

Sonderheizarten

Gerade höherpreisige Modelle sind zusätzlich mit weiteren Heizarten ausgestattet. Auch dafür werden letztlich jeweils mehrere Heizelemente auf bestimmte Weise miteinander kombiniert. So lässt sich der Funktionsumfang des Backofens gezielt erweitern – ohne dass der Nutzer dafür per Hand komplizierte Einstellungen vornehmen müsste. Die einfache Bedienung ermöglicht es den Herstellern nicht nur, einen höheren Preis zu rechtfertigen, sondern auch mit „noch besseren Ergebnissen" zu werben oder gar „Gelinggarantien" auszusprechen. Manche Sonderheizarten sorgen zudem dafür, dass sich die Zubereitungsdauer von Speisen stark verkürzt – was allerdings oft zu Lasten der Energiebilanz geht.

Intensivhitze: Soll die Oberfläche saftig bleiben, die Unterseite aber möglichst knusprig werden, eignet sich diese Kombination aus starker Unterhitze und normaler Oberhitze. Geeignet für reichlich belegte Obstkuchen und Pizzen sowie Käsekuchen.

Niedertemperatur-/Sanftgaren: Um Gemüse und Fleisch möglichst schonend zuzubereiten, hält diese Betriebsart die Temperatur konstant bei 80 Grad. Vitamine und Nährstoffe bleiben weitgehend erhalten, Fleisch wird saftig und zart – nur etwas mehr Zeit sollte man einplanen, das Garen dauert hier länger als gewohnt.

Dörren: Mit dieser Heizart lassen sich Trockenobst und Gemüsechips zubereiten. Anders als bei Ober-/Unterhitze oder Umluft riskieren Sie nicht, dass sich beim Trocknen dünner Gemüsescheiben (etwa Kartoffel, Karotte oder Rote Bete) bereits ab 140 Grad Acrylamid bildet. Zudem erfolgt das Trocknen der Lebensmittel ohne Schwefelzusatz (im gegensatz zu vielen industriell erzeugten Produkten).

Warmhalten: Zwischen 60 und 100 Grad lassen sich Speisen warmhalten, was beispielsweise bei Menüs mit mehreren Gängen praktisch ist. Alternative: Ober-/Unterhitze und entsprechende Temperatur einstellen.

Vorwärmen: Nach Aktivieren der Heizart lässt sich das benötigte Geschirr bei 30 bis 70 Grad auf mehreren Ebenen gleichzeitig vorwärmen. Alternative: Ober-/Unterhitze und entsprechende Temperatur (meist erst ab 50 Grad).

Auftauen: Die Luft im Garraum wird mittels Ventilator gleichmäßig verteilt, sodass tiefgefrorene Lebensmittel wie Fleisch, Fisch, Brot oder Torten schnell und schonend auftauen.

Feucht backen/braten: Damit etwa Hefegebäck und Brot nicht austrocknen, verbleibt die Feuchtigkeit während des Garprozesses im Innenraum. Dazu wird der Auslass geschlossen, die feuchte Luft kann nicht entweichen.

Aufstellen und anschließen

❭ Herde müssen waagerecht ausgerichtet werden. Sonst besteht die Gefahr, dass Bratensaft, Saucen etc. in Topf, Pfanne, Form oder auf dem Backblech einseitig ver- oder sogar überlaufen. Bei Standherden ermöglichen höhenverstellbare Schraubfüße das Ausgleichen von Unebenheiten. Bei Einbauherden ist das exakte Ausrichten von Herdumbauschrank sowie Arbeitsplatte und Kochstelle wichtig.

❭ Einen Elektroherd darf nur ein Elektroinstallateur anschließen – für gewöhnlich an Drei-Phasen-Drehstrom. Ist im Haushalt kein Drehstromanschluss vorhanden und ließe sich nur aufwendig nachrüsten, dürfen Herde mit geringem Anschlusswert (9–11 kW) auch ans Wechselstromnetz angeschlossen werden.

❭ Für separat eingebaute Backöfen mit geringem Anschlusswert (bis 4 kW) genügt ein Wechselstromanschluss. Diesen kann ein Elektriker auch aus einem Drehstromanschluss herstellen. Backöfen mit höherem Anschlusswert (wegen der Pyrolyse-Funktion) benötigen einen Drehstromanschluss.

❭ Einen Gasherd darf nur ein befugter Gasinstallateur anschließen. Neben dem Gasanschluss ist für Funktionen wie elektrische Zündung und Grillheizkörper auch ein Elektroanschluss erforderlich.

❭ Ist der Raum für einen Gasherd zu klein oder gibt es weder Fenster noch Außentür, müssen in Tür oder Wand Zwangslüftungen eingebaut werden.

❭ **Fettpfanne:** Ein Backblech mit stark erhöhtem Rand schiebt man unter den Grillrost, um herabtropfendes Fett und Bratensaft aufzufangen. Die Feuchtigkeit innerhalb des Garraums lässt sich erhöhen, indem man Wasser in die Fettpfanne gibt. Für Braten, Schmorgerichte und Aufläufe optional erhältlich sind spezielle **Bräter**.

Viele Hersteller bieten – zum Teil gegen Aufpreis – im Garraum platzierbare **Teleskop-Einzelauszüge** an, die sich auf einer der Einschubleisten befestigen lassen. Teilweise sind Auszüge erhältlich, die bis zu drei Ebenen gleichzeitig umfassen. Teleskop- oder Vollauszüge sind Schienen, auf denen sich Backbleche oder Grillroste komplett aus dem Ofen ziehen lassen, ohne dass ihre Vorderseite nach unten kippt. Das erleichtert das Einschieben und Herausnehmen des Garguts und erspart das Hineingreifen in den heißen Ofen. Weitere Auszüge lassen sich in aller Regel nachkaufen. Auszüge mit Stoppfunktion verhindern, dass sich herausgezogene Roste und Bleche verschieben können.

Eine rückenschonende Alternative für niedrig eingebaute Backöfen ist ein **Backwagen**: Backblech und Rost sind dabei an der Tür fixiert und werden beim Öffnen gut zugänglich. Herausnehmen lassen sie sich allerdings nur seitlich. Besonders komfortabel sind Backwagen mit Softeinzug. Nachteil gegenüber Teleskopauszügen: Beim Öffnen werden automatisch immer sämtliche im Ofen befindlichen Bleche und Roste herausgezogen.

Ausstattung

Je nach Hersteller und Ofenmodell existieren verschiedene Mechanismen zum Öffnen der Tür. Eine klassische **Klapptür** wird nach unten geöffnet, stellt in geöffnetem Zustand jedoch eine Stolperfalle dar. Bei einer **Schwenktür**, die sich nach einer Seite öffnen lässt, besteht diese Gefahr nicht. Zudem lassen sich Backblech und Rost einfacher in den Ofen schieben und wieder entnehmen – was sich vor allem dann bemerkbar macht, wenn der Backofen in einen Hochschrank eingebaut ist. Modelle mit Dämpfung der Tür ermöglichen ein geräuscharmes Schließen. Besonders platzsparend, aber noch wenig verbreitet, sind **versenkbare Türen**, die beim Öffnen unter dem Backofen verschwinden. Backöfen mit Backwagen verfügen über eine **ausfahrbare Tür**.

Glastür und Innenbeleuchtung sollen es ermöglichen, das Gargut während der Zubereitung sicher im Blick zu behalten. Die im Inneren des Backofens angebrachten hitzebeständigen **Halogen- oder LED-Leuchten** sollen den Innenraum möglichst vollständig ausleuchten und sich während des Betriebs ausschalten lassen. Zur Grundausstattung gehört weiterhin eine **elektronische Uhr (Timer)**, mit deren Hilfe sich die Garzeit einstellen lässt und die das Ende per Signalton anzeigt. Bei Elektroherden mit **Zeitschaltautomatik** lassen sich Backofen und teilweise auch eines oder mehrere Kochfelder so programmieren, dass sie sich selbsttätig ausschalten (Zeitschalter) beziehungsweise ein- und ausschalten (Schaltuhr).

Während herkömmliche Backöfen und Herde über beschriftete Drehregler, Tasten oder Berührungssensoren bedient werden und ein Display höchstens zur Anzeige besitzen, lassen sich viele aktuelle Modelle über ein **Digitaldisplay** mit Touchscreen steuern.

Besonders modern und komfortabel ist die Steuerung des Backofens mit Hilfe eines **Tablets oder Smartphones** und einer **passenden App**. Voraussetzung ist allerdings ein Gerät, das sich per WLan mit dem heimischen Netzwerk und dem Internet verbinden lässt. Auf diese Weise kann der Backofen sogar von unterwegs bedient werden.

Bei Geräten mit **Temperaturkontrolle** gibt das Display zudem Auskunft über die Temperatur während des Aufheizens und informiert darüber, wann das Gargut in den Ofen geschoben werden kann. Nach dem Garprozess zeigt es die Temperatur an, die noch im Inneren des Ofens herrscht.

Der Nutzen von **„Smart Kitchen"-Funktionen** geht jedoch deutlich weiter: So schlägt das Gerät nach dem Einstellen von Heizart und Gargut die passende Temperatur vor oder hat dank eines **Kochassistenten** sogar sämtliche benötigten Einstellungen parat: Der Nutzer wählt nur noch das Gericht aus – und der Assistent schlägt Heizart, Gardauer und Temperatur vor. Der Nutzer kann diese übernehmen oder je nach individuellen Vorlieben ändern. Dank einer **Memory-Funktion** können „funktionierende" Einstellungen für häufig zubereitete Gerichte fürs nächste Mal gespeichert werden.

Sie kochen nicht so gut, wollen aber nicht auf Selbstgekochtes verzichten? Dann halten Sie Ausschau nach einem Backofen mit **Programmautomatik**. Je nach Hersteller und Gerät umfasst diese Funktion eine Anzahl an Programmen aus unterschiedlichen Kate-

Hersteller-Apps
Den Backofen ein- und ausschalten, Temperatur und Backzeit festlegen, Einstellungen an den Ofen schicken, und alles von unterwegs – das bieten Hersteller-Apps. Auch Statusinformationen wie der aktuelle Energieverbrauch sind meist abrufbar. Wer vergessen hat, ob der Backofen noch eingeschaltet ist, fragt ebenfalls die App. Auf diese Weise lassen sich meist mehrere Küchengeräte gleichzeitig steuern. Voraussetzungen: ein eingebauter WLan-Chip und Internetzugang über ein verschlüsseltes WLan.

gorien – von Kuchen und Brot über Geflügel und Braten bis zu süßen Desserts. So geht's: Über Drehregler oder Display das Programm auswählen und falls erforderlich das Gewicht des Garguts (zum Beispiel des Bratens) eingeben. Neben der Garzeit informiert das Display über die beste Einschubhöhe sowie geeignete Brat- oder Backgefäße. Schon kann's losgehen. Nettes Extra: Bei manchen Geräten lassen sich eigene Programme erstellen.

Damit Fleischgerichte auf den Punkt gegart werden, haben viele Backöfen zusätzlich eine **Bratautomatik** an Bord. Je nach Modell stehen bis zu 100 Programme zur Verfügung. Vor Programmstart gibt man lediglich die Fleischsorte, das Gewicht sowie den Zustand (frisch/tiefgefroren) ein – anhand dieser Daten wählt die Automatik Brat- und Gardauer aus.

Besonderer Clou: Bei manchen Backöfen misst ein mitgeliefertes oder als Zubehör erhältliches **Bratenthermometer** permanent die Kerntemperatur des Fleisches und funkt diese an den Ofen. Ist die gewünschte Temperatur erreicht, ertönt ein Signalton. Ähnlich nützlich sind Backsensoren, wie sie einige Premiumgeräte besitzen: Die Sensoren messen den Feuchtigkeitsgrad im Inneren des Ofens und regulieren daraufhin die Einstellungen.

Reinigung

Nach dem Backen folgt das Putzen: Statt Verkrustungen mit Backofenreiniger und Schwamm selbst zu Leibe zu rücken, scheuen immer weniger Käufer den Aufpreis für eingebaute Reinigungshilfen. Am effektivsten – und folglich am beliebtesten – ist das **Pyrolyse**-Verfahren. Dabei heizt sich der Ofen bis zu zweieinhalb Stunden lang auf bis zu 400 Grad Celsius auf und soll Rückstände ausbrennen bzw. verkohlen. In unserem Test von 2017 verschwanden zwar Fettrückstände fast vollständig, Marmeladen- und Teigspritzer blieben jedoch häufig kleben. Im aktuellen Backofen-Test von September 2019 schafften die drei Kandidaten mit Pyrolyse-Funktion sehr gute Ergebnisse. Als Einschränkung bleibt: Das Verfahren kostet eine Menge Strom. Manche Geräte verbrauchen pro Reinigung 7 Kilowattstunden, also Elektroenergie für fast 2 Euro!

Die Rückwände mancher Öfen sind **katalytisch** beschichtet – bei einigen Modellen auch der ganze Garraum. Die Beschichtung weist eine raue, grobporige Oberfläche auf, die ähnlich wie ein Löschblatt Fett aufnehmen soll. Die Hersteller versprechen, dass

Die Temperatur im Blick
Eine gute und günstige Alternative zu einem integrierten Bratenthermometer ist ein separates Funkthermometer. Es funktioniert unabhängig vom Fabrikat des Backofens, misst die Temperatur im Inneren des Fleisches (einige auch im Inneren des Ofens) und sendet die Daten ans Empfangsgerät oder aufs Smartphone. Hat der Braten die gewünschte Kerntemperatur erreicht, ertönt ein Signalton.

sich die Fettspritzer beim jeweils nächsten Backprozess durch Hitze und Sauerstoff aufspalten und verrauchen. In unseren Tests funktionierte das leider nur teilweise. Hinzu kommt: Auf diese Weise lassen sich allenfalls Fettrückstände beseitigen.

Manche Öfen versprechen, leichtere Verschmutzungen mit Wasserdampf und geringer Hitze „einzuweichen". Dazu gibt man je nach Herstellervorgabe zum Beispiel einen halben Liter Wasser und etwas Spülmittel auf den Ofenboden und startet die Funktion. Mit Hilfe dieser sogenannten **Hydrolyse** ließ sich aus den getesteten Öfen nur ein geringer Teil des Schmutzes entfernen.

Effektiver wirken oft **Antihaftbeschichtungen**, also speziell emaillierte Oberflächen von hochwertigen Backöfen. Von ihnen lassen sich Verschmutzungen mit wenig Aufwand abwischen, während sie sich an herkömmlich emaillierten Oberflächen aufgrund von Unebenheiten leichter ablagern können.

Wissen in Zahlen

Geräte mit Selbstreinigung werden immer beliebter: 2016 hatten Herde und Backöfen mit Pyrolyse einen Anteil von 40 Prozent am Umsatz dieser Geräte, gegenüber 21 Prozent in 2014. Die Anteile für Katalyse (21 Prozent) bzw. Hydrolyse (11 Prozent) sind im gleichen Zeitraum nur leicht gestiegen.

Quelle: GfK

Ausstattung: **Backofen**

Bewährt und nützlich

❭ Ober-/Unterhitze, Umluft, Heißluft, Grill und Kombinationen
❭ Rost, Backblech, Fettpfanne im Lieferumfang
❭ Nachrüstbare Teleskopschienen
❭ Mit Emaille beschichtete Bleche und Innenwände
❭ Gedämpfte Tür
❭ Uhr/Timer
❭ Programm-/Backautomatik
❭ Dampfstoßfunktion
❭ Zusätzliche Heizsysteme (Dampfgaren, Mikrowelle)
❭ Hohe Energieeffizienz (Klasse A+)
❭ Kindersicherung

Luxuriös oder entbehrlich

❭ Selbstreinigungsfunktion (z. B. Pyrolyse, Katalyse)
❭ Sonderheizarten wie Dörren, Vorwärmen und Auftauen
❭ Booster-Funktion für schnelles Aufheizen
❭ Extragroßer Garraum
❭ Display mit Touchscreen
❭ Kerntemperatursensor/integriertes Bratenthermometer
❭ Steuerung per App
❭ Kochassistent
❭ Digitales Kochbuch
❭ Sprachsteuerung
❭ Edelstahlbeschichtung „Anti Fingerprint"

Sicherheit

Für Sie ist Sicherheit oberstes Gebot, weil beispielsweise Kleinkinder im Haushalt wohnen? Eine Kindersicherung mit **manueller Türverriegelung** gehört mittlerweile zur Standardausstattung von Backöfen und Herden. Einige Modelle bieten darüber hinaus eine **automatische Türverriegelung** ab 50 Grad Garraumtemperatur. EIn weiteres wichtiges Feature ist eine **elektronische Tastensperre**. Sie gewährleistet einen Schutz vor versehentlichem Einschalten. Am besten, das Gerät verfügt über Türverriegelung und Tastensperre. Zusätzlich sorgt bei vielen Geräten eine **automatische Sicherheitsausschaltung** dafür, dass der Ofen sich abschaltet, wenn dauerhaft keine Einstellungen vorgenommen werden. Dies bietet Sicherheit, auch wenn Sie einmal nicht anwesend sind. Bei Backöfen und Herden mit **kühler Front** erwärmt sich die Tür nicht über circa 30 bis 40 Grad. So lässt sich Verbrennungen an Handflächen effektiv vorbeugen.

Herde, die eine unzureichende **Kindersicherung** besitzen, lassen sich relativ günstig nachrüsten:

> **Türgitter** zum Aufkleben verhindern den direkten Kontakt von Kinderhänden mit der Glastür. Das Gitter erhitzt sich zwar, doch Verbrennungen sind ausgeschlossen.
> **Schutzgitter** samt Schalterabdeckung verhindern das Berühren heißer Glaskeramikflächen.
> **Türsicherungen** sind außen angebrachte Riegel, die das Öffnen der Ofentür verhindern.
> **Herdschutzknöpfe** lassen sich über die Bedienknebel stülpen.

Energieeffizienz

Sowohl Elektrobacköfen als auch mit Gas betriebene Modelle müssen seit 2015 das neue EU-Energielabel tragen. Dieses gibt unter anderem Aufschluss über den Energieverbrauch. Die sparsamsten Modelle tragen die Energieeffizienzklasse A+++, die Skala reicht bis D. Darüber hinaus müssen folgende Angaben auf dem Label zu finden sein:

> 1. Hersteller
> 2. Modellbezeichnung
> 3. Energieeffizienzklasse des Geräts
> 4. Backofenvolumen

Unser Rat

Strom sparen beim Kauf

Eine gute Effizienzklasse bekommen Öfen, die wenig Energie pro Liter Garraum verbrauchen. Das bedeutet: Je größer das Volumen bei gleichem Energieverbrauch, desto besser die Einstufung. Hersteller geben das Volumen deshalb gern brutto an, das heißt ohne Einschubsysteme.

Die Stiftung Warentest misst in ihren Tests den Innenraum so, wie ihn Verbraucher nutzen. Deshalb rutschen manche Modelle in eine niedrigere Effizienzklasse.

Hinzu kommt: Das Energielabel errechnet sich auf Basis des sparsamsten Programms eines Ofens, zum Beispiel des Energiesparprogramms. Bei den meist deutlich häufiger genutzten Betriebsarten Ober-/Unterhitze und Heißluft verbrauchen Öfen unter Umständen mehr Strom.

Fazit: Achten Sie beim Kauf neben der Energieeffizienzklasse darauf, dass das Garraumvolumen für Ihre Bedürfnisse nicht zu groß ist.

❯ 5. Durchschnittlicher Energieverbrauch je Zyklus bei konventioneller Beheizung

❯ 6. Durchschnittlicher Energieverbrauch je Zyklus bei Umluft

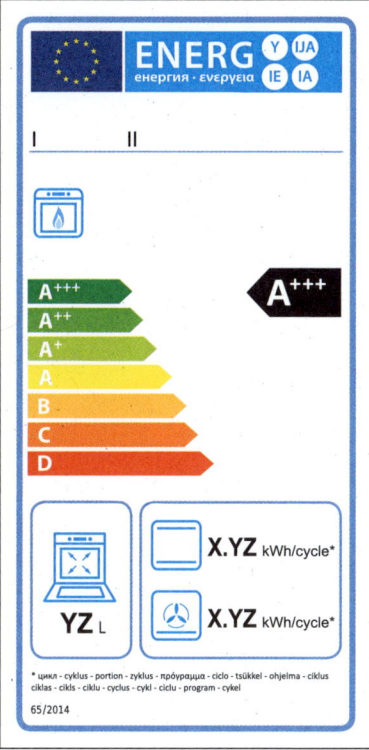

Wichtig: Das Energielabel wird nach einem Beschluss der Europäischen Union von 2017 modifiziert. Auffälligste Änderung wird die **Rückkehr zur einheitlichen Energieverbrauchsskala mit den Klassen A bis G** sein. Grundsätzlich bleibt das Erscheinungsbild mit der siebenstufigen Farbskala von Rot bis Grün aber erhalten. Alle bestehenden Label werden nach und nach auf das neue System umgestellt. Besonders schnell gehen soll es unter anderem bei Kühl- und Gefriergeräten sowie Geschirrspülern. Geräte mit den Labeln A bis G werden jedoch frühestens ab April 2021 in den Geschäften stehen.

Unabhängig von der Effizienzklasse Ihres Gerätes empfiehlt es sich, beim Kochen und Backen Energie einzusparen. Wer folgende **Tipps** befolgt, schont Geldbeutel und Umwelt.

❯ Viele Rezepte verlangen ein Vorheizen des Backofens, um eine einheitliche Garzeit angeben zu können. Wer darauf verzichtet, reduziert den Energieverbrauch um bis zu 20 Prozent. Geben Sie zur empfohlenen Dauer einfach 5 bis 7 Minuten hinzu. Pflicht ist Vorheizen dagegen bei empfindlichen Teigen, die in kurzer Zeit sehr heiß ausgebacken werden, etwa Soufflés und Brandteige. Dasselbe gilt für Filetstücke beim Fleisch.

❯ Schalten Sie den Ofen 5 bis 10 Minuten vor Ende der Gardauer ab und nutzen Sie die Restwärme.

❯ Achten Sie beim Kauf auf eine Hitzeschutzverglasung der Tür. Sie verhindert, dass beim Backen Wärme entweicht und der Ofen öfter nachheizen muss.

❯ Verwenden Sie die Pyrolysefunktion nur bei starker Verschmutzung des Backofens als eine Art Grundreinigung.

❯ Bereiten Sie Gerichte möglichst auf dem Kochfeld zu – dieses verbraucht bis zu viermal weniger Energie als der Backofen.

❯ Im Umluftbetrieb bei 20 bis 30 Grad reduzierter Temperatur verbraucht ein Backofen rund 20 Prozent weniger Energie als bei Ober-/Unterhitze.

❯ Nutzen Sie zum Aufbacken von Backwaren, zum Beispiel von Brötchen, nicht den Ofen, sondern den Aufsatz Ihres Toasters. Das spart 70 Prozent Energie.

Wissen in Zahlen

Die meisten Menschen haben keine Vorstellung davon, wie viel Strom ein Backofen verbraucht. Hier einige Beispiele zur Veranschaulichung:

❯ Einen Kuchen backen: ca. 40 Cent

❯ Ein Auflauf oder Braten: ca. 26 Cent

❯ Eine Fertigpizza aufbacken: ca. 17 Cent

Das bedeutet: Wer sich jede Woche eine Fertigpizza aufbäckt, erhöht seine Stromrechnung aufs Jahr gerechnet um etwa 9 Euro.

Quelle: Bundesministerium für Wirtschaft und Energie

Dampfgarer

Menüs gesund und schonend garen, das Ganze ohne Fett: Diesen Wunsch erfüllen Dampfgarer. Es gibt sie zum Einbauen, aber auch deutlich günstiger als Tischgeräte. In beiden Fällen brennt nichts an oder kocht über – auf Röstaromen müssen Nutzer jedoch verzichten.

Dämpfen: 5 Varianten

❯ **Kochtopf/Sieb:** Sieb einsetzen und Deckel drauf. Variante für alle, die nur selten dämpfen.

❯ **Kochtopf/Dämpfeinsatz:** Einen oder zwei Edelstahleinsätze in den Topf setzen, Deckel drauf – und los. Asia-Fans verwenden Bambuskörbe.

❯ **Mikrowelle:** Geeignet für Mengen bis ca. 500 Gramm. Voraussetzung ist ein Kunststoffgefäß mit Wasserbehälter und Korb (Mikrowellen-Dampfgarer, ab ca. 10 Euro) oder ein Dampfgarbeutel („Steambag").

❯ **Schnellkochtopf:** Ermöglicht dank Überdruck schnelles und stromsparendes Dampfgaren kleinerer Mengen. Dämpfeinsatz erforderlich. Vor allem geeignet für Kartoffeln und Hülsenfrüchte, da Möhren, Brokkoli & Co. schnell matschig werden.

❯ **Dampfgarer:** Komfortables Dämpfen größerer Mengen per Tisch- oder Einbaugerät. Letztere sind teurer, bieten jedoch Extras wie Aufwärmen, Sterilisieren und Einkochen.

Lebensmittel mit heißem Dampf zu garen, gehört in China seit rund 2000 Jahren zur Kochtradition. Hierzulande ist Dämpfen erst seit kurzer Zeit in Mode, vor allem bei Menschen, die sich gesundheitsbewusst ernähren. Im Dampf garen Lebensmittel schonender als im Kochwasser. Wertvolle Inhaltsstoffe bleiben erhalten, alles ist saftig, knackig und aromatisch. Zudem lassen sich auch auf diese Weise mehrere Zutaten gleichzeitig garen – Energieersparnis inklusive.

Ob Fleisch, Fisch, Kartoffeln oder Gemüse – nahezu alles lässt sich im Dampf einfach und schonend zubereiten. Nur Braten und Bräunen funktioniert nicht – folglich können Hobbyköche in ihrem Dampfgarer auch keine Bratensaucen herstellen.

Wer auf Röstaromen nicht verzichten will, überlegt sich am besten einen Kompromiss: Warum nicht Gemüse und Kartoffeln dämpfen und dazu ein Rindersteak oder einen Grünkernbratling aus der Pfanne oder vom Grill servieren? Wer Dämpfen nur mal ausprobieren will, muss sich kein teures Einbaugerät kaufen: Es funktioniert auch in einem herkömmlichen Kochtopf mit Dämpfeinsatz und möglichst dicht schließendem Deckel.

Aufbau und Funktionsweise

Unabhängig von der Art des Gerätes ist das physikalische Prinzip stets gleich: Die festen Zutaten werden in ein Sieb oder einen Aufsatz mit gelochtem Boden gegeben. Dieser wird auf einen Behälter

gesetzt, der lediglich ein paar Fingerbreit Wasser enthält, und mit einem Deckel fest verschlossen. Das Wasser wird auf der Kochstelle zum Sieden gebracht, wobei ab ca. 100 Grad Wasserdampf entsteht. Dieser steigt im Topf auf, umgibt das Gargut von allen Seiten und lässt es gleichmäßig garen. Der Dampf sollte dabei nicht – oder nur zu einem geringen Teil – aus dem Topf entweichen.

Dampf überträgt Hitze besser als trockene Luft, dadurch sind Speisen schneller fertig als im Backofen. Im Vergleich zum Kochen in Wasser dauert der Garprozess jedoch etwas länger.

Auch mit Brühe und Wein lässt sich dämpfen. Die Lebensmittel nehmen dann das Aroma der Flüssigkeit an, was durchaus gewollt sein kann. Wer jedoch den unverfälschten Geschmack seiner Zutaten erhalten will, bleibt bei Wasser. Übrigens: In Dampfgarern lassen sich auch flüssige Zutaten, zum Beispiel Saucen, erhitzen – dafür gibt es spezielle Einsätze ohne Löcher im Boden.

❶ Aktuelle Tests im Internet
Detaillierte Informationen zu allen von uns getesteten Dampfgarern finden Sie im Internet unter test.de/dampfgarer.

Bauformen

Einbaudampfgarer sehen schick aus und bieten jede Menge Komfort, sind aber relativ teuer. Sie lohnen sich vor allem für Fans dampfgegarter Speisen, die ihr Gerät

❯ regelmäßig nutzen und
❯ ausreichend Platz für den Einbau haben.

Wer sich für ein Einbaugerät entscheidet, kann es unter die Arbeitsfläche in einen Unterbauschrank, unter einen Oberschrank oder auf Augenhöhe in einen Hochschrank einbauen lassen. Übrigens: Einbaugeräte arbeiten bereits ab Temperaturen von ca. 40 Grad. Deshalb eignen sie sich grundsätzlich nicht nur zum Garen von Speisen, sondern auch zum:

❯ Sanftgaren/Sous-vide-Garen
❯ Auftauen von Speisen
❯ Aufwärmen fertiger Speisen
❯ Teller erwärmen
❯ Speisen warmhalten
❯ Zubereiten von Joghurt
❯ Sterilisieren von Babyfläschchen und Einmachgläsern
❯ Entsaften von Früchten
❯ Einkochen von Lebensmitteln
❯ Blanchieren von Gemüse
❯ Schmelzen von Schokolade

Unser Rat

Wasserbehälter testen

Wer sich einen Einbaudampfgarer kaufen will, sollte darauf achten, dass sich der Wasservorratsbehälter problemlos aus dem Gerät ziehen und in gefülltem Zustand bequem wieder einsetzen lässt. Außerdem sollte sich dieser tragen lassen ohne zu tropfen. Das ist dann der Fall, wenn sein Deckel möglichst dicht schließt. Das schafften in unserem Test längst nicht alle Modelle – in der Tendenz schnitten vertikal geformte Behälter besser ab als horizontal geformte.

Moderne Einbaudampfgarer bieten bis zu fünf **Einschubebenen**, von denen sich maximal drei gleichzeitig nutzen lassen. Vorteil: Trotz gleichzeitigen Garens verschiedener, etwa süßer und herzhafter, Speisen gehen keine Aromen von einer Speise auf eine andere über. Auch Tiefkühlware wie Erbsen, Pilze und Lachsfilet lässt sich mit den meisten Einbaudampfgarern garen. Manche Modelle schaffen das jedoch entweder nicht gleichmäßig oder übergaren die Speisen in der angegebenen Zeit. Damit es schnellstmöglich klappt, heißt es, von Beginn an Erfahrungen mit dem eigenen Dampfgarer zu sammeln.

Das Wasser zur Dampferzeugung liefert ein **Vorratsbehälter** mit meist 1 bis 1,5 Litern Volumen, der sich zum manuellen Wiederbefüllen entnehmen lässt. Dieser Behälter kann die Form einer **Schublade** haben oder vertikal als **Tank** geformt sein. Einbaudampfgarer gibt es ab ca. 900 Euro zu kaufen.

Zusätzliches **Dampfdruckgaren** bei Temperaturen zwischen 101 und 120 Grad ermöglichen Druckdampfgarer. Ihre Funktionsweise ist vergleichbar mit der eines Schnellkochtopfs. Vorteil: Die Garzeit verkürzt sich um bis zu 50 Prozent! Damit sich die höhere Temperatur erreichen lässt, wird der Garraum hermetisch abgeschlossen. Druckdampfgarer benötigen einen **Festwasseranschluss** und **Wasserablauf** sowie einen **Drehstromanschluss**. Im Gegenzug entfällt das manuelle Befüllen und Leeren des Wasserbehälters.

Demgegenüber besitzen **Tischdampfgarer** einen Wasserbehälter, dessen Inhalt von einem unter ihm befindlichen Heizelement zum Sieden gebracht wird. Der entstehende Dampf steigt nach oben und gart die in den **Dampfkörben** liegenden Speisen bei rund 100 Grad. Überschüssiger Dampf strömt durch Öffnungen nach außen, der Rest kondensiert und tropft nach unten in **Kondensatschalen**. Auffüllen lässt sich der Behälter eines Tischdampfgarers über eine spezielle Öffnung.

Bei den meisten Modellen lassen sich drei Garbehälter mit jeweils gelochtem Boden übereinander stapeln. Manche Tischgeräte besitzen lediglich zwei Körbe, die auch nebeneinander angeordnet sein können.

Die gewünschte Garzeit für Lebensmittel lässt sich per Drehschalter oder Tastendruck einstellen. Tischdampfgarer kosten zwischen ca. 30 und 150 Euro.

Dampfeinsatz zum Nachrüsten

Mit einem Dampfgarereinsatz lässt sich jeder Backofen – zumindest in Ansätzen – zum Dampfgarer erweitern. Dabei handelt es sich um eine Schale, die in die unterste Schiene des Ofens geschoben, mit Wasser befüllt und mit einem Glasdeckel verschlossen wird. In die Schale lassen sich ein oder mehrere gelochte Dampfgarbehälter oder – je nach Modell – ein Blech oder ein Rost einsetzen. Mit Hilfe der Heizart Unterhitze wird anschließend der Dampf erzeugt, der die Speisen in den Behältern oder auf dem Rost gart. Je nach Komfort kosten solche Dampfgareinsätze zwischen 100 und 400 Euro. Extra-Tipp: Überzeugen Sie sich vor dem Kauf, dass der betreffende Einsatz in Ihren Ofen passt!

Abmessungen

Das Standardmaß für die Breite eines Einbaudampfgarers liegt wie bei Backöfen auch bei 60 Zentimetern. Zum rückenfreundlich erhöhten Einbau in einen **Geräteschrank** kommen Geräte mit 60 Zentimetern Höhe, aber auch 45 oder nur 38 Zentimeter hohe Kompaktgeräte in Frage.

Übrigens: Manche Hersteller haben auch kompakte Standversionen für die Arbeitsplatte im Angebot – falls die Küche keinen Platz für den Einbau eines weiteren Gerätes bietet.

Wer sich seinen Dampfgarer unter die Arbeitsfläche in einen **Unterbauschrank** einbauen lässt, findet je nach Bedarf Modelle mit 50 und 60 Zentimetern Breite sowie einer Höhe von 38, 45 oder 60 Zentimetern. Die Nischentiefe beträgt in beiden Fällen maximal 58 Zentimeter.

Für den Einbau in oder unter einen **Oberschrank** sollten Käufer die verminderte Nischenhöhe von 38 und die verminderte Tiefe von 31 Zentimetern beachten. Was die Breite betrifft, kommen Geräte mit 50 oder 60 Zentimetern in Frage.

Ausstattung

Einbaudampfgarer haben meist einen gelochten und einen ungelochten **Dämpfeinsatz** im Lieferumfang – manche auch einen Rost. Weitere Einsätze kosten extra. **Kindersicherung, Uhrzeit** (zum Teil mit Vorwahl der Startzeit) und mehrere **(halb-)automatische Garprogramme** mit voreingestellten Zeiten gehören zur Standardausstattung. Manche Geräte verfügen zudem über ein **Entkalkungsprogramm**. Das Reinigen der Geräte klappt unseren Tests zufolge gut, das Trocknen eher nicht: Die Gerätetür sollte deshalb unbedingt solange geöffnet bleiben, bis alle Flüssigkeit verflogen ist. Sonst besteht die Gefahr, dass der Garraum an bestimmten Stellen rostet.

Einigen Geräten liegen **Kochbücher mit Rezepten** bei. Nicht immer stimmen jedoch die von den Anbietern genannten Garzeiten. Deshalb kann es passieren, dass Speisen am Anfang nicht optimal gelingen. Wer sich weiter in die Materie vertiefen will, besucht am besten einen Kochkurs oder sucht im Internet nach weiteren Rezepten.

Bei Tischgeräten mit nebeneinander liegenden Körben lassen sich eventuell die **Garzeiten** separat programmieren und werden dann gleichzeitig abgearbeitet, sodass Fisch und Kartoffeln gleich-

Ausstattung: **Dampfgarer**

Bewährt und nützlich	Luxuriös oder entbehrlich
❭ Gelochte/ungelochte Garbehälter	❭ Rost
❭ Automatikprogramme	❭ Emailliertes Backblech
❭ Kochbuch des Herstellers	❭ Kerntemperatursensor
❭ Memoryfunktion	❭ Sous-vide-Programm
❭ Zeitschaltautomatik	❭ Schnelldampffunktion
❭ Warmhaltefunktion	❭ Druckgarfunktion
❭ Füllstandskontrolle mit Warnton	❭ Vernetzung

Sous-vide-Garen

Gesund kochen im Vakuum

Fisch, Fleisch und Gemüse in Kunststoffbeutel einschweißen und im Wasserbad bei 50 bis 85 Grad garziehen lassen – so funktioniert Sous-vide-Kochen (frz. „sous vide" = unter Vakuum). In der gehobenen Gastronomie längst Standard, erobert „Sous vide" jetzt auch die heimische Küche. Wie beim Dämpfen bleiben Nährstoffe und Aromen weitgehend erhalten, dafür kann der Garprozess mehrere Stunden dauern. Um die Temperatur konstant zu halten, braucht es spezielle Technik. Hobbyköche können zwischen einem Behälter und einem Stick wählen. Viele Dampfgarer und sogar einige Induktionskochfelder beherrschen „Sous vide" ebenfalls.

❭ **Sous-vide-Tank:** Die Behälter mit Deckel, Heizung und Steuerung bieten 2 bis 9 Liter Fassungsvermögen. Das Prinzip: Wasser einfüllen, am Gerät Temperatur und Zeit wählen, Gargut – eventuell samt Gewürzen oder Marinade – einschweißen, einlegen und nach Ablauf der Gardauer entnehmen. Das klappt nicht immer gleich gut: In unserem Test aus dem Jahr 2018 überzeugte keiner der fünf Kandidaten – drei waren sogar nur ausreichend, weil ihre Außenwand zu heiß wurde. Sous-vide-Tanks eignen sich für Vielnutzer mit ausreichend Stauraum in der Küche. Preis: ab ca. 60 Euro.

❭ **Sous-vide-Stick:** Deutlich besser funktionierten in unserem Test Sous-vide-Sticks, die sich am Topfrand befestigen lassen. Sie arbeiteten deutlich schneller als Tanks. Der Testsieger erhitzte 14,5 Liter Wasser in einer halben Stunde von 15 auf 60 Grad – manche Tanks brauchten dafür über zwei Stunden. Temperatur und Zeit werden am Stick eingestellt. Wer verhindern will, dass der Wasserpegel nach einigen Stunden unter das Minimum fällt und der Stick sich automatisch abschaltet, deckt die Topföffnung mit Klarsichtfolie ab. Vorteil: Die meisten Sticks sind so kompakt, dass sie sich in einer Schublade verstauen lassen. Preis: ab ca. 90 Euro.

❭ **Dampfgarer:** Sous-vide-Garen ist im Prinzip mit jedem Dampfgarer mit gradgenauer Temperatureinstellung möglich. Manche Kombi- beziehungsweise Multidampfgarer haben ein separates Sous-vide-Programm an Bord. Statt eines Wasserbads sorgt Wasserdampf für die erforderliche Temperatur.

❭ **Kochfeld:** Inzwischen sind erste Induktionskochfelder verfügbar, die mit einem mobilen Sensor kommunizieren können. Dieser misst permanent die Temperatur im Topf und leitet die Information ans Kochfeld weiter. Dieses passt dann automatisch seine Leistung an.

❭ **Vakuumiergerät:** Um die Luft aus Sous-vide-Beuteln zu saugen und diese zu versiegeln, ist ein Folienschweißgerät nötig. Es gibt sie im handlichen Format ab ca. 60 Euro zu kaufen. Manche Hersteller bieten Vakuumierschubladen zum Einbau unter kompakte Backöfen oder Dampfgarer an. Zusätzlich sind Sous-vide-Beutel aus strukturierter Folie nötig (0,35 bis 0,60 Euro/Stück). Sie sind gesundheitlich unbedenklich, verursachen jedoch viel Müll. Nicht zu stark verschmutzte Beutel, in denen weder Fleisch noch Fisch gegart wurde, lassen sich auswaschen und erneut verwenden.

zeitig fertig sind, ohne den Garvorgang zu unterbrechen. Geräte mit stapelbaren Garkörben bieten da weniger Komfort: Wer alles gleichzeitig servieren will, muss die einzelnen Lebensmittel je nach erforderlicher Garzeit nacheinander in die Körbe legen. Das ist nicht nur mühsam, sondern kostet bei jedem Öffnen Dampf. Neuer Dampf muss sich dann erst sammeln.

Viele Tischgeräte bieten darüber hinaus eine **Warmhaltefunktion**, manche auch eine **Schnelldampffunktion**. Äußerst praktisch ist zudem ein **Warnton** bei Wassermangel.

Sicherheit

Wer sich ein Tischgerät zulegt, sollte beim Kauf die **Standsicherheit** prüfen. Vorsicht ist beim Umgang mit Deckeln und Griffen geboten: Sie können sehr heiß

Check: **Dampfgarer**

Gerätetyp
- ☐ Standgerät
- ☐ Einbaugerät

Bauform
- ☐ Einbaugerät Normalgröße (60 cm hoch)
- ☐ Einbaugerät Kompaktgröße (45 cm hoch)
- ☐ Einbaugerät Kompaktgröße (38 cm hoch)
- ☐ Einbaugerät mit Druckdampfgarer
- ☐ Einbau-Kombidampfgarer
- ☐ Standgerät: vertikale Dampfkörbe
- ☐ Standgerät: horizontale Dampfkörbe

Türanschlag
- ☐ Links
- ☐ Rechts
- ☐ Unten

Einbauort
- ☐ In Unterbauschrank (bis 58 cm tief)
- ☐ In Geräteschrank (bis 58 cm tief)
- ☐ Unter Oberschrank (bis 31 cm tief)

Anzahl der Einschubebenen
- ☐ Eine Ebene
- ☐ Maximal drei Ebenen
- ☐ Maximal fünf Ebenen

Wasserbehälter
- ☐ Vertikal (Tank)
- ☐ Horizontal (Schublade)

Anschlüsse
- ☐ Festwasseranschluss (Druckdampfgarer)
- ☐ Drehstromanschluss (Druckdampfgarer)

werden. Deshalb empfiehlt es sich, grundsätzlich Topfhandschuhe zu verwenden.

Sinnvoll sowohl bei Einbau- als auch Tischgeräten ist eine **Füll-standskontrolle** mit **Warnton**, sobald der Pegel unter einen bestimmten Wert fällt. Viele Einbaugeräte bieten darüber hinaus eine **Kindersicherung**. Sie verhindert ein ungewolltes Einschalten oder Ändern einer gewählten Einstellung.

Reinigung

Dampfgarer bedürfen regelmäßiger Reinigung und Pflege. Verkalkte Geräte dämpfen schlechter und verbrauchen mehr Strom. Käufer von Einbaugeräten sollten deshalb auf ein **Entkalkungsprogramm** achten, das den Dampfgenerator reinigt. Tischgeräte sollten regelmäßig manuell entkalkt werden. Der Garraum von Einbaugeräten lässt sich mit der Dampffunktion reinigen. Beide Funktionen können auch kombiniert sein. Zubehör wie Einsätze, Roste und Bleche sollten sich in der **Spülmaschine** reinigen lassen. Manche Modelle besitzen eine **Leichtreinigungstür**, die sich ohne Werkzeug aushängen und säubern lässt. In manchen Fällen verhindert eine **schmutzunempfindliche Oberfläche** aus Edelstahl sichtbare Fingerabdrücke.

Energieeffizienz

Für Dampfgargeräte müssen Hersteller kein Energielabel angeben. Grundsätzlich benötigen Einbaugeräte mehr Energie als Tischgeräte. Einer der Gründe: Einbaudampfgarer ziehen auch im ausgeschalteten Zustand (Standby-Betrieb) permanent Strom. Sie lassen sich nie ganz ausschalten. Auch wenn das aufs Jahr gerechnet nur ein paar Euro ausmacht – ein Beitrag zum effizienten Umgang mit Energie ist es nicht.

Zur Orientierung: Wer mit einem Einbaugerät viermal in der Woche dämpft, und zwar zweimal Kartoffeln, einmal Brokkoli und einmal ein ganzes Menü, verbraucht je nach Modell pro Jahr zwischen 80 und 120 Kilowattstunden – inklusive Standby-Verbrauch. Bei einem Tischgerät kommen auf dieselbe Weise zwischen 60 und 100 Kilowattstunden zusammen – das sind ca. 18 bis 30 Euro.

Mikrowelle

Tür auf, Essen rein, Knopf drücken – „pling" und fertig. Eine Mikrowelle ist in vielen Haushalten unverzichtbar. Kein Wunder: Moderne Geräte können mehr als das klassische Auftauen und Erwärmen. Mit ihnen lässt sich prima kochen – und jede Menge Zeit und Energie sparen.

Ein Mikrowellenherd oder -ofen, kurz: eine Mikrowelle, eignet sich zum schnellen Auftauen und Erwärmen von Speisen, zum Beispiel Suppen, Gemüse, Fisch und Fleisch. Auch Fertiggerichte wie Pizza und Spaghetti sowie Babygläschen und Getränke lassen sich in der Mikrowelle einfach und schnell erhitzen – und nicht zuletzt Maiskörner in Popcorn verwandeln. Darüber hinaus eignet sich eine Mikrowelle zum Garen nahezu sämtlicher Lebensmittel. Diese lassen sich darin kochen, braten, dämpfen und dünsten – und in vielen Modellen sogar grillen (siehe „Kombimikrowellen", S. 77).

❶ Aktuelle Tests im Internet
Detaillierte Informationen zu sämtlichen aktuell von uns getesteten Modellen finden Sie im Internet unter test.de mit dem Suchbegriff „Mikrowelle".

Aufbau und Funktionsweise

Wie ihr Name bereits verrät, senden Mikrowellengeräte – genauer gesagt: deren eingebautes Magnetron – in ihrem Innenraum elektromagnetische Wellen aus. Die genaue Frequenz beträgt einheitlich 2450 MHz. Wie Radio-, TV- und Lichtwellen besitzen Mikrowellen einen relativ geringen Energiegehalt. Sie sind zudem nicht ionisierend, bewirken also keine chemische Veränderung der bestrahlten Substanz.

Mikrowellen dringen in Lebensmittel ein, versetzen deren Moleküle in Schwingungen und erzeugen dadurch Wärme. Wie schnell das Erwärmen klappt, hängt von verschiedenen Faktoren ab, unter anderem von der gewählten Leistungsstufe des Gerätes sowie der Menge und dem Wassergehalt der verwendeten Lebens-

mittel. Faustregel: Kleine Portionen erhitzen sich schneller als große. Und: Wasser lässt sich deutlich leichter erwärmen als Fleisch
und dieses wiederum leichter als Glas oder Porzellan. Luft erwärmt
sich dagegen kaum. Je nach Lebensmittel schwächen sich die
Mikrowellen beim Eindringen unterschiedlich stark ab, sodass sie
nur eine bestimmte Tiefe erreichen. Im Unterschied zum Braten
oder Backen entsteht Wärme jedoch sowohl in den äußeren als
auch in den tieferliegenden Schichten des Lebensmittels.

Sehr schnell und gleichmäßig erwärmen lassen sich dünnflüssi-
ge Lebensmittel wie Suppen und Getränke. Dagegen gleichen sich
Temperaturunterschiede in zähflüssigeren Speisen wie Saucen
und Eintöpfen langsamer aus. Deshalb sollten etwa Babybreie nach
dem Erhitzen gründlich durchgerührt werden! Da feste Lebensmittel wie Fleisch, Fisch und Gemüse beim Erhitzen austrocknen
können, sollten sie mit einem geeigneten Deckel oder Teller oder

Wissen in Zahlen
Verfügten 1990 lediglich 33 Prozent aller deutschen Haushalte
über eine Mikrowelle, waren es
2017 bereits 74 Prozent. Dieser
Wert ist allerdings in den vergangenen Jahren kaum noch
gestiegen.

Quellen: GfK, Statistisches Bundesamt)

Unser Rat

Gargut nicht verstrahlt

Im Internet kursierende Theorien über gesundheitsschädigende Folgen der Mikrowellen versetzen viele Menschen in Sorge. Kritiker, die eine Krebsgefahr heraufbeschwören, bleiben jedoch bislang wissenschaftliche Belege schuldig. Richtig ist: Elektromagnetische Wellen in der Mikrowelle versetzen Moleküle von Lebensmitteln in Schwingung. Diese erhitzen sich, indem sie sich aneinander reiben. Die elektromagnetischen Wellen im Inneren des Geräts gelangen nur zu einem ganz geringen Anteil nach draußen, am ehesten an der Türseite. Metallgitter oder Folien an den Türen verhindern das ansonsten wirksam. Die sogenannte Leckrate ist gesetzlich begrenzt auf maximal 5 Milliwatt pro Quadratzentimeter im Abstand von 5 Zentimetern zur Mikrowelle. In unseren Tests gemessen haben wir jedoch höchstens 0,3 Milliwatt pro Quadratzentimeter. Auch laut Bundesamt für Strahlenschutz ist die Zubereitung von Speisen in der Mikrowelle nicht schädlicher als auf dem Herd oder im Backofen.

mit Klarsichtfolie abgedeckt werden. Für einen möglichst vollständigen Temperaturausgleich innerhalb von Speisen empfehlen sich eine vergleichsweise niedrige Leistungsstufe und etwas Geduld nach Ende des Aufwärmvorgangs.

Auch das Auftauen von Lebensmitteln sollte mit stark reduzierter Leistung erfolgen (Auftaustufe). Hintergrund: Bereiche, in denen im betreffenden Lebensmittel enthaltenes Eis bereits zu Wasser geworden ist, können sich sonst derart sprunghaft erhitzen, dass sogar angeschmorte Stellen die Folge sein können. Erst wenn ein Lebensmittel vollständig aufgetaut ist, verteilt sich die Wärme in seinem Inneren gleichmäßig.

Treffen Mikrowellen auf Metalle wie Stahl oder Aluminium, werden sie an deren Oberfläche reflektiert. Die Wellen können Metallgefäße und Alufolie folglich nicht durchdringen, elektrisch isolierende Materialien wie Glas, Porzellan, Steinzeug und Kunststoff sowie Pappe ohne Kunststoffbeschichtung dagegen sehr wohl. Damit nicht genug: Aus diesen Materialien bestehende Gefäße absorbieren lediglich einen geringen Teil der Mikrowellen und erwärmen sich in der Folge nur leicht – ein für gefahrloses Herausnehmen durchaus erwünschter Effekt.

Als mikrowellenfest gekennzeichnetes Geschirr lässt sich problemlos verwenden. Tipp: Runde und ovale Formen eignen sich insbesondere für längere Garvorgänge besser als eckige, da sich Mikrowellen in den Ecken eines Gefäßes konzentrieren können und Speisen dadurch eventuell übergaren. Aluminiumverpackungen, zum Beispiel von handelsüblichen Tiefkühlmenüs, sollten nicht höher als 2 bis 3 Zentimeter sein, da die Mikrowellen in die Speisen nur von oben eindringen können und sich die Garzeit sonst extrem verlängert.

Metallgefäße wie Edelstahlgeschirr und Aluminiumschalen lassen sich verwenden, sollten aber nicht zu nahe an der Wand des Garraums stehen, da ansonsten aufgrund des unterschiedlichen elektrischen Potenzials Spannungsüberschläge drohen.

Geschirrteile mit Metalldekor – etwa Teller und Tassen mit Goldrand – gehören nicht in die Mikrowelle, da sie Funken auslösen können, die die Garraumwände eventuell beschädigen. Zudem können die in den Dekors entstehenden hohen Temperaturen diese zumindest teilweise abschmelzen. Auch geschlossene Gläser und Flaschen sind ungeeignet, da diese durch den entstehenden Überdruck platzen können.

Bauformen

Mikrowellen werden in verschiedenen Größen und Bauformen angeboten. Welche davon in Frage kommt, hängt davon ab, wo man das Gerät betreiben möchte. So lassen sich **einbaufähige Mikrowellen** in einem Hoch- beziehungsweise Geräteschrank installieren – sowohl einzeln als auch über einem auf Augenhöhe eingebauten Backofen beziehungsweise über dem Kühl- oder Gefrierschrank. Möglich ist auch der Einbau in einen Oberschrank.

Als Sonderform für den Oberschrank gibt es Einbaugeräte, die Mikrowelle und Dunstabzugshaube in sich vereinigen. Auch **Unterbaulösungen** unter einen Hochschrank sind möglich – und schließlich der Unterbau unter der Arbeitsplatte mit darüber eingebauter autarker Kochstelle. Einfache einbaufähige Mikrowellen sind ab ca. 150 Euro erhältlich, Top-Modelle kosten bis ca. 800 Euro.

Für einbaufähige Geräte liefert der Hersteller einen Einbaurahmen sowie einen Montagesatz, sodass eine ausreichende Belüftung und ein frontseitiger Abschluss mit dem Küchenschrank gewährleistet sind. Wichtig: Einbaumikrowellen lassen sich nicht freistehend betreiben.

Wer keine passende Nische in seiner Küche hat, ist deshalb mit einem **Standgerät** am besten bedient. Für dessen Standort auf der Arbeitsfläche ist lediglich ausschlaggebend, dass ein Netzanschluss in der Nähe ist und seitlich und nach oben jeweils 10 Zentimeter Platz für eine ausreichende Belüftung bleiben. Kompakte Tischgeräte mit maximal 700 Watt Leistung und überschaubarer Funktionsvielfalt werden im Fachhandel bereits ab ca. 50 Euro angeboten, hochwertigere Geräte mit bis zu 900 oder 1000 Watt sowie zahlreichen Leistungsstufen und Automatikprogrammen kosten bis zu 250 Euro.

Abmessungen

Mikrowellen gibt es mit vielen unterschiedlichen Außenmaßen zu kaufen. Als Standardbreiten für den Einbau in Hochschränke gelten 60, für Oberschränke 50 Zentimeter. Die Nische für den Einbau muss zudem zwischen 35 und 46 Zentimeter hoch und 31 bis 55 Zentimeter tief sein. Das Gehäuse unterbaufähiger Geräte ist so bemessen, dass sich diese – je nach Gerät – direkt unter einen 50 oder 60 Zentimeter breiten Oberschrank montieren lassen.

Entscheidend für Nutzer ist vor allem die **Größe des Garraums**. Deshalb werden Geräte in Klassen von 17 bis 46 Liter angeboten. Tatsächlich nutzbar ist jedoch nur ein Teil davon. In den meisten Modellen wird das Gargut auf einem **Drehteller** platziert, damit es sich möglichst gleichmäßig erhitzt. Bei diesen Geräten errechnet sich das nutzbare Volumen aus dem Durchmesser des Tellers und der Höhe des Innenraumes. Einige Modelle mit zusätzlicher Backfunktion (siehe S.75) verteilen die Wellen mittels eines **Verwirblers** im Garraum (siehe „Besser ohne Verwirbler und Inverter", S.78).

Wer sperriges Geschirr im Gerät unterbringen will, kann über den Kauf eines Modells ohne Drehteller nachdenken. Auch ein abschaltbarer Drehteller kommt in Frage, allerdings verteilt sich in beiden Fällen die Wärme erfahrungsgemäß ungleichmäßiger im jeweiligen Lebensmittel.

Ausstattung: **Mikrowelle**

Bewährt und nützlich

❯ Automatikprogramme (Pizza, Popcorn etc.)
❯ Auftaufunktion
❯ Schnellstart
❯ LED-Innenbeleuchtung
❯ Gewichtssensor
❯ Timer/Zeitschaltautomatik
❯ Drehteller
❯ Drehspieß
❯ Sicherheitsabschaltung

Luxuriös oder entbehrlich

❯ Schnelles Vorheizen
❯ Warmhaltefunktion
❯ Crisp-/Crunch-/Gourmetautomatik
❯ Sensortaster
❯ TFT-Display
❯ Memoryfunktion
❯ Wärmeverteilung durch Reflektorflügel oder Drehantenne
❯ Sprachwahl/Infotaste

Ausstattung

Jede Mikrowelle verfügt über eine **Bedienblende**. Mit Hilfe der Bedienelemente – zum Beispiel Drehschalter oder Sensortaster – lassen sich die Funktionen aufrufen. Zur Standardausstattung gehören eine **Zeitwahlfunktion** sowie eine **Anzeige**, auf der sich die abgelaufene beziehungsweise verbleibende Zeit ablesen lässt. Nach Ablauf der Zeit ertönt ein **Signalton** und das Gerät schaltet sich ab. Mit Hilfe der **Zeitschaltautomatik** kann das Gerät so programmiert werden, dass es zu einem gewünschten Zeitpunkt ein- und nach Ablauf einer bestimmten Dauer wieder ausschaltet. Es kann aber auch nur eine Dauer bestimmt werden, nach der die Mikrowelle abschalten soll. Einige Modelle bieten auf Knopfdruck eine **Schnellstartfunktion** mit Maximalleistung in Kombination mit einer bestimmten Zeitdauer – in der Regel eine Minute.

Mikrowellengeräte verfügen darüber hinaus über bis zu zehn **Leistungsstufen** oder eine stufenlose Leistungsregelung. Die Maximalleistung liegt bei 800 bis 1000 Watt, ist jedoch nur zum Erwärmen von Flüssigkeiten sinnvoll. Für das gleichmäßige Erwärmen von Lebensmitteln empfiehlt sich die Wahl niedrigerer Leistungsstufen.

Die **Memoryfunktion** gibt Nutzern die Möglichkeit, häufig verwendete Zeit-/Leistungskombinationen zu speichern und auf Tastendruck abzurufen. Bei manchen Modellen mit Elektroniksteuerung lassen sich mehrere Kombinationen programmieren, die dann nacheinander ablaufen. Das ist sinnvoll, wenn man etwa Kartoffeln mit hoher Leistung ankochen und mit geringerer Leistung weiterkochen will.

Einige Geräte bieten diverse **Automatikprogramme** zum Auftauen, Erwärmen und Garen von Lebensmitteln. Bei diesen Programmen ist jeweils eine bestimmte Leistung sowie die Gardauer elektronisch hinterlegt. Der Benutzer wählt über die Bedienblende das gewünschte Programm und gibt das Gewicht des Lebensmittels ein. Bei einigen Geräten erledigen das **Gewichts- und/oder Feuchtigkeitssensoren**. Nach dem Start des Programms laufen alle Garvorgänge vollautomatisch ab.

Bei einigen Geräten besteht darüber hinaus die Möglichkeit, die Elektronikuhr beziehungsweise das Display oder die gesamte Elektronik auszuschalten, um so unnötigen Energieverbrauch im Standby-Modus zu vermeiden.

Welche Leistungsstufe wofür?

Max. 1000 Watt: Schnelles Erhitzen von Flüssigkeiten und Getränken

600 – 850 Watt: Garen von Gemüse, Beilagen und Fisch, Braten von Fleisch/Hackfleisch, Erwärmen von Fertiggerichten

360 – 450 Watt: Schonendes Braten größerer Fleischstücke, Erhitzen größerer Mengen vorgekochter Speisen

180 – 250 Watt: Auftauen von Fleisch, Geflügel, Brot, Fortkochen von Eintöpfen und Aufläufen, Quellen von Reis und Grieß

90 Watt: Auftauen empfindlicher Speisen wie Quark, Butter, Käse, Warmhalten von Ragouts, Gehenlassen von Hefeteig

Quelle: Bosch

Reinigung

Der Garraum verschmutzt meist nur leicht, da Speisen oft abgedeckt werden und die Wände sich nicht erhitzen, sodass nichts einbrennen kann. In der Regel genügt es, die **Innenwände** feucht abzuwischen und anschließend trockenzureiben. Gegen stärkere Verschmutzung hilft etwas Spülmittel. Meist lassen sich **Bodenplatte** und **Drehteller** entnehmen und in der Spülmaschine reinigen. Wichtig ist es, den **Türrahmen** samt **Dichtungen** sauber zu halten, damit die Tür dicht schließt.

Sicherheit

Ist das Gerät ausgeschaltet und seine Tür geöffnet, können keine Mikrowellen nach außen dringen. Im Betrieb kann lediglich im Bereich der **Türfuge** eine leichte Leckstrahlung austreten. Diese ist jedoch äußerst gering und liegt meist um ein Vielfaches unter den geltenden Grenzwerten.

Mikrowellengeräte sind mit diversen Sicherheitssystemen ausgestattet, darunter:
❯ Mechanische Verriegelung (Starttaste, Türschloss)
❯ Elektrische Verriegelung

Check: **Mikrowelle**

Gerätetyp
- ☐ Einbaugerät
- ☐ Tischgerät

Einbau
- ☐ Im Hochschrank (60 cm breit)
- ☐ Im Oberschrank (50/60 cm breit)
- ☐ Unter Oberschrank (50/60 cm breit)
- ☐ Unter Arbeitsplatte/Kochstelle (60 cm)

Türanschlag
- ☐ Links
- ☐ Rechts
- ☐ Unten

Material
- ☐ Edelstahl
- ☐ Kunststoff
- ☐ Aluminium

Garraumvolumen
- ☐ Bis 22 Liter (kompakt)
- ☐ 22 – 30 Liter (mittel)
- ☐ Ab 30 Liter (groß)

Leistung
- ☐ Bis 700 Watt
- ☐ 700 – 1000 Watt

❯ Übertemperaturschutz am Magnetron (wellenerzeugendes
  Bauelement)
❯ Automatische Abschaltung des Magnetrons bei geöffneter Tür
❯ Reflektierendes Lochblech im Türfenster
❯ Wellenabsorbierende Türdichtung (Ferritdichtung)

Ein absolutes Muss beim Kauf sollte für Familien eine **Kindersicherung** sein. Diese verhindert ein versehentliches beziehungsweise unbefugtes Anschalten des Geräts.

Energieeffizienz

Grundsätzlich gilt: Kleine Mengen an Lebensmitteln – bis 500 Gramm – lassen sich in der Mikrowelle schneller garen als auf einer Kochstelle oder im Backofen. In Sachen **Stromverbrauch** haben jedoch Kochstellen meist die Nase vorn – vorausgesetzt, die Nachwärme wird ausgenutzt. Wasser lässt sich unabhängig von der Menge am effizientesten in einem Wasserkocher erhitzen (siehe Tabelle S. 94).

EU-Energieeffizienzklassen für Mikrowellen existieren nicht. Die EU-Verordnung Nr. 1275/2008 schreibt lediglich vor, dass die **Leistungsaufnahme** im Aus- sowie im Standby-Zustand 0,5 Watt (ohne Display) beziehungsweise 1 Watt (mit Display) nicht überschreiten darf.

Wer Wert auf ein besonders energieeffizientes Gerät legt, achtet beim Kauf gezielt auf das freiwillige **Umweltzeichen** „Blauer Engel". Um dieses zu erhalten, müssen Mikrowellen im Normalbetrieb einen bestimmten Wirkungsgrad aufweisen und dürfen nur eine bestimmte Menge Strom verbrauchen.

Unser Rat

Sicher selbst bei Brand

Was passiert, wenn man sein Essen in der laufenden Mikrowelle vergisst? Für unseren Test von Kombi-Mikrowellen im Jahr 2016 unterzogen wir die untersuchten Geräte einem Sicherheitstest: Wir erhitzten jeweils eine Kartoffel dauerhaft mit maximaler Leistung. Nach 5 bis 10 Minuten riss deren Haut auf, die Kartoffeln begannen innen zu glühen und schließlich lichterloh zu brennen. Bei einigen Geräten griffen die Flammen auf den Garraum über. Die Folgen waren gesprungene Drehteller und geschmolzene Gummiringe. Die Geräte gingen kaputt, es rauchte und stank. Aber: Weder Flammen noch nennenswerte Mengen an Mikrowellen drangen nach außen. Unser Fazit: Die geprüften Geräte waren sicher.

Kombigeräte

Ein moderner Backofen sorgt bereits für jede Menge Komfort. Immer mehr Menschen wählen jedoch ein Modell, das auch als Dampfgarer oder Mikrowelle fungiert. Wieder andere setzen auf eine Mikrowelle, die backen und grillen kann. Gar nicht so leicht, sich angesichts dieser Vielfalt zu entscheiden.

Warum in mehrere Geräte investieren, wenn man alle Funktionen in einem haben kann? Ob Backen oder Grillen, ob Garen mit Dampf oder mit Mikrowellen – moderne Kombigeräte beherrschen mindestens zwei dieser Methoden. Käufer haben die Qual der Wahl. Entscheidend für die Kaufentscheidung sollte sein, welche Funktionen häufiger genutzt werden und ob die Gerätebasis eher ein ausgewachsener Einbaubackofen oder eine kompakte Tischmikrowelle sein soll. Je nach Bedarf lassen sich in beiden Fällen weitere Funktionen „draufsatteln".

Kombigeräte liegen nicht umsonst seit Jahren im Trend. Vor allem in kleineren Küchen sparen sie jede Menge Platz. Insbesondere Nutzer, die nur selten dampfgaren oder eine Mikrowelle nutzen, benötigen kein separates Gerät. Besser fahren sie mit einem Backofen, der eine dieser Funktionen zusätzlich an Bord hat. Wer dagegen regelmäßig die Großfamilie bekocht, etwa einen Braten schmoren und gleichzeitig größere Mengen an verschiedenen Beilagen dampfgaren möchte, kann auf Einzelgeräte setzen – wenn er denn ausreichend Platz in seiner Küche hat.

Backöfen mit Dampfgarsystem

Ein **integriertes Dampfgarsystem** erweitert die Zubereitungsmöglichkeiten erheblich. Derartige Kombigeräte – je nach Hersteller zum Beispiel auch als Dampfbacköfen oder Multi-Dampfgarer bezeichnet – vereinen gängige Heizarten wie Ober- und Unterhit-

ⓘ **Aktuelle Tests im Internet**
Detaillierte Informationen zu sämtlichen aktuell von uns getesteten Kombimikrowellen finden Sie im Internet unter test.de/mikrowellen.

ze, Grillen sowie Umluft/Heißluft mit den Vorteilen eines Dampf-garers. Davon profitieren vor allem Gesundheitsbewusste, denn auf diese Weise können sie sämtliche Vorzüge des fettfreien und nährstoffschonenden Zubereitens von Speisen ausnutzen – inklusive Sous-vide-Garen (siehe S. 61).

Einige Modelle können zusätzlich mit Druck dämpfen. Auf diese Weise lassen sich Speisen bei Temperaturen bis 120 Grad besonders zeit- und energiesparend zubereiten. Wie bei einem Profigerät kann hier der Dampf mit den „normalen" Backofenfunktionen kombiniert werden. Unter Bezeichnungen wie „Kombigaren" oder „SteamBake" stehen in der Regel mehrere Dampfgarfunktionen zur Verfügung, zum Beispiel Dampf und Heißluft. Damit soll etwa Fleisch außen schön knusprig werden, während es innen saftig bleibt und alle Aromen sowie Nährstoffe erhalten bleiben. Insbesondere bei Premiummodellen kann der Nutzer die einzelnen

Dampfbackofen: Heizarten

(Druck-)Dampfgaren/Dämpfen (ca. 30–120 Grad): Bei niedrigen Temperaturen lassen sich Gemüse und Fisch schonend zubereiten, da sich die Hitze durch die Feuchtigkeit direkt auf das Gargut überträgt. Die Dampffunktion kann zudem zum Blanchieren, zum schonenden Entsaften von Obst, zur Herstellung von Joghurt und zum Desinfizieren von Babyflaschen eingesetzt werden.

Regenerieren (ca. 80–180 Grad): Dampfheizart zum Erwärmen von bereits Gegartem und Backwaren. Die Lebensmittel werden dabei „regeneriert" und sollen danach wie frisch schmecken. Der Dampf verhindert das Austrocknen.

Gären (ca. 30–50 Grad): Die Gärstufe lässt sich etwa zur Zubereitung von Sauerteig nutzen.

Auftauen (ca. 30–100 Grad): Ob Gemüse, Fleisch oder Fisch: Unter Zufuhr von heißem Dampf lassen sich Lebensmittel schonend auftauen, ohne dass sie sich in ihrer Beschaffenheit verändern.

Garschritte selbst definieren und neben Betriebsart, Temperatur und Zeit auch die Luftfeuchtigkeit im Garraum exakt einstellen. Etwas Übung und Erfahrung vorausgesetzt, sorgt die Dampfgarfunktion nicht nur für kulinarische Offenbarungen – sie eröffnet auch neue Möglichkeiten, etwa das Auftauen und Aufwärmen (Regenerieren) von Lebensmitteln und Gerichten im Backofen.

Um den Dampf zu erzeugen, besitzen die Geräte eine Wasserschublade mit 0,7 bis 2 Liter Fassungsvermögen. Das dort eingefüllte Wasser wird in einen hinter der Geräterückwand platzierten Dampferzeuger geleitet und erhitzt. Der entstehende Dampf wird über mehrere Ventile in den Garraum eingespeist. Vorteil: Durch diese Art der Dampferzeugung lassen sich Kalkablagerungen im Garraum vermeiden.

Wichtig: Je mehr Volumen die Wasserschublade besitzt, desto längere Garprozesse sind möglich. Nachteil: Der Behälter verringert das nutzbare Garraumvolumen. Wer viel Platz im Ofen braucht und sich das Nachfüllen sparen will, kann ein Modell mit Festwasseranschluss wählen, muss dafür jedoch deutlich tiefer in die Tasche greifen.

Wer von einem herkömmlichen Backofen auf einen Kombibackofen mit Dampfgarfunktion umsteigt, muss sich umstellen: Die gewohnten Brat- und Backzeiten lassen sich nicht eins zu eins übernehmen. Der Grund: Oft wird Dampf nur zeitweise zugeleitet, dann wieder trocken weitergegart. Das verändert die Gardauer im Ofen zum Teil erheblich. Viele Hersteller liefern zwar Informationen und Rezepte mit, zum Teil sind diese sogar direkt im Ofen abrufbar – dennoch braucht es erfahrungsgemäß eine ganze Weile und viel Geduld, sich auf die neuen Garzeiten und den deutlich gewachsenen Funktionsumfang einzustellen. Preise: ab ca. 900 bis ca. 5 000 Euro.

Backöfen mit Dampfstoßfunktion

Knuspriges Brot, lockere Croissants, zartes Fleisch: Für bessere Back- und Bratergebnisse ist nicht zwingend ein Dampfgarsystem erforderlich – dafür kann bereits eine **Dampfstoßfunktion** sorgen. Dabei wird dem Innenraum in regelmäßigen Abständen Dampf zugeführt, wodurch Speisen nicht austrocknen. Die Intensität der Dampfstöße sowie die Dampfmenge lassen sich meist individuell anpassen. Bei Bedarf lässt sich die Dampfstoßfunktion mit einer klassischen Heizart kombinieren. Preise bis ca. 1800 Euro.

Backöfen mit Mikrowelle

Eine in den Backofen integrierte Mikrowelle ist perfekt für Menschen, die selbst gekochte Speisen sowie Fertiggerichte schnell und einfach erhitzen wollen – sich aber den Kauf einer separaten Mikrowelle (siehe S. 64) sparen wollen. Besonders clever: Die Mikrowellenfunktion lässt sich nicht nur separat nutzen, sondern anderen Funktionen zuschalten. Auf diese Weise verkürzt sich die Zubereitungsdauer zum Teil drastisch. Hersteller geben die Zeitersparnis mit bis zu 50 Prozent an. Ein Mikrowellenbackofen kostet je nach Marke und Ausstattung zwischen ca. 600 und 3000 Euro.

Übrigens: Dampfstoßfunktion und Mikrowelle werden in einigen Premium-Backöfen auch gemeinsam angeboten. So viel Komfort hat mit rund 3000 Euro allerdings auch seinen Preis.

Dialoggarer

Auf der IFA 2017 stellte Hersteller Miele den **Dialoggarer** mit der „M Chef"-Technologie vor. Damit garte man unter anderem in acht Minuten ein in einem Eisblock eingeschlossenes rohes Fischfilet – ohne dass das Eis schmolz. Das Geheimnis hinter diesem Effekt: Der Dialoggarer arbeitet wie eine Mikrowelle mit elektromagnetischen Wellen – wenn auch in einem anderen Frequenzbereich –, geht aber „intelligent" auf die Beschaffenheit von Lebensmitteln ein. Mittels zweier Hochleistungssensoren werden die Lebensmit-

Ausstattung: **Kombibacköfen**

Bewährt und nützlich

❱ Mehrere Dampfgarfunktionen
❱ Wasserstandsmelder
❱ Dampfstoßfunktion
❱ Mikrowellenfunktion
❱ Anleitung/Kochbuch des Herstellers

Luxuriös oder entbehrlich

❱ Frei programmierbarer Garablauf
❱ Festwasseranschluss
❱ Gärstufe
❱ Dialoggarfunktion
❱ Automatikprogramme (Mikrowelle)

tel bestrahlt und dadurch Wärme in deren Innerem erzeugt. Vorteil: Die Wellen dringen deutlich tiefer ein als Mikrowellen. So garen Speisen gleichmäßig – und nicht schrittweise von außen nach innen. Die Sensoren messen, wie viel Energie ein Gericht bereits aufgenommen hat, und passen die Frequenz der Wellen automatisch an. Dadurch ist es möglich, zur selben Zeit völlig unterschiedliche Lebensmittel oder ganze Gerichte mit jeweils individuellen Anforderungen zu garen – und in einem Garvorgang ein mehrgängiges Menü zu zaubern. Laut Hersteller sollen so etwa eine auf Paprika und grünem Spargel drapierte Lammkeule und Kartoffelspalten nach 45 Minuten trotz unterschiedlicher Garzeiten gleichzeitig fertig sein.

Welche Speisen wie lange brauchen, teilt man dem Ofen vorher mit oder überlässt das Ganze einem „Smart Assistant". Auf eine knusprige Braten- oder Brotkruste muss trotzdem niemand verzichten: Die Dialoggarfunktion lässt sich mit herkömmlichen Heizarten kombinieren. Laut Miele verkürzt das die Gardauer erheblich – vor allem bei Gerichten, die sehr lange auf niedriger Temperatur köcheln müssen. So viel Komfort kostet dann auch fast 8 000 Euro.

Bezüglich der **Pflege und Reinigung** von Kombibacköfen gelten dieselben Empfehlungen wie für herkömmliche Modelle (siehe S. 52). Ein **EU-Energielabel** ist für Backöfen und folglich auch für Kombigeräte vorgeschrieben – es bezieht sich jedoch nicht auf Zusatzfunktionen wie Dampfgaren und Mikrowelle.

Check: **Kombigeräte**

Kombibackofen
- ☐ Mit integriertem Dampfgarsystem
- ☐ Mit integrierter Mikrowelle
- ☐ Mit Dampfstoßfunktion
- ☐ Mit Mikrowelle und Dampfstoßfunktion
- ☐ Dialoggarer

Kombimikrowelle
- ☐ Mit Grillfunktion
- ☐ Mit Grill- und Backfunktion
- ☐ Einbaugerät
- ☐ Standgerät

Kombimikrowellen

Ähnliche Multitalente sind moderne Kombimikrowellen: Sie können Speisen nicht nur auftauen und erhitzen, sondern auch grillen – und oft sogar mit Heißluft backen. Die Palette reicht vom Brötchen über Pizza und Kuchen bis zum Brathähnchen. In kleinen Haushalten macht ein gutes Gerät den Backofen sogar überflüssig. In unserem Test von 2016 schafften jedoch nur drei von 17 Geräten ein Gut. Preislich liegen die meisten Dreifachkombis zwischen ca. 100 und 300 Euro.

Die häufigste Zusatzbeheizung bei Mikrowellen ist ein **Grillheizkörper**. Dieser kann ein- oder mehrstufig oder auch stufenlos einstellbar sein. Entweder handelt es sich um einen Rohrheizkörper an der Decke des Innenraums oder eine in die Decke integrierte Quarzröhre. Letztere erspart Nutzern das Vorheizen und ist ein Vorteil beim Reinigen. Immerhin: Bei einigen Modellen lässt sich der im Innenraum befindliche Rohrheizkörper zum Reinigen von der Decke abklappen. Einige Modelle verfügen über eine **Doppelgrillfunktion** – der zweite Grill ist unter einem Email-Drehteller im Boden integriert.

Mikrowelle und Grill lassen sich sowohl nacheinander als auch gleichzeitig nutzen. Viele Einbaumodelle verfügen über einen **Rost**, der sich zur Temperatursteuerung in verschieden hohe Einschubrillen einführen lässt. Andere – auch Tischgeräte – verfügen über eine Vorrichtung für einen **Drehspieß** zum Grillen von ganzen Hähnchen oder anderen größeren Fleischstücken. Wer auf dem Drehteller grillen möchte, sollte am besten ein Modell wählen, bei dem ein **dreibeiniger Grillrost** aus Edelstahl zum Lieferumfang zählt – oder sich einen solchen separat kaufen (ab ca. 20 Euro). Wichtig: Drehteller vorher ausmessen und auf die passende Größe des Grillrostes achten!

Neben dem Auftauen, Erhitzen und Garen von Speisen bietet eine Grillfunktion in der Mikrowelle zusätzlich die Möglichkeit, eine knusprige Bräunung, zum Beispiel bei Aufläufen, zu erzielen und so erwünschte Röstaromen zu produzieren.

Unser Rat

Automatikprogramme ohne Mehrwert

Unsere Tests belegen: In einer Kombimikrowelle werden viele Gerichte schneller gar als im Backofen. Um jedoch die perfekte Kombination aus Mikrowelle, Heißluft und Grill zu finden, ist Experimentierfreude gefragt. Mit Automatikprogrammen, die Nutzern die Feinsteuerung abnehmen sollen, gelingen Gerichte teils mäßig bis miserabel. Oft ist es zwar möglich, die Gerichte mit Hilfe manueller Einstellungen besser zu machen. Das erfordert jedoch Geduld, denn leider ist die Bedienung oft wenig intuitiv und die Bedienungsanleitung keine große Hilfe.

Unser Rat

Besser ohne Verwirbler und Inverter

Manche Mikrowellen mit Backfunktion verfügen statt eines Drehtellers über einen Verwirbler, der die Wellen im Backraum verteilen soll. In unseren Tests funktionierte das nicht perfekt. Beim Backen nur mit Mikrowellen gerieten Sandkuchen ungleichmäßig und hatten braune Stellen – ein Beleg, dass die Wellen diese Stellen stärker erhitzten als andere. Geräte mit Drehteller schnitten besser ab.

Neben dem Verwirbler kommt oft ein Inverter zum Einsatz – das ist ein Regler, der die Leistung der Mikrowellen senken kann. Hersteller versprechen, dass Inverter empfindliche Speisen schonen. Beim Auftauen von gefrorenem Hackfleisch zeigte sich jedoch in unserem Test, dass die Testkandidaten mit Inverter keine Vorteile boten.

Mikrowellen-Kombinationsgeräte können neben der Grill- mit einer Backfunktion (Heißluft) ausgestattet sein. Folgende Beheizungsarten sind dabei gebräuchlich:

❯ Ober-/Unterhitze
❯ Umluft
❯ (Doppel-)Grill
❯ Umluftgrill
❯ Dampf

Grill und Heißluft sind sowohl allein als auch in Kombination mit der Mikrowelle nutzbar. Durch die Zuschaltung der Mikrowelle beim Backen und Braten lässt sich die Gardauer um bis zu 50 Prozent verkürzen und gleichzeitig Energie sparen. Manche Modelle können sogar gleichzeitig mit Heißluft, Grill und Mikrowelle garen. Selbsttätiges Ein- und Ausschalten über die Schaltuhr nach entsprechender Vorwahl ist möglich. Bei den Kombinationsgeräten dienen die Glasscheiben der Gerätetür, das Email der Innenwände und das verwendete Zubehör als Grundlast. Katalysebleche an Decke und Rückwand des Gerätes können die Reinigung erleichtern.

Mikrowellen-Kombinationsgeräte können beim Einsatz von Heißluft sowie im Kombibetrieb aufgrund höherer Temperatur im selben Maß verschmutzen wie Backöfen. Die Reinigung und Pflege richtet sich nach den verwendeten Materialien:

❯ Emaillierte Flächen, Flächen aus Edelstahl, Glaskeramik oder Kunststoff sollen mit warmer Spülmittellauge gereinigt werden, am besten nach jedem Benutzen. Backofenreiniger darf nur auf den Emailflächen verwendet werden.

Ausstattung: **Kombimikrowellen**

Bewährt und nützlich

❯ Schnelles Vorheizen
❯ Kurzzeitwecker
❯ Energiesparmodus
❯ Schnellstartfunktion
❯ Kindersicherung

Luxuriös oder entbehrlich

❯ Drehspieß
❯ Automatikprogramme
❯ Tageszeitanzeige
❯ Sprachwahl-/Info-Taste
❯ Schnellstart
❯ Inverter, Verwirbler

❯ Bei einigen Geräten ist die Glaskeramikdecke zur Reinigung abnehmbar. Bei manchen Modellen lässt sich der Grillheizkörper abklappen.

❯ Grillheizkörper reinigen sich durch die hohen Temperaturen selbst.

❯ Edelstahl kann zusätzlich mit Edelstahlreinigern behandelt werden.

❯ Katalytisch beschichtetes Email an Decke und Rückwand erleichtert die Reinigung, verträgt aber keine mechanische Beanspruchung.

❯ Zubehör wird am besten sofort nach dem Gebrauch in Wasser eingeweicht und mit Bürste oder Schwamm gereinigt, es kann auch in der Geschirrspülmaschine gespült werden.

Energieeffizienz

Kombimikrowellen mit Backfunktion müssen die Kriterien der Energieeffizienzklasse A für Backöfen erfüllen.

Kochen wie
die Profis

Perfekter Geschmack
ohne lästigen Dunst

Kochfelder

Ein Kochfeld zählt zu den am meisten verwendeten Haushaltsgeräten. Doch die Zeiten sind vorbei, in denen es automatisch Teil eines Herdes war. Immer mehr Käufer lassen sich ihr Kochfeld getrennt vom Backofen einbauen – und wer will, stellt sich aus Modulen sein individuelles Kochzentrum zusammen.

Ein Kochfeld ist eine Fläche, die Hitze erzeugen und Kochgeschirr sowie darin befindliche Lebensmittel erhitzen kann. Je nach Art der Wärmeerzeugung unterscheidet man Elektrokochfelder und Gaskochfelder. Größte Gruppe innerhalb der Elektrokochfelder sind Modelle mit einer Oberfläche aus Glaskeramik, die entweder durch Wärmestrahlung oder Induktion erhitzt wird. Induktionskochfelder haben sich in den vergangenen Jahren aufgrund ihrer höheren Sicherheit und vielfältigen Komfortfunktionen zum beliebtesten Kochfeldtyp entwickelt. Kaum noch zum Einsatz kommen die früher verbreiteten Massekochfelder, erkennbar an den runden, schwarzen Heizplatten aus Gusseisen, meist mit einer unbeheizten Vertiefung in der Mitte.

Die Oberfläche eines Elektrokochfelds ist traditionell in **Kochzonen** unterschiedlicher Größe unterteilt. So lassen sich mehrere Töpfe oder Pfannen gleichzeitig nutzen und separat steuern. Im Gegensatz zu Elektrokochfeldern besitzen Gaskochfelder keine ebene Oberfläche, sondern verschieden große Brenner.

Wer sich ein Kochfeld kaufen will, steht – neben der Wahl der Beheizungsart – vor der Frage: **Herdgebunden** oder **autark**? Die Entscheidung hängt neben dem persönlichen Geschmack von Größe und Schnitt der Küche sowie den Gegebenheiten ab. Ganz oben auf der Beliebtheitsskala rangieren derzeit Kochfelder mit **integriertem Dunstabzug**. Bei solchen „Downdraft"-Lösungen verschwinden Küchendämpfe – mehr oder weniger zuverlässig – direkt im Inneren des Kochfelds. Diese Modelle eignen sich des-

ⓘ Aktuelle Tests im Internet
Detaillierte Informationen zu sämtlichen von uns getesteten Kochfeldern finden Sie im Internet unter test.de/kochfelder.

halb unter anderem für den Einbau in offene Küchen (siehe Dunstabzüge, ab S. 96). Anstelle der Abzugshaube ist dann über dem Kochfeld Platz für Regale oder Beleuchtungssysteme.

Bauformen

Herdgebundene Kochfelder sind mit einem Backofen verbunden und lassen sich über gemeinsame Bedienelemente steuern (siehe „Backöfen", ab S. 42). Ein Herd stellt eine kostengünstige Komplettlösung dar und benötigt wenig Raum. Als Einbauherd lässt er sich zwischen zwei Unterschränken integrieren. Geht das Einbaukochfeld kaputt oder soll ein moderneres Modell – etwa mit Induktion – installiert werden, ist ein Austausch meist problemlos möglich. Herdgebundene Kochfelder sind ab ca. 200 Euro (Wärmestrahlung) beziehungsweise ab ca. 350 Euro (Induktion) erhältlich.

Ob Mehl und Butter für den Kuchen oder Zimt und Zucker fürs Dessert – viele Speisen erfordern ein genaues Abwiegen der Zutaten. Hobbyköche und -bäcker, die dann nicht jedes Mal im Schrank nach der Küchenwaage kramen wollen, können diese fest in ihren Kochbereich integrieren. Eine solche Einbauwaage eignet sich auch für Menschen, die bei jeder Mahlzeit auf die exakte Portionsgröße achten, um deren Nährwert bestimmen zu können. Während sich die meisten Einbauwaagen in die Arbeitsplatte integrieren lassen (ab ca. 150 Euro), hat Hersteller Ritter zwei Modelle im Programm, die sich in nahezu jede Schublade einbauen lassen (ca. 100 Euro).

Wer einen **Standherd** – also einen Backofen mit fest integriertem Kochfeld – bevorzugt, ist zwar flexibel, was dessen Standort angeht, und kann optische und ästhetische Gesichtspunkte in den Vordergrund rücken. Was das Kochfeld betrifft, bleiben die individuellen Gestaltungsmöglichkeiten jedoch begrenzt. Zum einen ist dessen Fläche stets auf die Größe des Herds begrenzt – zum anderen sind eine individuelle Anordnung der Kochzonen sowie die Kombination verschiedener Module nicht möglich.

Ganz anders bei **autarken Kochfeldern**. Diese funktionieren unabhängig von Backöfen, besitzen eigene Bedienelemente und lassen sich in die Arbeitsplatte eines Unterschranks überall dort einbauen, wo ausreichend Platz vorhanden und ein Netzanschluss in der Nähe ist. Während dann das Kochfeld zum Beispiel die Kücheninsel aufwertet, lässt sich der separate Backofen rückenschonend in einen Geräteschrank auf Augenhöhe integrieren.

Was den Typ des Kochfelds betrifft, reicht die Palette von Gas- und Elektrofeldern (meist mit Induktion) unterschiedlicher Größe bis zu individuellen Kombinationen, die sich mit Hilfe von **Domino-Kochfeldern** realisieren lassen. Diese mit 30 bis 40 Zentimetern relativ schmalen Module sind als Wärmestrahlungs-, Induktions- und Gaskochfelder erhältlich, meist mit jeweils zwei Kochzonen oder Brennern. Wer sowohl das Kochen mit Gas als auch mit Induktion schätzt, kann so beides kombinieren – das Induktionsmodul wahlweise mit Kochzonen oder Flächeninduktion.

Weitere Möglichkeiten eröffnen **Spezialkochfelder**. Mit Hilfe dieser Module kann sich jeder einen Kochbereich entsprechend seinen Vorlieben gestalten.

> **Teppanyaki:** Meist mit Induktion beheizte Edelstahlplatte zum Grillen von Fisch, Fleisch und Gemüse sowie zur Zubereitung von Süßspeisen wie Crêpes und Pancakes. Passend zum Grillgut lässt sich die Temperatur regeln, um Nährstoffe zu schonen und ein Verbrennen zu verhindern.

> **Wok-Mulde:** Nach innen gewölbtes Induktions- oder Gaskochfeld, in das ein spezieller Wok genau hineinpasst. Über die Mulde wird die Wärme besonders gleichmäßig und großflächig auf den Wok übertragen – perfekt für Gerichte, die zum Garen große Hitze benötigen.

> **Elektrogrill:** Elektro- und Barbecue-Grillmodule bieten Grillspaß ohne Holzkohle. Das Grillgut wird entweder über Lavasteinen („Lava-Grill") oder über einer mit Wasser gefüllten Auffangwanne auf einem Rost erhitzt.

❯ **Fritteuse:** Pommes frites, Reibekuchen oder paniertes Fleisch lassen sich in siedendem Öl zubereiten. Damit sie sich nicht mit Fett vollsaugen, sind hohe Temperaturen erforderlich, wie sie elektrisch beheizte Fritteusenmodule liefern. Ihr relativ großes Becken lässt sich auch zum Nudelkochen nutzen – dann natürlich mit Wasser gefüllt.

❯ **Salamander:** Bei einem Salamander handelt es sich um eine Kochstelle mit höhenverstellbarem Elektroheizelement. Ein Salamander eignet sich zum Gratinieren von Gerichten, Überbacken von Toasts und Karamellisieren von Zucker auf Süßspeisen. Er lässt sich nach Gebrauch in der Arbeitsplatte versenken.

Autarke Kochfelder sind auf vielfältige Weise und entsprechend den persönlichen Vorlieben kombinierbar.

❯ Variante 1: Sie wählen verschiedene Dominomodule und ordnen diese nebeneinander an.

❯ Variante 2: Sie nehmen eine herkömmliche Kochstelle in Normalbreite und ergänzen sie mit einem oder mehreren Dominomodulen.

❯ Variante 3: Haben Sie wenig Platz in der Küche oder kochen kaum, sind Sie eventuell bereits mit einem Dominokochfeld oder ein bis zwei Spezialmodulen perfekt ausgestattet.

Nachteil: Der Reinigungs- und Pflegeaufwand ist bei kombinierten Kochstellen deutlich höher als etwa bei einer einfachen Glaskeramikplatte. Zudem wirken Module eventuell sehr kleinteilig. Damit sie halbwegs einheitlich aussehen, sollten die Module zudem vom selben Hersteller stammen.

Eine günstige und flexible Alternative zu einer fest installierten Kochstelle ist ein **mobiles Kochfeld**. Was nach Campingurlaub und Studentenbude klingt, ist eine Alternative für Single-Haushalte und kleine Küchen, aber auch für Menschen, die Wert auf eine möglichst große Arbeits- und Abstellfläche legen. Das Angebot reicht von der simplen Gusseisenplatte (ab ca. 15 Euro) mit Drehregler über Kochfelder mit Wärmestrahlung (ab ca. 50 Euro) bis

Grillen auf dem Kochfeld

Wer nicht von vornherein auf ein Elektrogrillmodul setzen möchte, findet im Handel ab ca. 25 Euro Grillplatten aus Aluguss oder Gusseisen, die sich – analog zu Grillpfannen – auf herkömmliche Kochfelder setzen lassen und durch diese erhitzt werden.

Die meisten dieser Modelle funktionieren auf allen Kochfeldarten, lassen sich samt Grillgut zum Fertiggaren in den Backofen schieben und sind dank Antihaftbeschichtung problemlos zu reinigen. Allerdings ist – je nach Fähigkeit zur Hitzeverteilung – scharfes Anbraten meist nur in der Mitte der Platte möglich.

zum Induktionskochfeld mit zwei Kochzonen und Touch Control (ab ca. 120 Euro) oder einem Grillfeld mit bis zu 380 Grad. Vorteil: Nutzer können ihre Kochstelle an jedem beliebigen Ort transportieren und anschließend wieder im Schrank verstauen. Nachteil: Man hat maximal zwei Kochfelder zur Verfügung und muss auf einen Dunstabzug verzichten.

Abmessungen

Einbaukochfelder mit Glaskeramikoberfläche werden in verschiedenen Größen und Formen mit einer unterschiedlichen Anzahl an Kochzonen angeboten. Viele Modelle besitzen einen **hochstehenden** oder **flach aufliegenden Rahmen**. Zum flächenbündigen Einbau, etwa in Arbeitsflächen aus Naturstein oder Vollholz, eignen sich **rahmenlose Kochfelder**. Die Einbautiefe schwankt je nach Bauart zwischen etwa 1,5 und 16,5 Zentimetern.

Als Standardmaß für die Breite von herdgebundenen Einbaukochfeldern gelten – passend zum Breitenmaß vieler Backöfen – 60 Zentimeter, doch auch breitere Modelle sind verfügbar.

Noch größer ist das Angebot an autarken Kochfeldern: Je nach verfügbarem Platz und individuellen Vorlieben lässt sich die Breite vom Modulkochfeld mit 30 Zentimetern bis zur großflächigen 120-Zentimeter-Variante wählen. Die Tiefe liegt zwischen ca. 30 und 52 Zentimetern, wobei Modulkochfelder stets zwischen 50 und 52 Zentimeter tief sind. Zusätzlich zu Modellen mit Glaskeramikoberfläche haben viele Hersteller auch gasbetriebene autarke Kochfelder im Programm.

Verfügt das Kochfeld über vier bis sechs Kochzonen, können diese verschieden angeordnet sein: **paarweise hintereinander**, **nebeneinander** oder **versetzt** – eventuell ergänzt durch eine Warmhaltezone oder Abstellfläche.

Wer beim Kochen nicht über dampfende Töpfe nach hinten greifen will, bevorzugt eventuell ein **extrabreites Kochfeld** mit **nebeneinander platzierten Zonen**. Wer mit einem solchen Kochfeld liebäugelt, sollte bedenken, dass dessen Breite die Abmessung der Abzugshaube bestimmt. Um etwa die Dämpfe eines 90 Zentimeter breiten Kochfelds aufzunehmen, braucht es eine mindestens ebenso breite Haube. Alternative: Man plant von vornherein hinter oder neben dem Kochfeld einen Dunstabzug ein, der die Kochdämpfe am Ort ihres Entstehens nach unten absaugt.

Wissen in Zahlen
Der Anteil von Induktionsfeldern an den verkauften Glaskeramikkochfeldern ist in den vergangenen Jahren stark angestiegen. Lag er 2014 noch bei 52 Prozent, waren es 2017 bereits 64 Prozent, davon rund zwei Drittel Modelle mit flexibler Induktion.

Quelle: GfK/AMK

Ausstattung

Um immer komfortableres Kochen zu ermöglichen, wird insbesondere die Technik hinter Glaskeramikkochfeldern ständig weiterentwickelt. Hier sind es vor allem Induktionskochfelder, die mit einer Vielzahl von Komfortfunktionen aufwarten, die klassische Elektro- und erst recht Gaskochfelder systembedingt nicht aufweisen. Bedienkonzept, Kochzonenaufteilung und Funktionen hängen natürlich immer vom konkreten Modell ab – ein Mehr an Ausstattung hat seinen Preis.

In Sachen **Bedienung** reicht die Palette von einfachen **Drehknebeln** bis zu hochauflösenden **Farbdisplays mit Touchfunkti-**

Check: **Kochfeld**

Elektrokochfeld
- ☐ Glaskeramik mit Induktion
- ☐ Glaskeramik mit Wärmestrahlung
- ☐ Massekochfeld

Gaskochfeld
- ☐ Gasbrenner in einer Kochmulde aus Edelstahl oder emailliertem Stahl
- ☐ Gasbrenner auf Glaskeramik

Kombinationskochfeld (Einbauherd)
- ☐ Standardmaße für eine 60er-Nische (Ausschnitt ca. 56 cm breit, 50 cm tief)
- ☐ Breitere Ausführung (z. B. 70, 75, 80, 90, 100, 120 cm)
- ☐ Ausführung mit verringerter Tiefe (z. B. 30 cm)

Position der Bedieneinheit
- ☐ Frontseitig (z. B. Drehknebel)
- ☐ Auf der Kochstelle (z. B. Touchelemente)

Rahmengestaltung
- ☐ Rahmen (z. B. Edelstahl oder Facette)
- ☐ Flächenbündiger Einbau in die Arbeitsplatte (z. B. Naturstein, Glas, Vollholz)

Autarkes Kochfeld
- ☐ Standardkochfeld mit 60 cm Breite (Ausschnitt ca. 56 cm breit, 50 cm tief)
- ☐ Schmalere Ausführung (z. B. 30 oder 36 cm Breite) zum Kombinieren
- ☐ Breitere Ausführung (z. B. 70, 75, 80, 90, 100, 120 cm, oval, Eckkochfeld)
- ☐ Verringerte Tiefe (z. B. 30 cm)

Spezialkochfelder
- ☐ Teppanyaki
- ☐ Wokmulde
- ☐ Elektrogrill/Lavagrill
- ☐ Fritteuse
- ☐ Salamander

Position der Bedieneinheit
- ☐ Vorn auf der Kochstelle
- ☐ Seitlich auf der Kochstelle
- ☐ Hinten auf der Kochstelle

Rahmengestaltung
- ☐ Rahmen (z. B. Edelstahl oder Facette)
- ☐ Flächenbündiger Einbau in die Arbeitsplatte (z. B. Naturstein, Glas, Vollholz)

Wärmestrahlung, Induktion oder Gas?

Kochfeldtypen im Vergleich

Fertiggerichten und Lieferdiensten zum Trotz: In ihrer Küche wollen die meisten Menschen zumindest hin und wieder Mahlzeiten zubereiten. Dafür stehen drei Varianten elektrisch betriebener Kochfelder zur Auswahl. Verfügt die Küche über einen Gasanschluss, kommt auch ein gasbetriebenes Kochfeld in Frage. Hier alle vier derzeit erhältlichen Systeme im Vergleich.

❯ **Massekochfeld:** Die robusten und langlebigen, aber schlecht zu reinigenden meist schwarzen Kochplatten gelten als veraltet. Für die Wärme beim Kochen sorgen im Plattenkörper befindliche Heizwendeln. Das Erhitzen von Töpfen und Pfannen erfolgt nach dem simplen Prinzip der Wärmeleitung.

In der Anschaffung sehr günstig, sind Massekochfelder im Betrieb eher teuer, da ein Großteil der Energie ungenutzt verloren geht. Das liegt unter anderem an der langen Vor- sowie Nachheizzeit. Neben der Platte erhitzt sich dabei auch der angrenzende Bereich der Edelstahlmulde recht stark, was schnell zu Verbrennungen und eingebrannten Speiseresten führt.

Auch der Komfort ist äußerst überschaubar: Dass Kochplatten in Betrieb sind, wird allenfalls durch ein Lämpchen angezeigt. Immerhin besitzen manche Modelle schneller reagierende Blitz- statt Normalkochplatten. Darüber hinaus sind auch Geräte verfügbar, die die Heizleistung automatisch regulieren können.

❯ **Kochfeld mit Wärmestrahlung:** Elektrokochfelder mit Wärmestrahlung werden oft als „Glaskeramikkochfelder" oder – nach einem Markennamen von Schott – „Ceran-Kochfelder" bezeichnet. Doch zum einen können auch Kochfelder mit Induktion oder sogar Gas eine Glaskeramikoberfläche besitzen, zum anderen existieren zahlreiche andere Fabrikate für Kochfelder mit Wärmestrahlung.

Ihre Funktionsweise: Unter einer etwa 4 Millimeter starken Glaskeramikplatte lässt sich mit Hilfe glühender Heizwendeln Hitze erzeugen – separat für jede Kochzone. Das Aktivieren eines weiteren Strahlungsheizkörpers erweitert meist eine der Zonen zur ovalen Bräterzone. Eine weitere lässt durch Zuschalten weiterer Heizwendeln an verschiedene Durchmesser von Topfböden anpassen.

Mit Wärmestrahlung betriebene Kochfelder erwärmen sich zügiger als Kochplatten, doch nicht so schnell wie Induktionszonen. Der Bereich um die Kochzone herum erhitzt sich kaum. Kochfelder mit Wärmestrahlung besitzen eine ebene Oberfläche, die hitzebeständig und pflegeleicht, allerdings nicht vor Kratzern gefeit ist. Messer und unebene Topfböden können Spuren hinterlassen, heftige Stöße die Oberfläche beschädigen oder sogar brechen lassen.

Elektro-Glaskeramikkochfelder sind relativ günstig in der Anschaffung (ab ca. 200 Euro) und lassen sich mit nahezu jedem herkömmlichen Kochgeschirr nutzen. Sie verbrauchen weniger Strom als Kochplatten, jedoch mehr als Induktionsfelder. Aufgrund ihrer schwarzen, edel wirkenden Oberfläche fügen sie sich unauffällig ins Gesamtbild der Küche ein.

❱ **Induktionskochfeld:** Äußerlich ähnlich unauffällig wie Wärmestrahlungs-Kochfelder, doch von der Funktionsweise her völlig unterschiedlich sind Induktionskochfelder: Unter der Glaskeramikplatte liegende Induktionsspulen erzeugen beim Einschalten Magnetwechselfelder. Kommt leitfähiges Material in ihren Einflussbereich, verursachen sie Wirbelströme und heizen so Topf- oder Pfannenboden und indirekt auch deren Inhalt auf.

So kocht Spaghettiwasser mit Induktion etwa dreimal schneller als auf einem Kochfeld mit Wärmestrahlung (siehe Tabelle S. 94). Das Frappierende: Die Induktionskochplatte selbst bleibt relativ kühl und wird nur indirekt vom heißen Topfboden erwärmt. Dadurch kann sich niemand die Finger verbrennen und Übergelaufenes nicht auf der Oberfläche festbrennen – ein entscheidender Vorteil beim Reinigen. Entfernt man Topf oder Pfanne, verschwindet das Magnetfeld und die Wärmezufuhr endet. Steht kein Topf auf dem Kochfeld, wird es auch eingeschaltet nicht heiß.

Um mit Induktion zu kochen, sind Töpfe und Pfannen mit magnetisierbaren Böden aus Gusseisen, Stahlemail oder induktionsfähigem Edelstahl erforderlich. Aluminium funktioniert nicht. Wer damit liebäugelt, sich eine Induktionskochstelle zuzulegen, sollte auch die eventuell umfangreiche Zusatzinvestition für neues Kochgeschirr einkalkulieren.

Einfache Kochfelder gibt es ab ca. 350 Euro zu kaufen, Modelle mit Topausstattung können jedoch mehrere Tausend Euro kosten.

❱ **Gaskochfeld:** Klassische Gaskochfelder besitzen vier bis sechs Brenner mit Topfträgern aus Gusseisen sowie eine Oberfläche aus Edelstahl oder – allerdings noch deutlich seltener – aus Glaskeramik. Die Brenner lassen sich von Hand anzünden oder verfügen über eine automatische Zündfunktion: Beim Betätigen des Bedienknebels löst dann eine eingebaute Zündkerze den Funkenschlag aus.

Das Kochen mit Gas bietet besonders kurze Ankochzeiten: Die Hitze liegt nach Entzünden der Flamme sofort an. Sie kommt zwar unregelmäßig am Topfboden an, lässt sich jedoch schnell und präzise variieren. Da beim Ausschalten keine Nachwärme entsteht, werden Topf oder Pfanne nicht warmgehalten, können aber auf dem Kochfeld bleiben, ohne dass der Inhalt anbrennt. Weiterer Vorteil: Auf einem Gaskochfeld lässt sich jedes feuerfeste Kochgeschirr nutzen – so lange sein Boden einen für die Brennergröße geeigneten Mindestdurchmesser aufweist.

Nachteil: Niedrige Temperaturen von 40 oder 50 Grad lassen sich selbst auf kleinster Flamme kaum einstellen. So lässt sich etwa Kuvertüre nur im Wasserbad schmelzen.

Gaskochfelder sind ab ca. 200 Euro erhältlich. Das zum Kochen benötigte Gas ist im Vergleich zu Elektroenergie um rund 30 bis 40 Prozent günstiger.

Drehknopf oder Sensortaste?

Sensortasten, Slider-Bedienungen und Touch-Displays sind im Trend und lassen Drehknebel antiquiert erscheinen. Sind letztere nicht in der Bedienblende versenkbar, sind sie schon mal im Weg oder bekommen Fettspritzer ab, an denen dann Staub festklebt. Ihr Vorteil: Drehknebel lassen sich schnell und einfach bedienen. Sich mit berührungsempfindlichen Tasten zur gewünschten Funktion zu tippen, kann deutlich länger dauern – und manche Touch- und Slider-Bedienungen reagieren nur verzögert auf Eingaben. Tipp: Bedienkonzept vor dem Kauf studieren und möglichst ausprobieren.

on. Damit lassen sich bei Premiummodellen sowohl die Kochzonen steuern und die Temperaturstufe wählen als auch Vorschläge zu optimalen Einstellungen oder ganze Rezepte abrufen.

Ebenfalls praktisch sind **Slider-Bedienungen**, mit deren Hilfe sich die Temperatur einstellen lässt, indem der Nutzer mit seinem Finger auf die gewünschte Stufe einer Skala fährt. Zum Teil sind auf der Oberfäche der Glaskeramik sogar Vertiefungen oder Slider eingeschliffen, die eine haptisch erfahrbare Bedienung per Fingerdruck ermöglichen. Manche autarken Glaskeramikkochfelder besitzen magnetische Bedienknebel, die sich vor dem Reinigen einfach abnehmen lassen.

Zur Standardausstattung autarker Glaskeramikkochfelder zählt ein **Timer** mit Kurzzeitwecker, Countdown und Stoppuhr – idealerweise auch mit Ausschaltfunktion. Für kürzere Wartezeiten sollten Kochfelder mit Wärmestrahlung – neben Schnellkochzonen – über eine **Ankochautomatik** verfügen: Nach dem Ankochen auf hoher Stufe regelt diese Funktion die Hitze automatisch herunter. Während **Bratsensoren** beim Anbraten von Fleisch für optimale Bräunung sorgen, sollte beim Kochen von Gemüse, Reis oder Nudeln ein **Kochsensor** die Temperaturkontrolle übernehmen. Magnetische Sensoren, die an der Außenseite des Kochtopfs angebracht

Ausstattung: **Glaskeramikkochfeld**

Bewährt und nützlich

❱ Mehrzweck-/Mehrkreiskochzonen

❱ (Mehrstufige) Restwärmeanzeige

❱ Touch- oder Slider-Bedienelektronik

❱ Sicherheitsfunktionen

❱ Integrierter Dunstabzug

❱ Timer mit Abschaltfunktion

❱ Info-Taste

❱ Schnellkochzonen

❱ Ankochautomatik

❱ Brat- und/oder Kochsensor

❱ Automatische Topfgrößenerkennung (Induktion)

❱ Flex- oder Flächeninduktion

Luxuriös oder entbehrlich

❱ Vollflächeninduktion

❱ Abnehmbare Bedienknöpfe/magnetische Knebel

❱ Bedienung per Touch-Display

❱ Touch-Display mit Assist-Funktion

❱ CountUp-Timer

❱ Warmhaltefunktion

❱ Memory-Funktion zur Speicherung von Kochstufen und -zeiten

❱ Booster-Funktion (Induktion)

❱ Slide-Funktion (Induktion)

❱ Restart/Stop & Go-Funktion (Induktion)

❱ Motion-Funktion (Induktion)

werden, messen permanent die Temperatur und verhindern ein Überkochen. Auf Kochfeldern mit **Warmhaltefunktion** lassen sich Töpfe bei niedriger Wärmezufuhr platzieren. Die sensorgestützte Überwachung des Topfbodens sorgt dafür, dass Speisen nicht anbrennen und serviergerecht temperiert werden. Alternative: Speisen auf Stufe 1 oder 2 warmhalten.

Induktionsfelder sind ebenfalls in Kochzonen unterteilt und besitzen eine oder mehrere zuschaltbare Variozonen, zum Beispiel für große Töpfe und Bräter. Systembedingt erkennen Induktionszonen die Größe des auf ihnen stehenden Kochgeschirrs und heizen Kochzonen nur dort auf, wo sie Kontakt zum Topfboden haben.

Verfügen Induktionskochzonen über eine zuschaltbare **Booster-Funktion**, geht das Ankochen schneller. Dies führt zu einer Zeitersparnis – beim Wasserkochen ebenso wie beim Garen von Fleisch und Gemüse. Eine **Restart-** bzw. **Stop & Go-Funktion** erlaubt es, den Kochvorgang zu unterbrechen – die Kochzone wird in den Standby-Modus versetzt, anschließend stellt ein Fingerdruck die zuvor gewählten Einstellungen wieder her. Schließlich erlaubt die **Motion-Funktion** das Wechseln der Kochzone und das automatische „Mitnehmen" der gewählten Einstellungen, während sich die ursprüngliche Zone abschaltet.

Bei vielen Modellen kann der Nutzer zwei, drei oder vier Kochzonen zusammenschalten (**Flächeninduktion, Flexinduktion oder Brückenfunktion**). Das ist sinnvoll, wenn etwa ein Bräter auf der Oberfläche steht. Innerhalb einer Flexzone lassen sich Töpfe, Pfannen etc. beliebig verschieben – die Wärme „folgt" automatisch. Eine **Slide-Funktion** ermöglicht das Unterteilen der Flexzone in individuell regelbare Temperaturzonen für die unterschiedlichen Kochabschnitte, zum Beispiel Anbraten, Köcheln und Warmhalten.

Bei modernen Premium-Modellen erstreckt sich die Flexzone über die gesamte Oberfläche – vordefinierte Kochzonen gibt es hier nicht mehr. Dank **Vollflächeninduktion** lässt sich ein Kochgeschirr – unabhängig von seiner Größe – auf der gesamten Oberfläche frei platzieren und flexibel bewegen.

Demgegenüber können Käufer eines Gaskochfelds neben herkömmlichen **Normalbrennern** zwischen weiteren Brennern mit unterschiedlicher Leistung wählen, darunter **Spar-, Schnell-, Stark-** und **Wok-Brenner**. Bei **dualen Doppelbrennern** sind äußere und innere Flammen separat steuerbar, um eine bessere Hitzeverteilung im Topfboden zu erreichen. Die Steuerung von Gasbrennern erfolgt in aller Regel mittels herkömmlicher **Dreh-**

Unser Rat

Abstand halten

Beim Kochen mit Induktion entstehen rund um die Töpfe magnetische Streufelder. Diese können in den Körper eindringen und auf Zellen einwirken. Halten Induktionsgeräte die im Produktsicherheitsgesetz geforderten Grenzwerte ein, besteht laut Bundesamt für Strahlenschutz (BfS) keine Gefahr für die Gesundheit. Das gilt laut BfS auch für Schwangere und Kinder. Faustregel: Je größer der Abstand zur Kochstelle, desto geringer die magnetischen Felder. Das BfS empfiehlt 5 bis 10 Zentimeter zur Vorderkante des Herdes. Beim Kochen sollten ausschließlich für Induktion geeignete Töpfe und Pfannen mit ebenem Boden verwendet werden. Diese sollten zudem groß genug sein, um aktive Kochzonen vollständig zu bedecken – sofern diese auf der Kochstelle markiert sind. Wer ein elektronisches Implantat trägt, etwa einen Herzschrittmacher, sollte sich vor dem Kauf eines Induktionsgeräts mit seinem Arzt beraten.

Kochfeld an Abzugshaube: Dunst absaugen!

In der heißen Phase des Kochens will man die Hände frei haben und nicht die Abzugshaube bedienen müssen. Hersteller wie AEG und BSH (z. B. Bosch, Neff, Siemens) bieten Kochfelder an, über deren Bedienelemente sich auch Gebläse und Beleuchtung der Dunstabzugshaube steuern lassen. Damit nicht genug: Die „kochfeldbasierte Haubensteuerung" aktiviert beim Einschalten des Kochfelds über eine Infrarotsteuerung automatisch die Dunstabzugshaube. Diese verfügt zudem über einen Luftsensor. Dieser misst die Luftqualität, analysiert den Dunst und kann im Automatikmodus die erforderliche Lüfterstufe einstellen und nachregeln. Die Steuerung ist nicht nur für Wand- und Kaminhauben, sondern auch für Insel- und Deckenhauben verfügbar. Hersteller Berbel bietet für einige Hauben ein Modul auf Bluetooth-Basis an, mit dem sich beliebige Kochfelder nachrüsten lassen: Wird das Kochfeld eingeschaltet, startet das Modul Gebläse und Beleuchtung der Haube. Wird es ausgeschaltet, geht die Haube nach kurzem Nachlauf aus.

knebel. Auf Kochfeldern mit automatischer Zündfunktion lässt sich mit Hilfe der Bedienknebel ein Funkenschlag am gewünschten Brenner auslösen, der die Flamme zündet. Modelle mit **Restart-Funktion** versuchen, durch Zugluft erloschene Flammen automatisch erneut zu entzünden. Gelingt das nicht, wird die Gaszufuhr unterbrochen. Zur Standardausstattung gehört auch ein **Timer mit Abschaltfunktion**.

Sicherheit

Erfolgt über längere Zeit keine Änderung einer Einstellung, werden viele Elektrokochfelder automatisch ausgeschaltet (**Sicherheitsabschaltung**). Standardmäßig besitzen Kochfelder einen **Überhitzungsschutz**, der Beschädigungen der Glaskeramikoberfläche verhindern soll. Moderne Induktionskochfelder schalten sich aus, wenn kein Kochgeschirr auf ihnen steht oder etwas übergelaufen ist. Standardmäßig an Bord ist auch eine **Kindersicherung**. Ist sie aktiviert, lassen sich mit Drehknöpfen oder Sensortasten keinerlei Einstellungen mehr vornehmen.

Eine **Restwärmeanzeige** lässt sich nicht nur sinnvoll zum Warmhalten von Speisen nutzen – sie informiert darüber hinaus, ob von einer ausgeschalteten Kochzone noch eine Verbrennungsgefahr ausgeht. Eine **zweistufige Restwärmeanzeige** unterscheidet zusätzlich, ob die Kochzone noch heiß oder nur mehr warm ist. Bei Modellen mit **Wischschutzfunktion** lässt sich das Bedienfeld vorübergehend sperren, um die Oberfläche des Kochfelds von Spritzern zu befreien.

Beim Kochen mit Gas **auf offener Flamme** besteht die Gefahr von Verbrennungen. Leicht entzündliche Materialien wie Stoff und Papier gilt es deshalb von den Brennern fernzuhalten. Essenziell sind auch eine ausreichende Belüftung und gute Luftzirkulation, da beim Kochen neben Wärme und Wasserdampf auch Kohlendioxid entsteht.

Moderne Gaskochfelder sind mit einem Sicherheitssystem zur Überwachung der Flammen ausgestattet. Eine elektronische oder thermoelektrische **Zündsicherung** – erkennbar an einem kleinen Stift neben der Zündkerze – stoppt bei Erlöschen der Flamme die weitere Gaszufuhr. Auch Gaskochfelder werden per **Sicherheitsausschaltung** bei ungewöhnlich langem Betrieb vom Netz getrennt. Eine **Kindersicherung** verhindert zudem, dass Gasbrenner von Unbefugten entzündet werden. Über noch heiße Topfträger informiert die **Restwärmeanzeige**.

Energieeffizienz

Wie viel Energie ein Kochfeld verbraucht und welche Kosten dafür anfallen, hängt im Wesentlichen von drei Faktoren ab:

❱ Personenzahl im Haushalt
❱ Koch- und Essgewohnheiten der Haushaltsmitglieder
❱ Einsatz von Zusatzgeräten zum Zubereiten von Nahrung (zum Beispiel Wasserkocher, Eierkocher, Mikrowelle)

Ein eigenes Energielabel für Kochfelder existiert nicht. Die EU-Ökodesign-Verordnung enthält jedoch Grenzwerte für den Energieverbrauch von Elektrokochfeldern sowie Mindestanforderungen für die Energieeffizienz von Gaskochfeldern.

Hersteller sind verpflichtet, in der Gebrauchsanleitung oder im Internet die Übereinstimmung ihrer Produkte mit diesen Vorgaben darzulegen. Da die Werte jedoch unter Laborbedingungen ermittelt werden, weicht der tatsächliche Energieverbrauch in aller Regel davon ab.

Entscheidenden Einfluss auf Energieverbrauch und Betriebskosten hat das **Kochverhalten der Nutzer**. Folgende Tipps helfen dabei, Energie und Kosten einzusparen:

❱ Benutzen Sie geeignetes und plan aufliegendes Kochgeschirr, das die Hitze möglichst gleichmäßig im Boden verteilt.
❱ Verwenden Sie möglichst kleine Töpfe und Pfannen und die jeweils am besten dazu passende Kochzone (Ersparnis: bis 20 Prozent).
❱ Verwenden Sie beim Kochen möglichst wenig Wasser (Ersparnis: bis 20 Prozent).
❱ Verwenden Sie einen passenden, gut schließenden Deckel (Ersparnis: bis 25 Prozent).
❱ Schalten Sie zum Halten der gewünschten Temperatur rechtzeitig von der höchsten auf eine niedrigere Kochstufe zurück.
❱ Nutzen Sie wenn möglich ein energieeffizienteres Zusatzgerät, zum Beispiel einen Wasserkocher (siehe Tabelle S. 94).
❱ Tauen Sie gefrorene Lebensmittel vor dem Kochen im Kühlschrank auf (Ersparnis: rund 10 Prozent).
❱ Nutzen Sie die Restwärme von Elektrokochfeldern.

So viel Energie verbraucht ein Elektroherd
Der Stromverbrauch eines Elektroherds beträgt in einem durchschnittlichen

❱ 1-Personen-Haushalt ca. 180 kWh/Jahr
❱ 2-Personen-Haushalt ca. 220 kWh/Jahr
❱ 3-Personen-Haushalt ca. 390 kWh/Jahr
❱ 4-Personen-Haushalt ca. 480 kWh/Jahr

Davon entfallen etwa 75 bis 80 Prozent auf die Nutzung des Kochfelds und 20 bis 25 Prozent auf den Gebrauch des Backofens.

Laut einer Studie von 2014 bereiten die Deutschen pro Woche im Schnitt 3,8 warme Mittagsmahlzeiten und 2,3 warme Mahlzeiten am Abend zu.

Quelle: HEA

Wasserkocher am schnellsten – Gasherd am sparsamsten

Soviel Energie, Zeit und Geld kostet es, einen Liter Wasser von 15 auf 95 Grad Celsius zu erhitzen.

Gerät /Heizquelle		Energie in Wh	Zeit in Minuten	Energiekosten pro Liter in Cent	Energiekosten pro Jahr in Euro*
Alle Wasserkocher im Test	Spanne der untersuchten Wasserkocher	110**	3,1***	3,3	30
Alle Wasserkocher im Test	Mittelwerte aller Kocher	115	3,3	3,5	31
Induktionskochfeld mit Boost-Funktion	Siemens-Induktions-Kochfeld, Einstellung „Boost"	121	3,1	3,6	33
Induktionsfeld ohne Boost	Siemens-Induktions-Kochfeld, Einstellung „max."	123	4,6	3,7	34
Gasherd mit schwerem WMF 1,5-Liter-Wasserkessel	Tecnogas Gasherd	270	5,3	1,6	15
Gasherd mit leichtem Elo-2-Literkessel	Tecnogas Gasherd	285	5,2	1,7	16
Glaskeramikkochfeld mit schwerem Wasserkessel	Glaskeramikkochfeld HT5ET60	169	5,7	5,1	46
Glaskeramikkochfeld mit leichtem Elo-2-Liter-kessel	Glaskeramikkochfeld HT5ET60	183	7,5	5,5	50
Herdplatte Gusseisen mit schwerem Wasserkessel	Teba Gusseisen-Elektrokochplatte	208	6,3	6,2	57
Herdplatte Gusseisen mit leichtem Elo-2-Literkessel	Teba Gusseisen-Elektrokochplatte	250	7,8	7,5	68
Mikrowelle mit Glaskanne 1,4 Liter	MDA-Mikrowellengerät MW1770M-BU	231	12,3	6,9	63
		**) Spanne von 111 bis 123	***) Spanne von 2,7 bis 3,7 Minuten	Basis: Stromkosten 0,30 € pro kWh; Gaskosten 0,06 € pro kWh	*) Berechnungsbasis: Es werden jeden Tag 2,5 Liter Wasser zum Kochen gebracht.

test, Stand Januar 2013 (Preise aktualisiert September 2019)

Spezial

Kaffeevollautomaten zum Einbau

Ob Café Latte, Cappuccino oder Latte Macchiato – seit Jahren wächst die Anzahl derer, die zu Hause eine Vielzahl an Kaffeespezialitäten genießen wollen. Wer mindestens 400 Euro investieren will, kann zu einem Vollautomaten greifen. Der produziert auf Knopfdruck Espresso und versetzt diesen je nach Rezeptur mit heißem Wasser, heißer Milch oder Milchschaum. Je nach Modell werden Vollautomaten mit Kaffeepulver, Kaffeebohnen oder Kaffeekapseln „gefüttert".

Im stationären Handel bieten Elektronikmärkte weitaus überwiegend Standgeräte an, während sich in Möbelhäusern und Küchenstudios öfter auch Einbaugeräte finden. Fast jeder Markenhersteller hat mehrere Modelle im Programm. Ein Einbau-Vollautomat ist zwar deutlich teurer als ein vergleichbares Standgerät (ab ca. 1100 Euro), steht dafür aber auch nicht im Weg und fügt sich harmonisch in die Küchenfront ein. So sparen Nutzer Platz auf Arbeitsfläche oder Küchentisch.

Mit 45 Zentimetern Höhe und 60 Zentimetern Breite passt die Mehrzahl der Vollautomaten in die Standardnische für Kompaktgeräte und lässt sich wahlweise unter, über oder seitlich neben Backofen, Dampfgarer & Co. anordnen. Dank eines Festwasseranschlusses lassen sich einige Einbaugeräte direkt an die Leitung koppeln – das Auffüllen des Wassertanks entfällt dann.

Vollautomaten benötigen viel Pflege. Auch wenn viele ein Reinigungsprogramm an Bord haben – Nutzer sollten von außen erreichbare Teile zusätzlich per Hand reinigen. Um Schimmel zu vermeiden, ist es zudem ratsam, Tresterbehälter und Tropfschale regelmäßig zu säubern und zu

trocknen. Auch die Brühgruppe sollte ab und zu entnommen und gereinigt werden. Schließlich ist das Gerät – je nach Nutzung – etwa alle vier Wochen zu entkalken. Gut, wenn die Maschine auch dafür ein Programm besitzt. Nutzer sollten stets die Anzeigen im Display sowie die Hinweise in der Gebrauchsanleitung beachten.

Geht ein Einbau-Vollautomat kaputt, kommt der Kundendienst ins Haus, baut das Gerät aus und nach erfolgter Reparatur wieder ein. Reparaturen außerhalb von Gewährleistungs- und Garantiefristen lassen sich Hersteller und Vertragspartner jedoch teuer bezahlen. Dasselbe gilt für die empfohlenen regelmäßigen Inspektionen.

Extra-Tipp: Auf test.de finden Sie unter dem Suchbegriff „Kaffeevollautomaten" gegen ein geringes Entgelt detaillierte Testergebnisse zu aktuell rund 50 Vollautomaten und Siebträgermaschinen (Standgeräte) sowie sämtliche Heftartikel der vergangenen Jahre als PDF.

Dunstabzug

In Zeiten offener Küchen will niemand Kochdunst im Wohnzimmer haben. Er soll am besten dort abgesaugt werden, wo er entsteht. Kein Wunder, dass in die Kochstelle integrierte Dunstabzüge einer der Trends im Küchenbereich sind. Doch auch die klassische Haube hat noch längst nicht ausgedient.

Wo gekocht, gebraten und frittiert wird, hängen schnell Wasserdampf, Fett und manchmal sogar Rauch in der Luft. Dieser „Küchenwrasen" zieht dann im Handumdrehen durch die gesamte Wohnung. Anfangs regt sein Geruch vielleicht noch den Appetit an, spätestens nach dem Essen wird er jedoch lästig.

Lüften allein hilft da nicht, zumal sich dadurch etwa Fettrückstände nicht beseitigen lassen. Um Gerüche, Feuchtigkeit und Fett einzufangen, wird deshalb klassischerweise über der Kochstelle eine Abzugshaube angebracht. Diese saugt den Dunst ab, filtert ihn und führt die Luft entweder nach draußen ab (Abluftprinzip) – oder gereinigt in den Raum zurück (Umluftprinzip).

Früher hatten Abzugshauben ihren Platz meist direkt über dem Küchenherd. Einen Herd gibt es jedoch in vielen Haushalten nicht mehr – statt dessen werden Backofen und Kochstelle immer öfter getrennt voneinander eingebaut, letztere häufig in die Kücheninsel. Das stellt spezielle Anforderungen an den Dunstabzug, denn mitten im Raum ist die Luft deutlich stärker in Bewegung als an der Wand. Der Dunst verteilt sich schneller – die Haube muss folglich breiter sein.

Hinzu kommt: Immer mehr Menschen entscheiden sich für eine individuelle Gestaltung ihrer Kochstelle und stellen diese aus verschiedenen Modulen zusammen (siehe S. 84). Das führt zu Kochstellen, deren Breite und Tiefe von bislang üblichen Maßen abweichen. Um zu gewährleisten, dass der Wrasen trotzdem vollständig abgesaugt wird, gilt es, in jedem Fall die richtige Breite der

ⓘ Aktuelle Tests im Internet
Detaillierte Informationen zu allen aktuell von uns getesteten Dunstabzügen finden Sie unter test.de mit dem Suchbegriff „Dunstabzugshauben".

Dunstabzugshaube und den optimalen Abstand zum Kochfeld zu wählen. Grundsätzlich sollte eine Abzugshaube das darunter liegende Kochfeld in alle Richtungen ein Stück überragen.

Besonders ernst nehmen sollte das Thema Dunstabzug, wer in seiner Küche mit Gaskochfeld, Fritteuse oder Grill arbeitet. Durch die dabei entstehenden höheren Temperaturen steigt der Wrasen schneller nach oben und entwickelt mehr Druck. Dann ist es von Vorteil, wenn er auf einer möglichst großen Fläche abgesaugt wird. Auch das ist bei der Wahl der Abzugshaube zu berücksichtigen.

Fragen nach der geeigneten Haube erübrigen sich, wenn man den Kochdunst erst gar nicht aufsteigen lässt, sondern ihn bereits im Moment seines Entstehens nach unten absaugt. Folgerichtig ist die Nachfrage nach Kochfeldern mit integriertem Dunstabzug in den vergangenen Jahren sprunghaft gestiegen. Immer mehr Menschen sind bereit, dafür viel Geld zu bezahlen.

Wissen in Zahlen

Im Jahr 2018 stieg der Umsatz mit Kochfeldern mit integriertem Dunstabzug im Vergleich zu 2017 um 21 Prozent. Im Jahr davor war er sogar um 106 Prozent gewachsen. Der durchschnittliche Verkaufspreis solcher Kochfelder lag bei mehr als 2 500 Euro.

Quelle: GfK

Bliebe noch die Frage zu klären, welche Betriebsart mehr Dunst beseitigt: Abluft oder Umluft? So viel sei verraten: Wer die Wahl hat, sollte sich in jedem Fall für den Abluftbetrieb entscheiden (siehe Infokasten S. 102).

Bauformen

Vor der Entscheidung für ein Modell steht die Frage, wo im Raum sich der Dunstabzug befinden soll. Geht es um eine in die Möbelfront integrierte Wand- oder eine über der Kücheninsel hängende Deckenhaube? Kommt alternativ ein Kochfeldlüfter in Betracht?

Neben der Lage im Raum spielt die Form der Haube eine Rolle. Im Hinblick auf das Strömungsverhalten der Abluft wäre ein pyramidenförmiges Modell mit großem „Fangraum" am sinnvollsten – traditionell verfügen Abzugshauben jedoch über eine **waagerechte Ansaugfläche**.

Ein Klassiker ist die **Unterbauhaube**. Sie wird unter einem in der Höhe verkürzten Oberschrank oder an der Wand über der Kochstelle angebracht. Die Haube lässt sich mit einem **Kaminset** kombinieren – einem Luftkanal aus Edelstahl.

Im Gegensatz dazu wird eine **Einbauhaube** in einen Umbauschrank über der Kochstelle eingebaut und mit einer Blende aus Edelstahl oder in Möbeloptik verkleidet.

Eine **Zwischenbauhaube** entspricht in Form und Größe einem Oberschrank und wird an dessen Stelle an die Wand montiert – zum Beispiel zwischen zwei Oberschränken. Auch sie ist in Möbeloptik oder mit Edelstahl verblendet. Im Betrieb wird die Blende nach vorn geöffnet und lenkt den Wrasen zu den schräg angeordneten Fettfiltern.

Was im Ruhezustand wie eine Zierleiste in Möbel- oder Metalloptik aussieht, entpuppt sich im Betrieb als herausziehbare Dunsthaube, eine sogenannte **Flachschirmhaube** (ab ca. 100 Euro bei 60 Zentimetern Breite). Diese wird durch das Herausziehen des „Wrasenschirms" eingeschaltet. Manche Geräte besitzen zwei Filterflächen – hier vergrößert das Herausziehen des Schirmes die Ansaugfläche. Diese platzsparende Bauform ermöglicht die Nutzung eines Teils des Oberschranks, zum Beispiel als Stauraum.

Eine spezielle Variante der Flachschirmhaube ist die **Kombination aus Haube und Mikrowelle**. Dabei nimmt die Mikrowelle die Position des Oberschranks ein.

Lüfterbausteine ermöglichen verschiedene Varianten der Gestaltung: Sie lassen sich über Kochinseln und Kochnischen sowie in speziellen Kaminhauben oder vorbereiteten Schränken installieren. Da bei einem verdeckten Einbau die Bedienelemente eventuell nicht im Griffbereich liegen, bieten einige Hersteller für ihre Lüfterbausteine Fernbedienungen oder über deren Unterkante herausragende Bedienstäbe an.

Als **Kaminhauben** oder **Essen** bezeichnet man Modelle mit sichtbarem Abzugsschacht. Sie bestehen oft aus Metall oder Kunststoff und können farbig lackiert sein (**Dekorhauben**). Es gibt sowohl Modelle zur Wandmontage (**Wandhauben**) als auch Modelle zur Deckenmontage über einer Kochinsel (**Inselhauben**). Kaminhauben aus Edelstahl mit geraden oder gebogenen Glaselementen bezeichnet man als **Designhauben**. Wand- und Inselhauben werden ab ca. 200 Euro angeboten, Premiummodelle kosten bis ca. 850 Euro.

In jüngerer Zeit finden Wandhauben mit **schrägstehender Ansaugfläche** zunehmend Verbreitung, sogenannte **Kopffreihauben**. Auch sie gibt es – zu Preisen zwischen ca. 250 und 2000 Euro für 90 Zentimeter Breite – in unterschiedlichen Varianten:

❱ mit feststehender Ansaugfläche und sichtbaren Fettfiltern

❱ mit feststehender Ansaugfläche und hinter einem Glasschirm verborgenen Fettfiltern

❱ mit ausfahrbarer Filterfläche, die nach Gebrauch wieder in der Haube verschwindet

❱ mit sich im Betrieb nach vorn öffnendem Schirm, der den Wrasen zu den Fettfiltern leitet

Besonders beliebt für Kochinseln sind **versenkbare Dunstabzüge**, auch als **Tischabzüge** bezeichnet (siehe Infokasten S. 104). Sie fahren per Knopfdruck wie eine Wand von unten aus der Arbeitsplatte hinter der Kochstelle heraus, führen den Kochdunst nach unten ab („Downdraft"-Technologie) und tauchen nach Gebrauch wieder ab. Ihr Preis liegt bei ca. 1400 bis 2300 Euro.

Und dann wären noch die trendigen **Kochfeldabzüge**: Sie befinden sich neben, hinter oder mitten auf dem Kochfeld. Als Absaugelemente dienen rechteckige oder runde Öffnungen. Kochfeldabzüge sind leise, platzsparend und beim Kochen nicht im Weg – kosten aber Stauraum im Unterschrank und müssen vergleichsweise oft gereinigt werden.

Eine weitere Variante ist ein per Fernbedienung gesteuerter **Deckenlüfter**. Es gibt ihn entweder als Unterbaulösung zur Installation unter der Zimmerdecke oder als flächenbündige Variante zum Einbau in einer abgehängten Zwischendecke.

Abmessungen und Leistung

Bei der Auswahl der **Abzugsgröße** ist vor allem die **Breite** entscheidend. Faustregel: Die Haube sollte das Kochfeld zu allen Seiten um einige Zentimeter überragen – hängt sie über einer Kochinsel, dann noch etwas mehr. Beispiel: Beträgt der Abstand zum Kochfeld 65 bis 75 Zentimeter und ist das Kochfeld 75 Zentimeter breit, sollte die Haube 90 Zentimeter breit sein. Lässt sich das aus Platzgründen nicht realisieren, ist eine Haube mit **Randabsaugung** ratsam. Diese fängt den Kochdunst im Randbereich besser ein als eine herkömmliche Haube mit **Flächenabsaugung**.

Folgende Breiten sind für verschiedene Haubentypen üblich – ohne Anspruch auf Vollständigkeit:

❱ **Unterbauhaube:** 50, 60, 90 oder 100 Zentimeter
❱ **Einbauhaube:** 56 Zentimeter
❱ **Flachschirmhaube:** 60 oder 90 Zentimeter
❱ **Dekorhaube:** 60, 70, 90, 100 oder 120 Zentimeter
❱ **Designhaube:** 60 bis 120 Zentimeter
❱ **Kopffreihaube:** Je nach Variante 60 bis 120 Zentimeter
❱ **Kochfeldabzug:** 8,5 bis 11 Zentimeter (für bis zu 90 Zentimeter breite Kochfelder), bei mittiger Platzierung auch breiter
❱ **Tischlüfter:** 90 bis 120 Zentimeter

Damit Käufer die **Leistung** von Dunstabzugshauben vergleichen können, müssen Hersteller deren **Luftfördermenge** angeben. Der

Praxis am nächsten kommen Werte, die nach DIN und nicht „frei-blasend" – das heißt, ohne Filter – gemessen wurden. Welche Leistung erforderlich ist, hängt von der Größe der Küche beziehungsweise des Kochbereichs ab. Daraus lässt sich die Menge an Luft berechnen, die der Dunstabzug in einer bestimmten Zeit umwälzen oder abführen muss. Allgemein gilt pro Stunde ein zwei- bis sechsmaliger **Luftaustausch** als ausreichend. Im Umluftbetrieb sollte mit achtmal gerechnet werden, da der Geruchsfilter die Leistung der Haube mindert. Die errechnete Luftfördermenge bei Dauerbetrieb sollte eine Haube auf einer niedrigen Lüfterstufe bewältigen können, damit der Geräuschpegel nicht zu hoch wird.

Ausstattung

Viele Dunstabzugshauben verfügen über mehrere **Lüfterstufen**, andere lassen sich stufenlos regeln. Eine eventuell vorhandene **Intensivstufe** ist für kurzzeitiges Absaugen des Kochdunstes mit höchster Leistung beim Anbraten von Fleisch oder bei starker Geruchsentwicklung vorgesehen. Manche Hauben schalten anschließend automatisch von der maximalen auf eine vorher gewählte niedrigere Stufe zurück.

Die Regelung der Lüfterstufen erfolgt über eine **Bedienblende**. Diese kann sich an der Front oder der Seite einer Haube befinden und besitzt **Tastschalter** oder **Sensortasten**. Manche Modelle lassen sich per **Fernbedienung** steuern – eine nützliche Variante für sehr kleine oder körperlich eingeschränkte Menschen. Insbesondere Premiummodelle können obendrein mit **Sensoren** ausgerüstet sein und schalten sich automatisch in der optimalen Lüfterstufe ein, wenn Kochdunst aufsteigt. Andere Kombinationen aus Kochfeld und Dunsthaube sind mittels Infrarot- oder Funkwellen gekoppelt. Manche Hauben bieten eine Funktion zur **Geräuschunterdrückung**, die den Pegel bei – nach Herstellerangaben – gleicher Leistung um bis zu 50 Prozent reduziert.

Einige Modelle saugen nach Ende des Kochvorgangs über einen **Gebläsenachlauf** automatisch den verbliebenen Kochdunst ab – entweder auf Lüfterstufe 1 oder auf der zuletzt benutzten Stufe. Die Zeit für den Nachlauf ist entweder fest eingestellt oder lässt sich aus mehreren Optionen auswählen. Übrigens: Umlufthauben sollten nach dem Kochen grundsätzlich ca. 15 Minuten weiterlaufen, um den Geruchsfilter zu trocknen.

Unser Rat

Vorsicht bei Abluftbetrieb mit Kamin, Ofen & Co.

Wer in seiner Wohnung neben einer Ablufthaube eine Gastherme, einen Kachelofen oder einen offenen Kamin – im Fachjargon: eine schornsteinabhängige Feuerung – betreibt, muss einen Schornsteinfeger überprüfen lassen, ob beim gleichzeitigen Betrieb von Dunstabzug und Feuerstätte durch Türen, Fenster, Abluft/Zuluft-Mauerkästen oder andere nicht verschließbare Öffnungen genügend frische Luft nachströmen kann. Hintergrund: Beim Absaugen des Kochdunstes wird dem „Kaminzimmer" und den angrenzenden Räumen Luft entnommen, die die Feuerstätte zur Verbrennung benötigt. Dann besteht die Gefahr, dass durch den entstehenden Unterdruck Verbrennungsgase aus dem Kamin in die Wohnung gesaugt werden, die zu Bränden führen oder Bewohner vergiften können.

Systemvergleich

So funktionieren Abluft und Umluft

Die meisten Dunsthauben lassen sich durch Einbau eines Umlenkadapters sowie eines Geruchsfilters von Abluft auf Umluft umrüsten. Sind die Teile nicht im Lieferumfang enthalten, kosten sie extra. Alle von der Stiftung Warentest 2016 getesteten Abzugshauben beseitigten Gerüche, Fett und Feuchtigkeit im Abluftbetrieb deutlich effektiver als im Umluftbetrieb.

Umluftbetrieb

Eine Umlufthaube lässt sich in jeder Küche betreiben. Sie saugt den Dunst über der Kochstelle ab und leitet diesen durch einen **Fettfilter** aus Metall und anschließend durch einen Geruchsfilter, der mit Aktivkohlegranulat gefüllt ist. Dort lagern sich Geruchsmoleküle an. Die – je nach Modell mehr oder weniger – gereinigte Luft wird wieder in den Raum geblasen. Nicht aus der Luft gefiltert werden **Wärme** und **Feuchtigkeit** – sie müssen über Fenster entweichen, sonst droht Schimmelbefall. Der Geruchsfilter ist in regelmäßigen Abständen auszutauschen. Je nach Haube können neue Filter im Extremfall bis zu 300 Euro kosten! Umlufthauben eignen sich in erster Linie für den Betrieb über Elektrokochfeldern.

Abluftbetrieb

Eine Ablufthaube saugt den Kochdunst durch einen **Fettfilter**. Anschließend befördert ein Gebläse die Abluft inklusive **Feuchtigkeit** und **Gerüche** nach draußen – über einen **Wanddurchbruch** oder **Dachauslass**. Für Luftaustausch und optimale Leistung ist eine ausreichende **Frischluftzufuhr** erforderlich, zum Beispiel über einen Mauerkasten oder ein Lüftungsgitter in der Küchentür.

Ablufthauben sind leiser als Umlufthauben und befördern mehr Luft. Zudem verursachen sie keine Folgekosten für Geruchsfilter. Achten Sie bei einem Neu- oder Umbau auf eine möglichst geringe Länge und einen ausreichend großen **Querschnitt** des Rohres sowie möglichst wenige und nicht zu starke **Richtungsänderungen**. Sonst sinkt die Luftfördermenge, während die Betriebsgeräusche zunehmen. Der Abluftbetrieb ist auch in Kombination mit einem **externen Gebläse** an der Außenwand oder auf dem Dach möglich, wo Betriebsgeräusche weniger stören. Abluftabzüge sind besonders über Gaskochfeldern sowie beim häufigen Einsatz von Fritteuse, Grill oder Wok ratsam.

Mieter, die auf Abluft umstellen und eine Mauer durchbrechen wollen, benötigen die **Zustimmung** ihres Vermieters – Wohnungseigentümer die ihrer Eigentümergemeinschaft. Wer in einem Energiesparhaus wohnt, sollte den Architekten und – in Sachen Lüftungsanlage – den Lüftungsbauer konsultieren.

Die örtlichen **Bauvorschriften** sind daraufhin zu prüfen, ob die Fassade verändert werden darf. Die Nachbarn einzubeziehen ist ratsam – optische Veränderungen, Essensgerüche und Lüftergeräusche könnten auf Widerstand stoßen. Wird die Abluft in einen bestehenden Schacht geleitet, darf dieser nicht anderweitig in Gebrauch sein. Das muss ein Schornsteinfeger bestätigen.

Manche Abzugshauben sind besonders flexibel: Sie lassen sich über das Bedienfeld von Abluft auf Umluft umschalten. Auf diese Weise lässt sich etwa im Sommer die warme, feuchte Abluft nach draußen führen, während die Luft im Winter nur gereinigt wird, um Energieverluste zu vermeiden.

Neben dem Absaugen des Wrasens sorgt eine Dunsthaube auch für die **Beleuchtung** der Kochstelle. Moderne Hauben verfügen in der Regel über mindestens zwei **LED-Leuchten**, die bei höherwertigen Modellen sogar dimmbar sind.

Reinigung und Pflege

Alle Dunstabzugshauben besitzen einen **Fettfilter**, der Partikel aus der Luft aufnimmt und deshalb regelmäßig gereinigt werden muss. Die dafür meist verwendeten Metallgitter weicht man in Seifenlauge ein und reinigt sie dann per Hand. Alternative: Alle vier Wochen ab in den Geschirrspüler bei 60 bis 70 Grad. Die **Aktiv-**

Check: **Dunstabzug**

Räumliche Situation
- ☐ Kleine Arbeitsküche
- ☐ Große Küche mit Sitzplätzen
- ☐ Offene Wohnküche

Gewünschte Betriebsart(en)
- ☐ Abluftbetrieb
- ☐ Umluftbetrieb
- ☐ Ab- und Umluftbetrieb

Bevorzugter Platz für den Dunstabzug
- ☐ Wand
- ☐ Decke (Kücheninsel)
- ☐ Kochfeld (Downdraft)

Breite des Kochfelds
- ☐ Bis 60 cm: mindestens 60 cm Haubenbreite
- ☐ Bis 75 cm: 90 cm Haubenbreite
- ☐ Bis 90 cm: 120 cm Haubenbreite

Beheizungsart(en) der Kochfelder
- ☐ Induktion
- ☐ Wärmestrahlung
- ☐ Gas
- ☐ Teppanyaki/Grill/Fritteuse

Bevorzugte Bauform
- ☐ Unterbau
- ☐ Einbau/Zwischenbau
- ☐ Einbau mit Flachschirm
- ☐ Lüfterbausteine
- ☐ Dekor/Design (Kaminhaube)
- ☐ Schräge Wandhaube/Kopffreihaube
- ☐ Kochfeldabzug/Muldenlüfter
- ☐ Versenkbarer Abzug/Tischlüfter
- ☐ Deckenlüfter

Megatrend „Downdraft"

Wenn der Dunst nach unten zieht …

Kochfeldabzug, Muldenlüfter, Tischlüfter, Tisch-Dunsthaube, Arbeitsplattenhaube – begrifflich geht es beim Thema Downdraft (engl. für „Luftzug nach unten") teilweise wild durcheinander. Zwar stehen alle Bezeichnungen für dasselbe Prinzip: das Abführen des Kochdunstes nach unten. Doch für jede Bauform gibt es – je nach Hersteller – verschiedene Namen.

Vereinfacht dargestellt existieren drei Varianten:

❯ **Downdraft neben dem Kochfeld:** Entweder befindet sich ein langer rechteckiger Abzug an der hinteren langen Seite der Kochstelle oder zwei kürzere Abzüge rechts und links. Diese Lösung wird – wie Variante 2 – als **Kochfeldabzug** oder **Muldenlüfter** bezeichnet. Wird der Abzug nicht verwendet, lässt er sich verschließen. Ein Deckel ist entweder per Scharnier in den Abzug integriert oder lässt sich wie bei Kochtöpfen auf diesen auflegen. Vorteil: Sie verschenken keinen Platz auf dem Kochfeld und können mit Töpfen und Pfannen frei hantieren.

❯ **Downdraft auf dem Kochfeld:** Bei diesem System ist der Abzug in der Mitte des Kochfelds platziert. Je nach Hersteller ist er rechteckig oder rund, mit oder ohne Deckel. Vorteil: Der Abzug ist dadurch näher am Geschehen. Und: Im Vergleich zu Variante 3 verlieren Sie weniger Platz im Unterschrank. Bei sogenannten 2-in-1-Lösungen sind darüber hinaus Kochfeld und Abzug gekoppelt. Das bedeutet: Ein Sensor für die Luftgüte überwacht Kochdunst und Gerüche und passt die Gebläsestufe automatisch an. Nachteil ist der Platzverlust auf dem Kochfeld, der etwa eine Vollflächeninduktion (siehe S. 91)

verhindert. Wie bei Variante 1 ist zudem die Absaugleistung bei hohen Töpfen eingeschränkt.

❯ **Ausfahrbarer Downdraft:** Der Abzug von **Tischlüftern** (auch **Tisch-Dunsthauben** oder **Arbeitsplattenhauben** genannt), befindet sich an der langen Seite hinter der Kochstelle. Eine Ausnahme bilden Domino-Kochfelder (siehe S. 84), bei denen er aufgrund ihrer geringen Breite seitlich platziert ist. Per Knopfdruck fährt der Abzug aus der Arbeitsplatte hoch und saugt den Wrasen in Topfhöhe ab. Vorteil: Der Abzug ist nur im Betrieb sichtbar. Nachteil: Er braucht sehr viel Platz im Unterschrank. Und: An der Effektivität beim Absaugen und Filtern hapert es teilweise: Von sechs Modellen, die unsere dänischen Partner von der Verbraucherzeitschrift „Taenk" 2018 ins Labor schickten, erreichte keines ein Gut. Drei von ihnen – von Miele, AEG und Siemens – gibt es auch in Deutschland zu kaufen.

Downdraft-Systeme lassen sich sowohl im **Umluftbetrieb** als auch im **Abluftbetrieb** nutzen. Nachteil: Abluftbetrieb ist in freistehenden Kücheninseln nicht möglich. Grund: Der Abluftkanal muss in Unterschränken versteckt bis zur Hauswand verlegt werden. Mindestens eine Seite der Insel muss folglich an eine Wand anschließen, was sie zur Halbinsel macht. Das Verlegen des Abluftkanals kostet zusätzlich Stauraum. Und: Wie bei herkömmlichen Dunsthauben geht im Abluftbetrieb Raumwärme verloren.

In beiden Betriebsarten erzeugt ein Gebläse eine Querströmung, die den Kochdunst am Aufsteigen hindert und einsaugt. Im Unterschrank reinigt bei den meisten Modellen ein **Fettfilter** die Abluft und eine **Auffangschale** fängt zum Beispiel übergekochtes Nudelwasser auf. Beide sollten regelmäßig per Hand gereinigt werden.

Im Umluftbetrieb wird die Luft zusätzlich über einen **Aktivkohlefilter** geleitet, der nach Herstellerangaben regelmäßig zu tauschen ist. Mindestens alle vier Wochen sollten Nutzer zudem den Fettfilter reinigen. Je nach Modell geschieht das durch Auswischen von Hand oder bequem im Geschirrspüler. Bei dieser Gelegenheit ist es ratsam, auch die Auffangschale zu leeren und auszuwischen. Ist eine Flüssigkeit übergekocht, sollte dies sofort erfolgen.

Im Gegensatz zu Bora, Siemens, Neff & Co. produziert Hersteller Berbel Kochfeldabzüge, die ohne Fettfilter auskommen und statt dessen den eingesaugten Wrasen per **Zentrifugalkraft** reinigen. Die unter der Arbeitsfläche befindliche Abscheideeinheit lässt sich nach Herstellerangaben einfach nach oben entnehmen und auswischen, sämtliche Einzelteile auch in der Spülmaschine reinigen. Dank einer Abdeckung, die sich auf dem mittig angeordneten Abzugsschacht horizontal verschieben lässt, kann bei Bedarf zudem die Absaugleistung erhöht werden. Der Preis inklusive Kochfeld liegt bei etwa 3 500 Euro.

Meist kommt die Downdraft-Technologie mit Induktionskochfeldern zur Anwendung, neuerdings aber auch mit Gaskochfeldern sowie Wok- und Teppanyaki-Modulen. Nutzer ersparen sich in jedem Fall die Installation einer Abzugshaube, die vor allem über Kücheninseln stört. Außerdem müssen sie sich nicht um Deckenhöhe und Dachschrägen kümmern.

Die **Geräuschentwicklung** lässt sich anhand des Schallleistungspegels vergleichen. Dieser gibt die Geräuschentwicklung eines Dunstabzugs direkt am Gebläse an. Der Wert für den Schallleistungspegel bei höchster Lüfterstufe ist in Dezibel auf dem Energielabel anzugeben. Als vergleichsweise erträglich gilt ein Wert bis ca. 70 dB(A).

Fazit: Von der Funktionalität her tragen Downdraft-Lüfter dem Trend zur offenen Küche mit individuell konfiguriertem Kochbereich Rechnung – und aufgrund ihrer schlichten Eleganz fungieren sie zusätzlich als Designelemente.

Vorteile:

❯ Freie Sicht beim Kochen, da keine Abzugshaube im Weg hängt
❯ Freiheit bei der Platzierung der autarken Kochstelle, zum Beispiel am Fenster
❯ Bessere Luft in der Küche, da der Wrasen dort abgesaugt wird, wo er entsteht
❯ Vergleichsweise geringere Lüftergeräusche als bei herkömmlichen Abzugshauben

Nachteile:

❯ Verringerter Stauraum in den Unterschränken
❯ Für gute Ergebnisse in der Regel Betrieb auf höherer Stufe nötig
❯ Erfordert je nach System einiges an Platz auf der Arbeitsfläche
❯ In Kücheninseln kein Abluftbetrieb möglich
❯ Höherer Pflege- bzw. Reinigungsaufwand

Arten von Fettfiltern

Ob Umluft oder Abluftbetrieb – fast jeder Dunstabzug besitzt einen **Fettfilter**. Dieser besteht aus **Vlies** (Wegwerffilter) oder mehreren Schichten **Aluminium- oder Edelstahlgeflecht** (Dauerfilter). Während Vliesfilter nach vier bis zehn Wochen ausgetauscht werden müssen, lassen sich Metallfilter per Hand oder im Geschirrspüler reinigen. Einige Hersteller empfehlen dies alle 15 Betriebsstunden, andere alle drei bis vier Wochen. Tipp: Besser häufiger reinigen, damit das Fett im Filter nicht verharzt und sich nicht mehr lösen lässt. Spezialfälle sind **Kaskaden- und Labyrinthfilter**. Im Gegensatz dazu werden in **filterlosen Dunst- und Kochfeldabzügen** Fettpartikel und Wasser per Zentrifugalkraft abgeschieden. Dazu wird die angesaugte Luft stark beschleunigt und gezielt umgeleitet. Wasser und Fettpartikel fallen in eine **Auffangschale**, die nach jedem Kochen auszuwischen ist.

Quelle: HEA

kohlefilter einer Umlufthaube sollte bei den meisten Modellen alle drei bis vier Monate ausgetauscht werden. Das empfohlene Intervall gibt der Hersteller in der Gebrauchsanleitung an.

Inzwischen gibt es Aktivkohlefilter, die sich im Geschirrspüler reaktivieren oder im Backofen regenerieren lassen. Doch zum einen sind diese Filter teuer, zum anderen gibt es kaum Hersteller, die sie für ihre Hauben empfehlen.

Sicherheit

Um die Brandgefahr zu senken und empfindliche Bauteile zu schützen, ist bei der Installation ein **Mindestabstand** zum Kochfeld von 45 bis 65 Zentimetern einzuhalten. Der Hersteller gibt den konkreten Wert in der Montageanleitung an. Hauben, die sich tiefer zur Kochstelle herunterziehen lassen, dürfen nicht über Gaskochfeldern betrieben werden. Gesättigte Fettfilter und **Fettablagerungen** im Gehäuse der Dunsthaube erhöhen ebenfalls die Brandgefahr. Beim Austausch des Fettfilters sollten deshalb auch die Innenseiten des Gehäuses vom Fett befreit werden.

Flambieren unter der Abzugshaube ist tabu – sonst könnten Flammen in die Haube schlagen und sich das Fett im Filter entzünden. Gasflammen sollten aus demselben Grund nie länger brennen, ohne dass ein Topf auf der Kochstelle steht. Das Braten oder Frittieren mit heißen Fetten oder Ölen sollte nie unbeaufsichtigt erfolgen. In überhitztem Zustand könnten diese sich entzünden und auf die Abzugshaube übergreifen.

Energieeffizienz

Dunsthauben müssen seit 2015 ein **EU-Energielabel** tragen. Eingeteilt werden die Geräte seit 2018 in die Energieeffizienzklassen A++ (höchste Effizienz) bis E (geringste Effizienz). 2020 erfolgt die Umstellung auf A+++ bis D.

Wichtig: Das Label bezieht sich nur auf den Abluftbetrieb. Im Umluftbetrieb verbrauchen die meisten Hauben etwas weniger Strom, wälzen dafür aber auch deutlich weniger Luft um. Maßstäbe für die Einteilung sind der jährliche Stromverbrauch bei einer durchschnittlichen Betriebsdauer von einer Stunde, einer durchschnittlichen Beleuchtungszeit von zwei Stunden pro Tag und täglich 23 Stunden im Standby-Betrieb.

Was das für den Geldbeutel bedeutet, haben wir in unserem Test ermittelt: Bei einem Strompreis von 0,30 Euro pro Kilowattstunde werden für eine A+-Haube im Jahr rund 5 Euro fällig, für eine D-Haube zirka 22 Euro.

Fazit: Der Austausch eines Stromfressers gegen ein effizienteres Gerät lohnt sich erst nach vielen Jahren. Wer jedoch ohnehin eine neue Haube anschaffen will, sollte sich dafür entscheiden. Zudem sind die Klassen A und B oft leiser als C und D.

Die gesetzlichen Obergrenzen für den Verbrauch im ausgeschalteten Zustand beziehungsweise im Standby-Betrieb liegen seit 2013 bei maximal 0,5 Watt. Werden im Standby-Betrieb bestimmte Anzeigefunktionen bereitgestellt, darf die Leistungsaufnahme bis zu 1 Watt betragen.

Außerdem informiert das Energielabel über weitere wichtige Gebrauchseigenschaften wie Beleuchtungseffizienz, Fettabscheidegrad und die Lautstärke der Haube auf höchster Lüfterstufe.

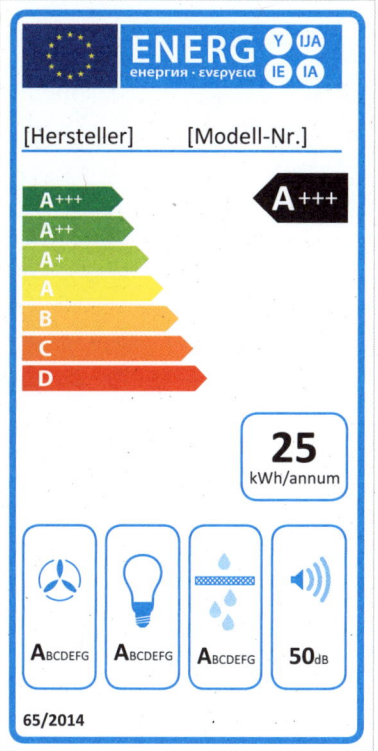

Ausstattung: **Dunstabzugshaube**

Bewährt und nützlich

❯ Mindestens 3 Lüfterstufen
❯ Sättigungsanzeige für Fett- und Geruchsfilter
❯ Spülmaschinenfeste Fettfilter
❯ Höhenverstellbarer Schirm
❯ Automatischer Gebläsenachlauf
❯ Mehrere Lichtquellen
❯ Sparsame LED-Leuchten
❯ Leuchtmittel ohne Kundendienst wechselbar
❯ Umlenkadapter und Geruchsfilter im Lieferumfang
❯ Regenerierbarer Geruchsfilter

Luxuriös oder entbehrlich

❯ Schräger Schirm (Kopffrei-Technik)
❯ Lüfter mit Intensivstufe
❯ Fettabscheidung per Zentrifugalkraft
❯ Dimmbare/mehrstufig regelbare Beleuchtung
❯ Sensorautomatik
❯ Infrarotkopplung mit Kochfeldern
❯ Touchbedienung
❯ Fernbedienung
❯ Integrierte Lautsprecher
❯ Integrierte Lichtquelle für Küchenbeleuchtung

Einfrieren, kühlen, temperieren

Lebensmittel perfekt lagern

Kühlschränke

Unserem Kühlschrank vertrauen wir unser Lieblingsessen an, hier schauen wir vorbei, wenn uns der kleine Hunger packt. Gut kühlen soll er und nicht viel Strom verbrauchen. Längst ist er mehr als ein Vorratsschrank mit Stromkabel – und wird zu einem Statement in Sachen Lifestyle.

ⓘ Aktuelle Tests im Internet

Welcher Kühlschrank Einkäufe besonders zügig herunterkühlt, welcher die erreichte Temperatur am besten hält, welche Modelle komfortabel einzuräumen sind und sich bequem reinigen lassen, erfahren Sie in unserer Datenbank unter test.de/kuehlschraenke. Gegen geringes Entgelt bieten wir Ihnen Testergebnisse, Fotos und Vergleichsmöglichkeiten zu freistehenden und Einbaukühlschränken. Kostenlos bekommen Sie viele Tipps sowie eine fundierte Kaufberatung. So verraten wir Ihnen, wann Sie Ihren alten Energiefresser gegen ein neues Gerät tauschen sollten.

Ein Kühlschrank gehört seit Jahrzehnten zur Grundausstattung jedes Haushalts. Vor allem Mehrpersonenhaushalte besitzen oft sogar mehrere Geräte. Derzeit kommen laut Statistischem Bundesamt in Deutschland auf 100 Haushalte etwa 126 Kühlgeräte. Im Jahr 2015 wurden etwa 3,45 Millionen Kühlschränke verkauft – fast ausschließlich als Ersatz für kaputtgegangene oder nicht mehr zeitgemäße Altgeräte.

Ein Kühlschrank soll vor allem gut kühlen, aber auch möglichst wenig Strom verbrauchen. Unsere Tests zeigen: Nicht jedes Modell erfüllt beide Anforderungen gleichermaßen gut. Andere Geräte wiederum machen unangenehme oder laute Geräusche oder lassen sich nur umständlich reinigen. Ein Blick auf den Stromverbrauch lohnt sich in jedem Fall – schließlich ist der Kühlschrank 365 Tage im Jahr rund um die Uhr in Betrieb.

Welches Modell für einen selbst das optimale ist, hängt von der Haushaltsgröße, den Ess- und Einkaufsgewohnheiten sowie persönlichen Vorlieben ab. Wichtig ist, sich im Vorfeld Gedanken zur Menge und Art der zu kühlenden Lebensmittel zu machen. Warum das? Ganz einfach: Ein Gerät, das permanent vollgestopft wird und aus allen Nähten platzt, kann die in ihm befindlichen Lebensmittel nicht optimal kühlen, weil die Luft in seinem Inneren nicht richtig zirkuliert. Umgekehrt zieht ein riesiger aber weitgehend leerer Kühlschrank nur unnötig Strom.

Bei der Auswahl eines neuen Geräts gilt es deshalb, sich vorab ein paar Fragen zu stellen: Für wie viele Personen ist der Kühlschrank gedacht? Soll er eher zum Verstauen des wöchentlichen Familieneinkaufs oder zum Kühlhalten einiger weniger Getränke dienen? Welche Extras sind unter Umständen sinnvoll?

Unter Platzproblemen leiden vor allem Besitzer von Einbauküchen. Damit ein Kühlschrank in die vorgesehene Nische passt und auf der Rückseite Platz für die Hinterlüftung bleibt, muss er kompakter sein als ein freistehendes Gerät. Wer die Wahl zwischen **Einbau- und Standgerät** hat, sollte bedenken, dass er mit einem Standgerät unter Umständen viel Geld spart. Allein schon das Einbaumöbel ist oft teuer, hinzu kommt der Montageaufwand – und schließlich der vergleichsweise teurere Kühlschrank selbst. Ein freistehender Kühlschrank lässt sich zudem an jedem beliebigen Ort nutzen – etwa nach einem Umzug in der neuen Wohnung.

Stellt sich noch die Frage, ob der Kühlschrank als Geräteklasse wirklich die beste Lösung darstellt. Er kann Lebensmittel

zwar kühlen, oft jedoch nicht tiefkühlen. Auch kleinere Haushalte legen heute zunehmend Wert auf diese Funktion, doch das Gefrierfach im Inneren der meisten Kühlschränke reicht dafür nicht aus. Zum einen ist es sehr klein. Zudem erreichen mit einem oder zwei Sternen gekennzeichnete Fächer nicht ausreichend tiefe Temperaturen, um Lebensmittel dauerhaft zu frosten. Und: Um über den gemeinsamen Kühlkreislauf auf die benötigte Gefriertemperatur zu kommen, sind bis zu 40 Prozent mehr Energie erforderlich als bei einer vergleichbaren Kühl-Gefrier-Kombination.

Was also tun, wenn man größere Mengen Lebensmittel dauerhaft haltbar machen will, etwa die Fleischlieferung vom Bio-Bauern oder die Obsternte aus dem Garten? Antwort: Wer ausreichend Platz hat, kauft sich zusätzlich einen Gefrierschrank oder eine Gefriertruhe (siehe ab S.125). Wer dagegen mit beengten Verhältnissen klarkommen muss, ist mit einer Kühl-Gefrier-Kombination besser bedient (siehe ab S.136).

Länger frisch durch Kälte
Das Lagern von Lebensmitteln bei 0 bis ca. 14 Grad Celsius reduziert mikrobiologische Aktivitäten. Die Fähigkeit der Organismen zur Vermehrung sowie die Aktivität ihrer Enzyme nehmen bei diesen Temperaturen stark ab. Die Haltbarkeit vieler Lebensmittel verlängert sich nochmals bei 0 bis 2 Grad Celsius. Zusätzlich hält eine hohe relative Luftfeuchtigkeit insbesondere pflanzliche Produkte länger frisch. Werte ab ungefähr 90 Prozent verhindern, dass Obst und Gemüse schnell austrocknen und verwelken.

Wissen in Zahlen

Im Jahr 2018 verzeichneten Kühlgeräte mit einem Fassungsvermögen von mehr als 500 Litern ein Umsatzwachstum von 84 Prozent – wenn auch auf relativ niedrigem Niveau. Das heißt: Betrachtet man den Anteil von Großkühlschränken am Gesamtumsatz aller verkauften Kühlschränke, ist dieser zwischen 2013 und 2018 von 7 auf 12 Prozent gestiegen. Noch deutlicher wird der Trend zu mehr Nutzinhalt, wenn man den Anteil verkaufter Kühlschränke mit mindestens 300 Liter Innenraum betrachtet: Dieser betrug 2017 bereits 40 Prozent.

Quelle: GfK

Im Trend liegen derzeit vor allem Kühlschränke mit großem Platzangebot. Im Inneren geht die Entwicklung weiterhin zu verschiedenen Kältezonen, unter anderem in Form spezieller Frischefächer, in denen niedrigere Temperaturen herrschen als im Rest des Kühlschranks. Hinzu kommen immer öfter Extras wie austauschbare Farbfronten oder Ablagen, die sich gleich als Frühstückstablett nutzen lassen.

Aufbau und Funktionsweise

Gehäuse und **Tür** der meisten Kühlschränke bestehen aus speziell lackiertem, weißem Stahlblech. Immer mehr Standgeräte besitzen ein Gehäuse oder eine Front aus Edelstahl. Der **Innenbehälter** besteht aus Kunststoff, speziell lackiertem Stahlblech oder Leichtmetall. Die Hohlräume zwischen Außen- und Innenwand sind mit einem **Hartschaum** aus Polyurethan oder Polystyrol gefüllt. Die Stärke dieser Wärmedämmung beträgt bis zu 75 Millimeter. Einige Hersteller verwenden zusätzlich Vakuumpanele, die es ihnen ermöglichen, die Wandstärke zu reduzieren und den Nutzinhalt zu vergrößern.

Jede Kühlschranktür besitzt eine umlaufende Kunststoffdichtung, die mit einem Magnetband unterlegt ist. Diese **Magnetbanddichtung** zieht sich beim Schließen der Tür am Stahlblech der Gehäusefront fest. Beim Öffnen der Tür schaltet ein Türkontakt die **Innenbeleuchtung** ein. Viele Türgriffe sind mit einer **Öffnungsmechanik** ausgestattet, die das Öffnen der Tür erleichtert. Bei den Einbau- und höherwertigen Standgeräten kommt zudem meist ein **Türschließdämpfer** zum Einsatz. Dieser ermöglicht ein Schließen der Tür, ohne dass Flaschen in der Innentür erschüttert werden. Edelstahlfronten sind oft mit einem **Schutz gegen Fingerabdrücke** versehen. Manche Modelle besitzen eine beschreibbare **Spezialbeschichtung**, die sich wieder abwaschen lässt oder eine Front mit **farbig hinterdrucktem Glas**.

Um Lebensmittel zu kühlen, wird ihnen über die kalte Luft im Innenraum des Kühlschranks Wärme entzogen. Die in Kühl- und Gefriergeräten verwendeten Kältemittel haben die Eigenschaft, bereits bei niedrigen Temperaturen in den gasförmigen Zustand überzugehen. Das Kältemittel zirkuliert dabei in einem geschlossenen Rohrkreislauf. Kälte wird entweder über ein **Kompressionssystem** oder über ein **Absorptionssystem** erzeugt.

Beim **Kompressionssystem** wird die Wärme dem Innenraum über einen **Verdampfer** entzogen. Dieser ist meist in die Rückwand integriert. Er besteht aus in zwei verbundenen Alublechen verlaufenden Kanälen oder aus Rohren. In diesen verdampft das Kältemittel bei niedrigem Druck.

Die zum Verdampfen erforderliche Wärme entzieht das Kältemittel dem Innenraum und damit den Lebensmitteln. Damit fortwährend neues Kältemittel verdampfen kann, werden bereits verdampfte Anteile durch einen motorbetriebenen **Kompressor** im Sockelbereich angesaugt. Dieser verdichtet das gasförmige Kältemittel, wodurch dessen Temperatur wieder steigt. Anschließend gibt der unter Druck stehende Kältemitteldampf seine Wärme über die Oberfläche eines **Verflüssigers** an die Umgebungsluft ab.

Der Verflüssiger ist in der Regel freiliegend an der Rückseite des Geräts angeordnet. Das dadurch wieder verflüssigte Kältemittel gelangt nun durch das sogenannte **Drosselorgan** – ein Kapillarrohr – in den Verdampfer. Im Drosselorgan baut sich der Druck wieder ab, sodass die „entspannte" Flüssigkeit im Kühlraum unter Aufnahme von Wärme erneut verdampfen kann.

Das **Absorptionssystem** kommt nur bei kleineren Kühlgeräten und Kühlboxen zum Einsatz, da es deutlich mehr Energie verbraucht. Außer am Stromnetz lassen sich diese Geräte auch an der Autobatterie sowie mit Flüssiggas oder Petroleum betreiben, weshalb sie sich für Hotelzimmer oder zum Camping eignen. Anstelle eines Motors treibt hier ein sogenannter Kocher – ein wärmegedämmter Metallbehälter mit Heizung – das Aggregat an. Vorteil: Das Ganze geschieht lautlos. Auch Absorptionsaggregate enthalten einen Verdampfer und einen Verflüssiger. Als Kältemittel dient Ammoniak, das mit Wasserstoff versetzt und dann verdampft wird. Dabei entzieht es dem Innenraum des Kühlschranks Wärme. Das Gasgemisch gelangt dann in einen Sammelbehälter, den Verdichter, wo das darin enthaltene Wasser den Ammoniak absorbiert, während der frei werdende Wasserstoff zum Verdampfer zurückfließt. Die Ammoniaklösung gelangt in den Kocher und wird erhitzt. Daraufhin verdampft der Ammoniak und steigt zum Verflüssiger auf, während das Wasser in den Verdichter zurückfließt.

Die meisten Kühlgeräte arbeiten mit statischer, einige mit dynamischer Kühlung. Bei Geräten mit **statischer Kühlung** befindet sich der Verdampfer an der Rückwand des Innenraums oder im oberen Teil des Geräts. Die stärkste Kühlwirkung entsteht unmittelbar am Verdampfer. Die kalte Luft sinkt wegen ihrer höhe-

---

7 coole Kühl-Tipps

❯ **Kühl transportieren.** Legen Sie gekühlte Ware nach dem Einkauf in eine geschlossene Kühltasche. Das vermindert Keimbildung und verlängert die Haltbarkeit.

❯ **Schnell zurückstellen.** Stellen Sie nicht verwendete Lebensmittel zügig wieder in den Kühlschrank zurück. So bleiben sie länger haltbar und das Gerät verbraucht weniger Strom.

❯ **Offen lassen.** Lassen Sie die Kühlschranktür zum Beispiel beim Einräumen besser geöffnet, statt sie in kurzer Zeit mehrmals zu öffnen und zu schließen. Dabei entweicht jedes Mal kalte Luft aus dem Inneren.

❯ **Kurz warten.** Gekochte Speisen sollten bei Zimmertemperatur auskühlen, bevor Sie sie in den Kühlschrank stellen.

❯ **Zusätzlich kühlen.** Nutzen Sie den Kühlschrank zum Auftauen von Lebensmitteln. Das spart Strom, da das Gefriergut dabei Wärme aus dem Innenraum aufnimmt.

❯ **Clever lagern.** Lagern Sie Getränke an einem kühlen Ort, zum Beispiel im Keller. So müssen sie im Kühlschrank nur noch „restgekühlt" werden.

❯ **Abstand halten.** Stopfen Sie Lebensmittel nicht bis dicht an die Seitenwände. Dadurch kann der Temperatursensor einen Kühlbedarf eventuell nicht rechtzeitig erkennen.

Oberes Fach: Hier herrschen zwischen 5 und 8 Grad – optimal für Essensreste, offene Marmeladen und andere Konserven.

Mittleres Fach: Mit 4 bis 5 Grad ist hier ein guter Ort für Käse, Quark, Joghurt und ungeöffnete Milchverpackungen.

Unteres Fach: Leicht verderbliche Lebensmittel wie Fleisch und Fisch lagern bei 2 bis 3 Grad.

Gemüsefach: Unter der Glasplatte ist die Luft 8 bis 12 Grad warm und feuchter, damit Kräuter, Obst und Gemüse knackig bleiben.

Weitere Kühlzonen: Moderne Geräte können eine oder zwei 0-Grad-Zonen mit unterschiedlicher Luftfeuchtigkeit und/oder eine Kellerzone besitzen.

ren Dichte nach unten, während die dort befindliche wärmere Luft zum Verdampfer aufsteigt. Auf diese Weise entsteht eine natürliche **Luftzirkulation**. Dadurch bilden sich jedoch auch **unterschiedliche Temperaturbereiche** mit bis zu 10 Grad Differenz. Deshalb ist es wichtig, Lebensmittel so einzuordnen, dass sie in der jeweils optimalen Temperaturzone liegen.

Geräte mit **dynamischer Kühlung** verteilen die Luft im Kühlraum mittels eines Ventilators. Das führt zu einer gleichmäßigeren Temperatur und Luftfeuchtigkeit, zudem werden neu hinzugefügte Lebensmittel schneller gekühlt.

Bei einigen Modellen befindet sich eine zusätzliche dynamische Kühlung an der Türinnenseite, sodass sich auch dort Lebensmittel beliebig einordnen lassen. Allerdings müssen Käufer eines solchen Kühlschranks von der gewohnten Temperaturschichtung im Innenraum Abschied nehmen. Statt „Unten kalt, oben warm" sorgt der Ventilator dafür, dass es auch oben kühl wird – und sich die dort gelagerte Butter eventuell nicht mehr ohne Weiteres aufs Brot streichen lässt.

Faustregel: Leicht verderbliche Lebensmittel wie Fisch, Fleischwaren und frische Milchprodukte sollten an den kältesten Stellen gelagert werden. Bei Geräten mit statischer Kühlung sind das die Bereiche nah an der Rückwand sowie auf der untersten Ablagefläche über dem Gemüsefach sowie in der trockenen Kaltlagerzone. Käse, Backwaren und geräucherte Produkte vertragen etwas höhere Temperaturen und können auch weiter oben im Kühlschrank liegen. Butter und Getränke lagern am besten in Türfächern oder – falls vorhanden – in der Kellerzone.

Gemüse, Salate und Obst gehören unverpackt in die Obst- und Gemüsefächer unter der Abdeckplatte, welche bei manchen Kühlschränken mit einer **Feuchteregulierung** ausgestattet sind. Kälteunempfindliche Obst- und Gemüsearten können in der Kaltlagerzone „feucht" gelagert werden. Bei kälteempfindlichen Arten, beispielsweise Kartoffeln, können bereits bei Temperaturen über dem Gefrierpunkt Kälteschäden auftreten. Deshalb wird hier eine Lagertemperatur von 5 bis 14 Grad Celsius empfohlen.

Über einen **Temperaturregler** lässt sich die Temperatur im Innenraum des Kühlschranks einstellen – entweder in Stufen oder stufenlos. Dazu misst ein mit dem Temperaturwähler verbundener Fühler die Temperatur am Verdampfer. Weicht dieser Wert vom eingestellten Wert ab, schaltet sich der Kältemittelkreislauf ein beziehungsweise aus. Als Temperaturregler kommen entweder ein Thermostat oder ein elektronischer Regler zum Einsatz.

Extra-Tipp: Vor allem bei Kühlschränken mit einem simplen Drehregler lässt sich die Temperatur nicht genau einstellen. Wer wissen will, wie kalt es an unterschiedlichen Stellen im Kühlschrank ist, legt den Außenfühler einer Funkwetterstation auf die entsprechende Ablage und liest nach ein paar Minuten auf dem Display der Basisstation die Temperatur ab. Je nachdem, ob der Kompressor gerade läuft, kann diese jedoch schwanken. Also besser mehrmals messen!

Empfindlich oder nicht?
Folgende Obst- und Gemüsesorten vertragen die sehr niedrigen Temperaturen in der Kaltlagerzone „feucht" nicht und sollten besser unverpackt im Gemüsefach bei 5 bis 14 Grad gelagert werden.

Obst:
❱ Ananas
❱ Bananen
❱ Granatäpfel
❱ Mangos
❱ Zitrusfrüchte
❱ Melonen

Gemüse:
❱ Auberginen
❱ Gurken
❱ Kartoffeln
❱ Paprika
❱ Tomaten
❱ Kürbisse
❱ Zucchini

Bauformen und Abmessungen

Einen Stromanschluss und genügend Platz vorausgesetzt, lassen sich Kühlschränke, die als **Standgeräte** verkauft werden, an nahezu beliebigen Orten aufstellen. Was das Design betrifft, reicht die Palette vom schlichten Edelstahl- bis zum knallig bunten Retro-Modell mit abgerundeten Kanten und altmodischem Griff. Die

Transport und Anschluss

Kühl- und Gefriergeräte sollen aufrecht transportiert werden, so dass der Kompressor den tiefsten Punkt bildet. Ansonsten besteht die Gefahr, dass aus dem Kompressor in die Verdampferschlangen gelaufenes Öl nicht vollständig zurückläuft. Im Extremfall droht sogar ein Totalschaden.

Kühl- und Gefriergeräte sind steckerfertig und lassen sich an herkömmliche Schutzkontakt-Steckdosen anschließen. Die Anschlusswerte liegen bei Kühlgeräten bei 60 bis 200 W, bei Gefriergeräten bei 70 bis 160 W und bei Kühl-Gefrier-Kombinationen bei 100 bis 200 W. Damit die auf der Rückseite abgegebene Wärme entweichen und kühle Luft nachströmen kann, müssen Einbau- und Standgeräte einen ausreichenden Abstand zur Wand einhalten. Ansonsten staut sich die Wärme, der Kompressor läuft im Dauerbetrieb und der Stromverbrauch steigt.

Echte Unterbaumodelle führen Wärme nach vorn ab und benötigen keine separate Belüftung. Nicht entsprechend deklarierte Modelle müssen im Unterbaubetrieb durch Schlitze in der Arbeitsplatte entlüftet werden. Öffnungen für Be- und Entlüftung dürfen nicht durch Sockelblenden, Tischdecken oder abgestelltes Geschirr verdeckt werden.

Bereits beim Kauf ist darauf zu achten, dass der Türanschlag der Geräte an der für den Arbeitsablauf richtigen Seite angebracht ist. Bei den meisten Geräten ist der Türanschlag wechselbar.

Quelle: HEA

Geräte sind zwischen 85 und etwa 200 Zentimeter hoch und 50 bis 120 Zentimeter breit– letzteres bei doppeltürigen Modellen.

Standgeräte besitzen höhenverstellbare Füße, mit deren Hilfe sich Unebenheiten im Boden ausgleichen lassen. Sofern es sich nicht um luxuriöse Premiummodelle mit Doppeltür handelt, sind Standgeräte günstiger als vergleichbare Einbaukühlschränke. Nachteil: Beim Aufstellen entstehen fast zwangsläufig kleine Spalten zu Wand oder Küchenschränken. In diesen Spalten an den Seiten und der Rückseite können sich Schmutz und Staub sammeln, die sich nur schwer entfernen lassen.

Standgeräte, deren Höhe und Breite jeweils am unteren Ende der Skala rangieren, werden auch als **Tischgeräte** bezeichnet. Teilweise lassen sich solche Kühlschränke nach dem Abnehmen der Arbeitsplatte auch in einen Unterschrank einbauen und mithilfe eines Dekorrahmens samt -platte der Möbelfront anpassen. Tischgeräte – rund 60 Zentimeter breit und maximal 85 Zentimeter hoch – sind bereits ab ca. 200 Euro zu haben, größere Standgeräte (ca. 150 x 60 x 70 Zentimeter) ab ca. 500 Euro.

Die besten Modelle in unserem Test von 2017 kosteten zwischen ca. 350 und 450 Euro (Tischgeräte) beziehungsweise zwischen ca. 600 und 1500 Euro (größere Standgeräte)

Minikühlschränke und **Kühlboxen** sind mit einem Fassungsvermögen zwischen 5 und 50 Litern erhältlich. Was Abmessungen und Designs betrifft, gibt es sehr unterschiedliche Modelle.

Als **Unterbaukühlschränke** deklarierte Tischmodelle werden oft bereits ohne Arbeitsplatte geliefert. Sie sind zum Unterbau unter eine relativ niedrige, durchgehende Arbeitsplatte vorgesehen – und eignen sich entweder als Übergangslösung oder dauerhaft für Single- und WG-Küchen, in denen nur ein kleiner Kühlschrank gebraucht wird. Ihre Höhe liegt zwischen 82 und 92 Zentimetern, die Breite beträgt 50 bis 90 Zentimeter. Mittels Dekorrahmen und einer dünnen Dekorplatte lassen sie sich an die Möbelfront anpassen.

Bei **integrierbaren Unterbaugeräten** geschieht das „Integrieren" durch das Montieren einer Möbeltür auf die Vorderseite. Diese wird mittels einer Scharniertechnik entweder starr (im Fachjargon „Festtürmontage" oder „Flachscharnier" genannt) oder flexibel („Schleppscharnier") mit der Gerätetür verbunden. In letzterem Fall gleitet die Möbeltür beim Öffnen und Schließen an einer horizontalen Schiene entlang.

Extra-Tipp: Häufig sind diese Schienen sowie die zugehörigen Scharniere aus billigem Kunststoff gefertigt und nicht besonders stabil. Achten Sie beim Kauf auf möglichst hochwertige Qualität!

Einbaukühlschränke lassen sich auf Arbeitshöhe in Hochschränken mit Be- und Entlüftungssystem installieren. Das Nischenmaß beträgt in der Breite standardmäßig 60 Zentimeter. Die Geräte selbst sind meist um die 55 Zentimeter breit beziehungsweise tief und zwischen 60 und 185 Zentimeter hoch. Die meisten Modelle sind dekorfähig beziehungsweise per Festtür- oder Schleppscharnier-Montage integrierbar.

Einbaukühlschränke verleihen Küchen ein einheitliches Erscheinungsbild und sparen Platz. Wie beim vollintegrierten Geschirrspüler (siehe S.165) lässt sich auch der Kühlschrank optisch so kaschieren, dass er nicht sofort als störendes „Fremdelement" erkennbar ist. Davon profitieren vor allem minimalistische, grifflose Möbelfronten in modernen Designküchen.

Kleine Einbaukühlschränke mit 82 bis 87 Zentimetern Höhe sind ab ca. 200 Euro zu bekommen, größere ab ca. 500 Euro. Die in unserem Test bestplatzierten „Kleinen" lagen zwischen 180 und 660 Euro, die besten „Großen" zwischen 620 bis 1600 Euro.

Extra-Tipp: Wer einen wirklich guten Kühlschrank sucht, sollte nicht nur auf den Kaufpreis schielen, sondern auch die Folgekosten für den benötigten Strom im Auge behalten. Ein energieeffizientes Modell mit dem besten EU-Label A+++ rechtfertigt in der Regel einen höheren Kaufpreis. Dieser hat sich dann oft in etwa fünf Jahren amortisiert.

Wichtig: Kaufen Sie keinen Kühlschrank, der für Sie zu groß ist. Leeren Raum zu kühlen kostet unnötig Geld. Für die meisten Ein- und Zwei-Personenhaushalte reicht ein **Nutzinhalt** von 120 bis 140 Litern aus. Wer schon weiß, dass er viele Vorräte lagert, wählt 160 Liter. In Haushalten mit mehr Personen rechnet man mit 50 bis 60 Litern pro Person.

Durch den Einbau eines weiteren Verdampfers – entweder u-förmig oder abgewinkelt – lässt sich ein Fach mit einem zweiten Temperaturbereich integrieren, in dem Temperaturen von 0 bis −18 Grad Celsius erreicht werden können. Dieses mit einer Klappe verschlossene Niedertemperatur- oder **Gefrierfach** ist je nach erreichbarer Temperatur mit ein bis vier Sternen gekennzeichnet. Geräte mit 4-Sterne-Fach zählen bereits zu den Kühl-Gefrierkombinationen (siehe ab S. 136).

Was kann das Gefrierfach?

Viele Kühlschränke besitzen ein Gefrierfach. Ist dieses mit vier Sternen gekennzeichnet, lassen sich darin nicht nur bereits tiefgefrorene Lebensmittel lagern, sondern kleinere Mengen auch einfrieren. Für größere Mengen empfiehlt sich das nicht, da die benötigte Kälte den benachbarten Lebensmitteln entzogen würde. Diese würden dadurch antauen. Fächer mit ein bis drei Sternen eignen sich nicht zum Einfrieren, sondern nur zum vorübergehenden Lagern von Tiefkühlware.

❯ **1 Stern:** Fach erreicht mindestens −6 Grad Celsius
❯ **2 Sterne:** Fach erreicht mindestens −12 Grad Celsius
❯ **3 Sterne:** Tiefkühllagerfach bis mindestens −18 Grad Celsius
❯ **4 Sterne:** Gefrier- und Tiefkühllagerfach bis mindestens −18 Grad Celsius

Quelle: aid Infodienst

Extra-Tipp: Besitzen Sie bereits ein Gefriergerät oder haben Sie vor, sich eines anzuschaffen, können Sie beim Kühlschrank auf ein Gefrierfach verzichten. Dieses kostet zusätzliche Energie sowie Lagerplatz beim Kühlen.

Ausstattung

Der Komfort im Inneren von Kühlschränken fällt je nach Modell sehr unterschiedlich aus. Eine hochwertige und flexibel einstellbare **Inneneinrichtung** hilft, Einkäufe unterzubringen und Lebensmittel schnell wiederzufinden. Das beginnt mit der Anzahl der Ebenen: Während kleinere Geräte – samt Einschüben – meist 3 bis 5 Ebenen bieten, punkten viele große Kühlschränke mit 8, 9 oder sogar 10 Ebenen.

Check: **Kühlschrank**

Bauform
- ☐ Unterbaufähiges Standgerät (Höhe max. 85 cm)
- ☐ Standgerät (Höhe ab 85 cm)
- ☐ Standgerät mit 2 Türen (Side-by-Side-Technologie)
- ☐ Tischgerät
- ☐ Unterbaugerät
- ☐ Kleines Einbaugerät (82 bis 87 cm hoch)
- ☐ Größeres Einbaugerät (ca. 122 cm hoch)
- ☐ Mini-Kühlschrank/Kühlbox

Verfügbarer Platz
- ☐ Höhe: .... cm
- ☐ Breite: .... cm
- ☐ Tiefe (geschlossene Tür): .... cm
- ☐ Tiefe (offene Tür): .... cm

Nutzinhalt
- ☐ 120 bis 140 Liter (1 bis 2 Personen)
- ☐ 60 Liter/Person (3 oder mehr Personen)

Gefrierfach
- ☐ Ohne Gefrierfach
- ☐ Mit Gefrierfach
- ☐ Kühl-Gefrier-Kombination

Türanschlag
- ☐ Rechts
- ☐ Links
- ☐ Wechselbar
- ☐ Doppeltür

Bedienung
- ☐ Mechanisches Stellrad
- ☐ LED-Elektronik
- ☐ Digitales Display

Sonderfunktionen
- ☐ No-Frost-Funktion
- ☐ Null-Grad-Zone
- ☐ Von außen ablesbare Temperaturanzeige
- ☐ Warnsignal bei geöffneter Tür

Je nach Größe des Kühlschranks variiert auch die Zahl der **Abstellflächen**. Diese bestehen zumeist aus bruchsicherem und kratzfestem Glas, sind verstell- und herausnehmbar. Mittel- und hochpreisige Geräte verfügen in aller Regel über Ablagen mit **Auszugsmechanik**.

Aufklappbare Segmente und teilbare Ablagen ermöglichen das Unterbringen von Flaschen. **Teleskopschienen** für Schubladen und Auszüge finden sich oft in höherwertigen Modellen. Bei Kühlschränken mit **flexibler Inneneinrichtung**, angeboten unter Bezeichnungen wie Variozone oder Customflex, lassen sich Ablagen und Boxen – entweder in der Innentür oder dem gesamten Innenraum – bequem herausnehmen und je nach Bedarf wieder einbauen. So lässt sich sogar eine mehrstöckige Torte oder eine große Salatschüssel unterbringen.

Im unteren Teil des Kühlraums befinden sich **Fächer für Obst und Gemüse**. Diese sind mit einer Platte aus Glas oder Kunststoff abgedeckt und zeilweise mit einer **Feuchteregulierung** ausgestattet: Über einen Schieberegler, der die Fächer öffnet oder verschließt, lässt sich deren Luftfeuchtigkeit verändern. Bei einigen Geräten ist die Ablagefläche mit einer geriffelten Unterseite versehen, um Wassertropfen und Luftfeuchtigkeit besser zu halten.

Die Temperatur lässt sich mittels eines Drehreglers, über Tipptasten oder eine Touch-Bedienung wählen. Die **Bedienblende** kann sich auf der Tür, oberhalb der Tür oder dahinter befinden. Teilweise ist die Temperatur durch ein Sichtfenster ablesbar – entweder per LED-Leuchten, über eine Digitalanzeige oder in seltenen Fällen auch analog.

Besitzt das Gerät eine **Schnellkühlfunktion**, lässt sich die Temperatur im Kühlraum innerhalb relativ kurzer Zeit auf bis zu 2 Grad Celsius absenken – das kostet zwar Energie, ist aber nach dem Verstauen von Einkäufen sinnvoll. Per Tastendruck lässt sich die Funktion wieder ausschalten. Bei manchen Geräten geschieht das nach sechs Stunden automatisch. Einige Kühlschränke sind mit einer **Holidayfunktion** ausgestattet, die die Temperatur im Innenraum

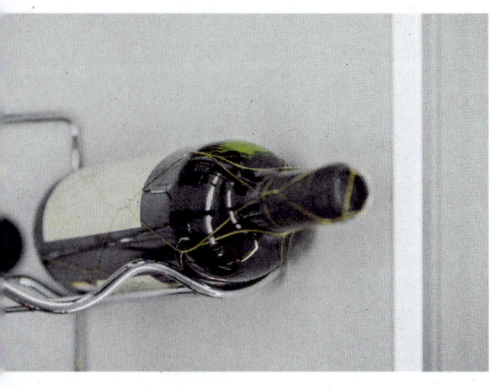

Verpackt oder nicht?

Grundsätzlich sollten Lebensmittel vor dem Einlagern in einem Kühl- oder Gefriergerät verpackt oder zumindest abgedeckt werden. Nur so lassen sie sich vor dem Austrocknen bewahren und übertragen keine Gerüche auf andere Lebensmittel. Außerdem verhindert man so eine stärkere Reifbildung am Verdampfer durch die von Lebensmitteln abgegebenen Feuchtigkeit.

Offene Lebensmittel verpacken Sie am besten in Kunststoffdosen. Für Obst und Gemüse im Gemüsefach eignen sich geöffnete Tüten – so speichern sie ihre Feuchtigkeit länger. Ausnahme: Im „feuchten" Kaltlagerfach mit bis zu 95 Prozent Luftfeuchtigkeit werden Obst und Gemüse unverpackt eingelagert.

Quelle: HEA

konstant bei ca. 12 Grad Celsius hält. Damit kann der Kühlschrank auch bei längerer Abwesenheit energiesparend weiterlaufen.

An der Innenseite der Tür befinden sich **Abstell- und Ablagefächer** mit und ohne Deckel. Sie sind vorgesehen für Flaschen, Butter, Käse, Eier und anderes kleines Kühlgut. Die Türfächer sind teilweise flexibel einschiebbar bzw. stufenlos verstellbar. Viele Kühlgeräte besitzen im Innenraum einen aus Chrom bestehenden Rost oder ein (Wellen-)Bord als **Flaschenablage**. Dieses besteht aus Chrom, Aluminium oder Kunststoff.

Moderne Geräte bieten neben der Kühlzone und einem Gefrierfach eine **Kaltlagerzone**. Dieses auch Null-Grad-Zone oder DrySafe genannte „Trockenfach" besteht aus einer oder zwei Schubladen, in denen eine Temperatur zwischen +3 und −2 Grad herrscht. Durch die niedrige Temperatur und die geringe Luftfeuchtigkeit bleibt die Qualität vieler Lebensmittel, etwa Käse, Wurst und Fleisch, deutlich länger erhalten.

Extra-Tipp: Achten Sie beim Kauf darauf, dass es sich um „echte" Kaltlagerfächer handelt. Teilweise werden auch Spezialfächer mit dieser Bezeichnung angepriesen, die so tiefe Temperaturen gar nicht erreichen.

Vereinzelte Geräte besitzen eine separate Kellerzone. Hier liegt die Temperatur ca. 3 bis 4 Grad Celsius über der sonstigen Kühltemperatur. Die Kellerzone befindet sich als separates Schubfach meist unter den Kühlbereichen.

Vielfach gibt es zusätzlich einen Bereich mit einer Luftfeuchtigkeit von bis zu 95 Prozent – ideal, um den Alterungsprozess sowie einen Volumenverlust bei Obst und Gemüse zu verlangsamen. Dieses **Feuchtefach** wird unter anderem als Bio-Frischefach, Hydrosafe oder Everfresh bezeichnet. Bei vielen hochwertigen Modellen lassen sich Temperatur und Luftfeuchtigkeit individuell justieren, andere Kühlschränke verfügen über eine automatische Feuchtigkeitskontrolle. Teilweise soll blaues Licht dafür sorgen, dass grünes Gemüse seine Fotosynthese fortsetzen kann und Nährstoffe und Geschmack länger erhalten bleiben.

Bei Küchenmöbeln längst nicht mehr wegzudenken, verfügen heute auch gute Kühlgeräte über eine **Türdämpfung**. Sie verhindert Flaschenklirren und das Verschütten offen in der Tür gelagerter Flüssigkeiten. Die **Beleuchtung** des Innenraums muss heute nicht mehr nur zweckmäßig sein, sondern darf gern auch hochwertig wirken. Das versuchen Hersteller durch den Einbau sparsamer LED-Technik an der Gerätedecke oder flächig an den Seitenwänden, im Frontgehäuse, in den Frischlagerfächern oder in Form von Lichtsäulen zu erreichen.

Die meisten Kühlschränke im mittleren und höheren Preissegment sind mit einer **Abtauautomatik** ausgestattet. Mit deren Hilfe wird das Gerät automatisch abgetaut, noch ehe sich eine größere Eisschicht bilden kann. Sobald ein bestimmter Grad der Vereisung erreicht ist, meldet dies ein Sensor und die Rückwand wird erwärmt. Das Schmelzwasser läuft dann über die Ablaufrinne und eine Öffnung in die Verdunstungswanne auf der Rückseite des Kühlschranks. Die Abtauautomatik ist nicht zu verwechseln mit einem No-Frost-Umluftkältesystem bei Gefriergeräten (siehe S. 128) und Kühl-Gefrier-Kombis.

Mit der wachsenden Popularität von Side-by-Side-Kühlschränken steigt auch die Nachfrage nach einem **Eiswürfelspender** oder **Eisbereiter** an der Gerätefront. Per Knopfdruck liefert dieser Eiswürfel, gestoßenes Eis oder gekühltes Trinkwasser. Wichtig: Diese Funktion benötigt fast immer einen separaten Wasseranschluss. Außerdem erhöht sie den Stromverbrauch des Kühlgeräts teils erheblich.

Ein Thema bei Standgeräten mit Edelstahlfront ist eine **Anti-Fingerprint-Beschichtung**. Diese sorgt dafür, dass Fingerabdrücke nicht oder kaum zu sehen sind. Da sie jedoch nicht immer das hält, was sie verspricht, lohnt es sich, vor dem Kauf zu testen, ob die eigenen Finger tatsächlich keine Abdrücke hinterlassen.

Manche Kühlschränke lassen sich über **Smart-Home-Funktionen** ins heimische Netzwerk integrieren und per App mit dem

Ausstattung: **Kühlschrank**

Bewährt und nützlich	**Luxuriös oder entbehrlich**
❯ Kaltlagerzone	❯ Anti-Fingerprint-Beschichtung
❯ 5 oder mehr Ebenen (inkl. Einschübe)	❯ Feuchtefach
❯ Flexibel positionierbare Ablagen und Fächer	❯ Wechselbare Farbfronten
❯ Teil- oder klappbare Ablagen	❯ Bedienung per Touch Control
❯ Schnellkühlfunktion (Super-Taste)	❯ Touch-Display
❯ Flaschenablage	❯ Flatscreen in der Tür
❯ Türalarm	❯ Steuerung per App
❯ Türdämpfung	❯ Wasserspender/Eiswürfelbereiter in der Tür

Mit dem heimischen Netzwerk verbundene Kameras im Innenraum eines Kühlschranks ermöglichen es, dessen Inhalt per App auf dem Smartphone oder Tablet zu überwachen.

Smartphone oder Tablet verbinden. So lassen sich die Lebensmittelvorräte im Inneren des Kühlschranks mit Hilfe von **Kameras** überwachen – und beim Einkaufen entsprechend Nachschub organisieren. Darüber hinaus können einige dieser „intelligenten" Kühlschränke per Push-Mitteilung Warnungen versenden, sobald ihre Tür nicht richtig geschlossen ist oder eine andere Störung vorliegt.

Smart-Home-Apps verschiedener Hersteller liefern außerdem umfangreiche Informationen über Lebensmittel, zum Beispiel Nährwerte und die optimale Lagertemperatur.

Je nach Hersteller bieten die Apps folgende weitere Funktionen:

❯ Bedienen beziehungsweise Überwachen verschiedener Funktionen von unterwegs

❯ Abrufen von Gebrauchsanleitungen in Wort, Bild oder als Video

❯ Ferndiagnose durch den Kundendienst bei Störungen

❯ Installieren von Software-Updates

❯ Auswahl von Rezepten, passend zum Kühlschrankinhalt

Wer sich ein ausgesprochenes Luxusmodell kauft, bekommt in vielen Fällen ein intuitiv bedienbares, in die Kühlschranktür integriertes **Touchscreen-Display**. Über dieses lassen sich beispielsweise Kühlfunktionen steuern, die Kühltemperatur einstellen und detaillierte Informationen zu Lebensmitteln abrufen. Auch der Eisbereiter lässt sich häufig per Display steuern. Vorteil: Die Gerätetür bleibt geschlossen. Integrierte **LCD-Flatscreens** oder eine eingebaute **Minibar** sind mittlerweile ebenfalls erhältlich.

Reinigung und Pflege

Bei jedem Öffnen der Tür gelangt warme Außenluft in den Innenraum des Kühlschranks. Die darin enthaltene Feuchtigkeit kondensiert am Verdampfer und bildet dort eine Reifschicht. Je dicker diese ist, umso schlechter kann die Wärme aus dem Innenraum auf das Kühlmittel übergehen. Damit der Kühlschrank gut kühlt und energieeffizient arbeitet, muss die Reifschicht regelmäßig abgetaut werden.

Moderne Kühlschränke verfügen über eine **Abtauautomatik** (siehe „Ausstattung", S.121). Fließt das Tauwasser nicht wie gewünscht ab, sondern sammelt sich am Boden den Innenraums, ist das ein Hinweis darauf, dass das Ablaufrohr nicht mehr durchlässig ist. Doch keine Panik: **Verstopfungen** lassen sich mit Hilfe einer kleinen Flaschen- oder Abflussreinigerbürste in aller Regel schnell beseitigen. Wichtig: Die Abtauautomatik beseitigt zwar Reifschicht und Tauwasser, nicht aber Schmutz und Speisereste.

Bei einem Stand- oder Tischgerät lassen sich Verschmutzungen von der Türaußenseite – je nach Standort auch Oberseite und Seitenflächen – problemlos abwischen. Aufwendiger kann die Sache bei Unter- und Einbaumodellen werden: Gerät Flüssigkeit in den Spalt zwischen Geräte- und Möbeltür, muss zunächst deren Verbindung gelöst werden. Erst dann lassen sich die Außenseite der Gerätetür und die Innenseite der Möbeltür reinigen.

Auch das **Reinigen** des Innenraums samt Schubladen oder Abstellflächen sollte regelmäßig auf dem Programm stehen. Unterbrechen Sie zum Reinigen die Stromzufuhr, indem Sie den Stecker ziehen oder den Sicherungsschalter umlegen. Wischen Sie den leeren Innenraum zunächst mit lauwarmem Wasser aus, in das Sie einen Spritzer Essigreiniger gegeben haben. Reiben Sie dann sofort alle Flächen mit einem trockenen Tuch nach, damit sich am noch kalten Verdampfer keine Reifschicht bildet. Lassen Sie das Gerät nach erfolgter Reinigung einige Minuten mit geöffneter Tür stehen, damit etwaige Wasserreste verdunsten können, und nehmen Sie es dann wieder in Betrieb.

Laut unseren Tests kann das bei manchen Modellen kompliziert werden, wenn etwa im Inneren des Kühlschranks ein Becher Sahne umgekippt, Milch ausgelaufen oder Auftauwasser vom Sonntagsbraten übergeschwappt ist. Vor allem bei Modellen mit Kaltlagerfach können derartige Flüssigkeiten in die Ritzen neben Ablagen und in Schienen von Schiebefächern laufen, teilweise sogar hinter die Abdeckung der Beleuchtung. Dann wird das schnelle Putzen zur aufwendigen Aktion. Im schlechtesten Fall laufen Sahne oder Saft an der Rückwand herunter in die Ablaufrinne und verstopfen diese. Dann hilft oft nur der Ausbau des ganzen Kühlschranks. Selbst dann ist der Boden der Auffangschale mit Lappen oder Schwamm meist nur schwer erreichbar. Gut, wenn sie sich zum Reinigen abschrauben lässt.

Unser Rat

Feuerfeste Rückwand schützt bei Bränden

Der Brand des Londoner Grenfell Towers im Juli 2017 lenkte die Aufmerksamkeit auf die Sicherheit von Haushaltsgeräten. Laut Metropolitan Police hatte eine defekte Kühl-Gefrier-Kombination das verheerende Feuer ausgelöst.

Nach test-Recherchen sind defekte Kühl- und Gefriergeräte nur selten Ursache von Bränden: Etwa einer von drei Wohnungsbränden wird durch Elektrizität ausgelöst, nur ein Teil davon durch defekte Haushaltsgeräte und wiederum nur ein Teil durch defekte Kühl- oder Gefriergeräte.

In Großbritannien betrifft dies nur 8 Prozent der Wohnungsbrände, wie die britische Verbraucherschutz- und Testorganisation Which im April 2018 mitteilte. Für Deutschland sind vergleichbare Statistiken nicht bekannt.

Das Risiko, dass Kühl- und Gefriergeräte einen Wohnungsbrand auslösen, ist also wohl eher gering – nicht aber die Gefahr, dass sie aufgrund ihrer brennbaren Isolierung bestehende Feuer verstärken. Verhindern kann dies vor allem eine metallbeschichtete Rückwand. Laut einer EU-Vorschrift soll diese ab Frühjahr 2020 mit einer Übergangsfrist für Neugeräte Pflicht werden. Einige Anbieter rüsten Geräte jedoch bereits freiwillig damit aus.

Auch die **Türdichtung** sollte von Spritzern und Krümeln befreit werden. Dazu eignet sich warmes, klares Wasser am besten. Verwenden Sie keine alkoholhaltigen oder sauren Reiniger – diese greifen den Kunststoff an. Prüfen Sie bei dieser Gelegenheit auch, ob die Tür noch dicht schließt. Legen Sie dazu eine angeschaltete Taschenlampe in den Innenraum und dunkeln Sie die Küche ab. So erkennen Sie, ob Lichtschein aus dem Inneren des Kühlgeräts dringt. Ist das der Fall, sollten Sie die Dichtung zeitnah wechseln, sonst steigt die Stromrechnung rapide an. Eine herkömmliche Magnetdichtung können auch weniger versierte Heimwerker problemlos selbst tauschen.

Energieeffizienz

Der Kühlschrank allein verbraucht in einem Durchschnittshaushalt etwa 15 Prozent der insgesamt verbrauchten Elektroenergie! In der Praxis sind die Unterschiede zwischen einzelnen Modellen nach wie vor groß. Auskunft über den Verbrauch von Neugeräten gibt das EU-Energielabel. Seit 2012 dürfen nur noch Geräte der Effizienzklassen A+++, A++ und A+ in den Handel gelangen. Zur Orientierung: Ein A+++-Gerät verbraucht rund 50 Prozent weniger Energie als ein A++-Kühlschrank. Ein 15 Jahre alter Kühlschrank benötigt im Schnitt pro Jahr rund 600 Kilowattstunden, ein neues A+++-Gerät nur 170 Kilowattstunden. Übrigens: Der Energieverbrauch eines alten Kühlschranks lässt sich mit einem Strommessgerät prüfen.

Beim Stromsparen hilft nicht nur der Verzicht auf ein Gefrierfach. Auch die richtige Temperatureinstellung ist entscheidend. Die meisten Kühlschränke haben ein Drehrad mit Zahlen darauf. Stellen Sie dieses nicht wahllos auf die höchste Stufe. Jedes Grad weniger im Innenraum erhöht die Kosten um 6 Prozent. Optimal sind 4 Grad Celsius über dem Gemüsefach und 7 Grad im oberen Fach. Faustregel: Im Sommer sind die Stufen 3 bis 5 optimal, im Winter reichen 1 bis 3.

Unser Rat

Besser im Schatten kühlen

Insbesondere sehr hochwertige Kühlgeräte sind zwar gut isoliert. Dennoch hat der Standort bei den meisten Modellen erheblichen Einfluss auf die benötigte Energie. Unsere Messungen in der Klimakammer haben ergeben: Die Kälteisolierung von Kühlgeräten hat sich im Vergleich zu früher zwar verbessert. Dennoch dringt bei einer Außentemperatur von 32 Grad Celsius relativ viel warme Luft in den Innenraum ein – selbst bei Kühlschränken mit A+++- oder A++-Label. Der Kühlschrank verbraucht dann bis zu 50 Prozent mehr Energie. Stellen Sie ihn also nicht neben dem Backofen, dem Geschirrspüler oder einem Heizkörper auf und schützen Sie ihn vor praller Sonneneinstrahlung.

Gefriergeräte

Wer die Gartenernte oder größere Mengen Fleisch einfrieren will, kommt mit einem Gefrierfach nicht weit. Gefragt sind dann ein Gefrierschrank oder eine Gefriertruhe. Fragt sich nur, wo das Gerät stehen soll? Keine Panik: Wer seine Küche eiskalt plant, findet immer eine Lösung.

Lebensmittel nicht nur kühlen, sondern auch einfrieren zu können – das ist in den meisten Haushalten nach wie vor selbstverständlich. Was dagegen variiert, ist das benötigte Lagervolumen. Bieten ein Kühlschrank mit Gefrierfach und eine Kühl-Gefrier-Kombination zu wenig Platz, bietet sich als deutlich voluminösere Alternative ein separates Gefriergerät an. Dieses hat ein weiteres schlagendes Argument auf seiner Seite: Geht der Kühlschrank kaputt, muss nicht automatisch auch das Gefrierteil ausgetauscht werden.

Gefriergeräte gibt es als Truhe und als Schrank zu kaufen. Eine **Gefriertruhe**, also ein eher in die Breite gehendes Gerät, ist in der Regel energiesparender, benötigt jedoch mehr Stellfläche. Das ist kein Problem für alle, die in einem Einfamilienhaus wohnen und viel Platz im Keller oder Hauswirtschaftsraum haben.

In Küchen sind Gefriertruhen schon aus optischen Gründen kaum zu sehen, doch insbesondere passionierte Angler, Jäger und Menschen mit großem Nutzgarten wissen das üppige Platzangebot einer Gefriertruhe zu schätzen. Dasselbe gilt für Menschen, die größere Mengen Essen vorkochen und anschließend einfrieren wollen. Wer sich dagegen räumlich beschränken muss oder wenig einzufrieren hat, greift eher zu einem **Gefrierschrank**.

Eine wichtige Größe ist das **Gefriervermögen** eines Geräts. Es gibt die Lebensmittelmenge in Kilogramm an, die das Gerät in 24 Stunden von +25 Grad Celsius auf −18 Grad Celsius herunterkühlen kann. Das Gefriervermögen sollte mindestens 4,5 Kilogramm

Einfrieren, Lagerdauer, Auftauzeiten und Zubereitungshinweise für Lebensmittel

Lebensmittel	Verarbeitungs-hinweise	Lager-dauer in Monaten	Auftauzeit Kühlschrank bei +1 °C bis +5 °C	Auftauzeit bei Raumtem-peratur +20 °C	Zubereitungs-hinweise
Schweinefleisch	Stücke bis 3 kg	4 bis 7	12 bis 14 h	6 bis 8 h	Antauen zum Würzen
Schweine-kotelett	Folie zwischen-legen	2 bis 4	1 bis 2 h	1 bis 2 h	Antauen, evtl. auftauen
Rind-/Kalb-fleisch	Stücke bis 3 kg	10 bis 12	12 bis 14 h	6 bis 8 h	Antauen zum Würzen
Rindfleisch (Rouladen)	Folie zwischen-legen	9 bis 12	4 bis 6 h	1 bis 2 h	Antauen zum Rollen
Geflügel	Bis 4 kg	2 bis 10	12 bis 18 h	Vermeiden	Ohne Verpackung, abgedeckt
Forelle	Ausnehmen, trocken tupfen	2 bis 4			Unaufgetaut
Gemüse	Blanchieren	6 bis 12			Unaufgetaut
Obst	Einzeln vorfrie-ren	8 bis 12	8 bis 10 h	5 bis 8 h	Unaufgetaut
Sahne	Evtl. geschlagen	2 bis 3	5 bis 6 h	2 bis 3 h	Angetaut schlagen
Brot, Brötchen	Im Ganzen oder portionsweise	1 bis 3		2 bis 3 h	Aufbacken im Toaster oder Backofen
Kleingebäck	Ohne Glasur	2 bis 3		1 bis 2 h	Aufbacken, evtl. glasieren
Kuchen	Im Ganzen oder portionsweise	4 bis 5		4 bis 6 h	Aufbacken bei Backtemperatur
Fertiggerichte	Portioniert	1 bis 3			Unaufgetaut, evtl. antauen

pro 100 Liter Nutzinhalt betragen. In unseren Tests stellen wir immer wieder fest: Die Unterschiede in Sachen Gefriervermögen sind enorm. Zur Orientierung: Ein guter großer Gefrierschrank aus unserem Test frostete 10,5 Kilogramm in knapp 20 Stunden. Vor allem Gemüsegärtner, Angler und Jäger benötigen ein solches Gerät, das in der Lage ist, größere Mengen frischer Lebensmittel schnell durchzufrieren. Für sie sind Geräte mit guter **Schnellgefrierfunktion** optimal. Wer dagegen vor allem Tiefkühlkost aus dem Supermarkt lagert, kann auf diese „Turbo-Taste" verzichten.

Besonders komfortabel ist die **No-Frost-Technik**. Sie erspart das regelmäßige Abtauen von Hand, ist jedoch teurer in der Anschaffung und kostet zusätzlich Strom. Ohne diese Funktion müssen Gefrierschrank oder Gefriertruhe regelmäßig manuell abgetaut werden. Die Eisschicht beeinträchtigt die Effizienz und erhöht die Stromkosten – je dicker sie ist, umso stärker.

Bemerkenswert: In unserem Test von 2017 schafften nur 7 von 30 Geräten das Qualitätsurteil Gut. Größtes Manko neben mangelnder Gefrierleistung und schwacher **Temperaturstabilität** war bei vielen die Handhabung, also eine schlechte Bedienungsanleitung oder Probleme beim Einräumen, Programmieren und Reinigen. Auch wenn bei offener Tür kein warnender Signalton ertönte, gab es Abzüge – immerhin kann dann das Gefriergut auftauen und schlimmstenfalls verderben.

Aufbau und Wirkungsweise

Gefriergeräte werden laut DIN mit 4 Sternen gekennzeichnet. Ihre Leistungsfähigkeit ist so ausgelegt, dass sie Temperaturen von –18 Grad Celsius oder niedriger erreichen können.

Wie bei den Kühlgeräten existieren zwei Möglichkeiten der Kälteerzeugung: das Kompressionssystem und das Absorptionssystem (siehe „Kühlschränke", S. 113). Die Stärke der **Wärmedämmung** kann bei energiesparenden Gefrierschränken bis zu 90 Millimeter und bei Gefriertruhen bis zu 110 Millimeter betragen. Dadurch wird verhindert, dass Raumwärme in den Innenraum eines Gefriergeräts gelangt.

Gefrierschränke verfügen über mehrere waagerecht angeordnete Verdampferplatten, die den Gefrierraum in Fächer untergliedern. Alternativ dazu kann ein Verdampfer zum Einsatz kommen, dessen Innenbehälter mit einem Alu-Verdampferrohr umwickelt

ⓘ Aktuelle Tests im Internet

Gefriertruhe oder Gefrierschrank? Mit Abtauautomatik oder ohne? Auf test.de/gefriergeraete finden Sie Informationen zu 40 derzeit lieferbaren Gefriergeräten, darunter Modelle von Liebherr, Bosch, Miele und Samsung. Neu in der Datenbank: 15 große und kleine Gefrierschränke. Mit wenigen Klicks finden Sie das passende Modell – und können sparen: Unsere Tests zeigen, dass teure Geräte ihren Preis langfristig oft über niedrigere Stromkosten wettmachen.

Wissen in Zahlen

Im Jahr 2016 verfügten 50,3 Prozent der deutschen Haushalte über ein eigenes Gefriergerät. Damit ist die Ausstattung im Vergleich zu 2005 deutlich gesunken: Damals hat der Anteil noch bei 72,5 Prozent gelegen. Folgerichtig war auch der Absatz in Deutschland mit rund 850 000 Stück deutlich geringer als etwa bei Kühlgeräten.

Ob in einem Haushalt ein Gefriergerät steht, hängt zudem maßgeblich von der Anzahl der Bewohner ab: Während 2016 nur 33,3 Prozent der Single-Haushalte damit ausgestattet waren, lag der Anteil in Haushalten mit fünf und mehr Personen bei 81,8 Prozent.

Quellen: Statistisches Bundesamt, ZVEI

Unser Rat

Kühler Standort
spart Energie

Ob ein Gefriergerät an einem warmen oder kühlen Ort steht, beeinflusst seinen Stromverbrauch. Unsere Tests ergaben: Mit jedem Grad weniger Außentemperatur sinkt der Verbrauch um 2 bis 4 Prozent. Steht der Gefrierschrank statt in der Küche im 10 Grad kühleren Keller, lässt sich bis ein Drittel der Energiekosten sparen. Hinzu kommt: Hohe Schränke und breite Truhen verbrauchen bis zu 60 Prozent mehr Energie als Kompaktgeräte. Umgerechnet auf den Liter Innenvolumen arbeiten sie dennoch deutlich effizienter. So kostet der Gebrauch besonders sparsamer großer Truhen in 15 Jahren nur rund 600 Euro – da kann manches Kompaktgerät nicht mithalten. Wichtig: Halb leere Geräte verschwenden Strom. Wenn schon eine Nummer größer, dann möglichst sparsam.

ist. Herausnehmbare Glasplatten unterteilen den Gefrierraum und dienen als Führung und Abdeckung der Gefrierschubladen. Entnimmt man einen oder mehrere dieser Zwischenböden, entsteht ein variabel nutzbarer Innenraum. Ist dieser „leer", geht das Abtauen besonders schnell und einfach.

Bei **Gefriertruhen** ist der Verdampfer in Seitenwände und die Bodenfläche des Innenbehälters eingeschäumt. Der Verflüssiger ist ringsum in die Außenhaut eingeschäumt, über die die Wärme abgegeben wird. Das verhindert die Bildung von Kondenswasser und damit Korrosion, weshalb Gefriertruhen gut für Räume mit relativ hoher Luftfeuchtigkeit geeignet sind.

Gefriertruhen machen sich das physikalische Gesetz zunutze, dass kalte Luft nach unten sinkt. Selbst beim Öffnen des Deckels entweicht kaum kalte Luft. Gemeinsam mit der guten Isolierung resultiert das in einer vergleichsweise hohen Energieeffizienz.

Bei Geräten mit **No-Frost-Umluftkältesystem** befindet sich oberhalb oder hinter dem Gefrierraum ein Kompaktverdampfer mit Heizung. Ein Ventilator führt die Luft des Innenraums zum Verdampfer, wo sich die Luftfeuchtigkeit als Reif niederschlägt. Die trockene, kalte und entfeuchtete Luft wird in den Innenraum zurückgeleitet. In den Betriebspausen des Verdichters wird der Verdampfer von einer Intervallheizung abgetaut – entweder in einem bestimmten Zeitrhythmus oder abhängig davon, wie lange der Kompressor läuft beziehungsweise die Tür geöffnet wird. Das Tauwasser fließt in eine Schale über dem warmen Verdichter an der Rückwand, wo es verdunstet.

Bauformen und Abmessungen

Kompakte Standgeräte gibt es meist in einer Breite von 55 bis 60 Zentimetern. Sie sind oft preisgünstiger als vergleichbare Einbaugeräte, kosten zwischen ca. 250 und deutlich über 1000 Euro. Je nach Modell bieten sie Platz für ca. 50 bis 75 Liter Gefriergut. Leider hapert es oft mit der Gefrierleistung und dem Alarmton bei offener Tür: In unserem Test schaffte kein Modell ein Sehr gut oder Gut.

Demgegenüber ermöglichen **große Gefrierschränke** dank vieler transparenter Schubladen eine optimale Ordnung. Einige Modelle sind so hoch, dass insbesondere kleinere Nutzer einen Hocker brauchen, um ins oberste Fach zu sehen. Je nach Größe und

Hersteller kosten sie zwischen ca. 500 und 1200 Euro und bieten bis zu ca. 345 Liter Nutzinhalt.

Bei den **Gefriertruhen** fielen im Test deren hohe Effizienz und die im Vergleich geringen Energiekosten auf. Sie sind zwischen 84 und 94 cm hoch, dafür aber zwischen 55 und 155 cm breit und lassen sich je nach Modell mit 60 bis 400 Liter Gefriergut bestücken. Weiterer Vorteil: In eine Truhe passt auch sperriges Gefriergut hinein, etwa ein großer Fisch oder eine ganze Lammkeule.

Extra-Tipp: Vergleichen Sie beim Kauf besser den Wert für den Nutzinhalt. Nur der gibt das tatsächlich zur Verfügung stehende Fassungsvermögen eines Gefriergeräts ohne Einbauten wie Verdampfer, Körbe und Schubladen an. Dem gegenüber umfasst der Bruttoinhalt das Volumen des gesamten gekühlten Innenraums. Faustregel für den **Nutzinhalt**: Lagern Sie eher wenig Gefrorenes ein, reichen pro Person 50 bis 80 Liter, bei ausgeprägter Vorratshaltung sollten es dagegen 100 bis 130 Liter pro Person sein.

Wer alle Küchengeräte mit einer einheitlichen Möbelfront ausgestattet haben will, braucht einen schlanken **Einbauschrank**, dessen Korpus in eine standardmäßig vorhandene 60-Zentimeter-Nische passt. Wie bei Kühlgeräten und Kühl-Gefrierkombinationen ist für einen Einbau ein integriertes **Be- und Entlüftungssystem** erforderlich. In Sachen Gebrauchsvolumen reicht die Palette von etwa 45 bis 75 Liter. Mit einem Dekorrahmen mit Dekorplatte oder einer Möbeltür (integrierbare Modelle) lassen sich Einbaugeräte an die Küchenfront anpassen. Die Möbeltür wird durch ein Festtür- oder Schleppscharnier mit der Gerätetür verbunden (siehe „Kühlschränke", S. 116). Festtürscharniere können zusätzlich eine Dämpfung zum sanften Schließen der Tür enthalten. Zum Einbau integrierbarer Geräte ist ein Umbauschrank erforderlich. Gefriertruhen sind aus nachvollziehbaren Gründen nicht für einen Einbau verfügbar.

Ausstattung

Aufgrund verschiedener **Einrichtungselemente** wie Fächer und Auszüge ist es deutlich leichter, in einem Gefrierschrank Ordnung zu halten. In einer Gefriertruhe fehlen diese Elemente üblicherweise, sodass planmäßiges Einräumen (Stapeln) das A und O ist.

Die Innenausstattung eines Gefrierschranks besteht aus überwiegend transparenten **Gefrierschubladen**, **Gefrierkörben** so-

Infoquelle Typenschild

Wie alle Elektrogeräte müssen auch Gefriergeräte ein Typenschild tragen. Bei Gefrierschränken ist es meist im Innenraum unten links angebracht, bei Gefriertruhen an der Deckelinnenseite rechts hinten zu finden. Auf dem Typenschild müssen folgende Angaben stehen:

❯ Art des Geräts
❯ Markenname
❯ Modellbezeichnung
❯ Fabrikationsnummer

Die beiden letzten Angaben sind wichtig für die Beschaffung von Ersatzteilen. Außerdem sind anzugeben:

❯ Bruttoinhalt
❯ Nutzinhalt
❯ Klimaklasse (siehe Kühl-Gefrier-Kombis, S. 138)
❯ Art und Menge des Kältemittels
❯ Daten für den richtigen Stromanschluss
❯ Gefriervermögen

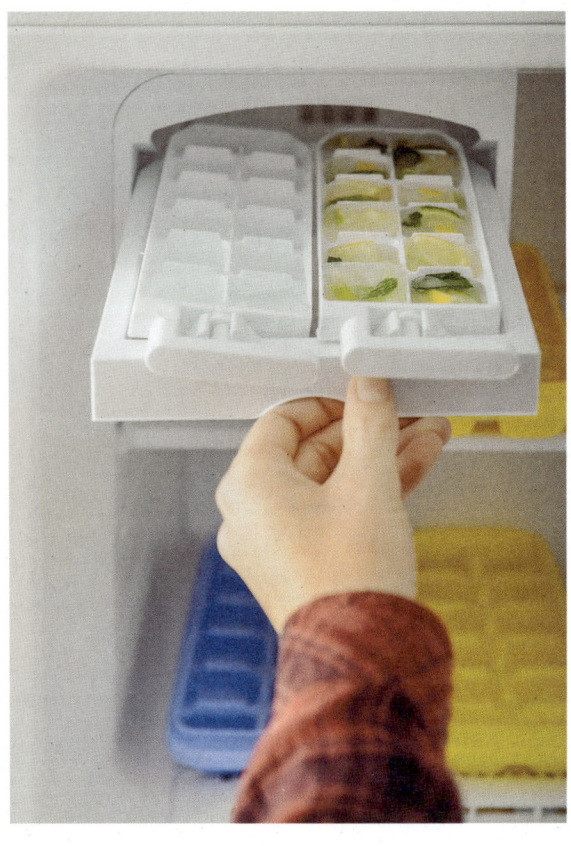

wie gegebenenfalls **Gefrierfächern** mit Klappe. Die Schubladen sind zum Teil auf **Teleskopschienen** gelagert und werden in unterschiedlichen Höhen angeboten – vom **Gefriertablett** über eine **Beerenschublade** bis zur **Big Box** zur Lagerung von sperrigem Gefriergut. Viele Modelle verfügen über **kleinere Fächer** in der Innentür. Weiteres Zubehör sind Eiswürfelbehälter und Kälteakkus als Reserve bei einem möglichen Stromausfall.

Eine einfache Möglichkeit, Eiswürfel herzustellen und aufzubewahren, bieten Geräte mit **Ice-Twister-Funktion**: Zwei feste Eiswürfelbehälter lassen sich durch einen Dreh in darunter befindliche Auffangschalen entleeren. Einige Geräte haben unter der Bedienblende beziehungsweise der Kopfleiste eine **Innenbeleuchtung** eingebaut, die das Gefriergut beim Herausziehen der Schubladen anstrahlt.

Gefriertruhen sind mit **Einhänge- oder Einstellkörben** ausgestattet. Bei größeren Modellen gliedert eine teilweise herausnehmbare Trennwand den Innenraum. Diese lässt sich als Auffangschale beim Abtauen und/oder als Gefriertablett nutzen. Relativ neu ist eine Unterteilung aus drei variabel ineinander steckbaren Kunststoffplatten, die eine individuelle Unterteilung des Gefrierraums ermöglichen.

Die meisten Geräte verfügen über einen **arretierenden Gerätedeckel**. Teilweise ist auf dessen Innenseite die Beleuchtung angebracht und im Griff die **Temperaturelektronik** integriert. Außerdem sind viele Geräte abschließbar.

Reif entsteht in Gefriertruhen in erster Linie durch Feuchtigkeit, die beim Einlagern frischer Ware und aus der Raumluft beim Öffnen des Deckels ins Innere gelangt. Außerdem entsteht während der Kompressorlaufzeit ein Unterdruck im Geräteinnenraum – dadurch strömt über die Deckeldichtung feuchtwarme Luft ein. Im Gegenzug kommt es in Pausen im Geräteinneren zu einem Überdruck – dann entweicht trockene, kalte Luft nach außen. Dieser Wechsel wiederholt sich ständig.

Die meisten Gefriertruhen sind mit **Antireifsystemen** ausgestattet – Low-Frost oder StopFrost genannt. Hier läuft der Luftaustausch über einen speziellen Behälter an der Geräterückwand (Low-Frost) oder eine Trockenpatrone im Gerätedeckel (StopFrost).

Diese Systeme sorgen dafür, dass ausschließlich trockene Luft in den Innenraum gelangt. Das reduziert die Bildung von Reif und Eis um ca. 80 Prozent.

Die meisten Gefriergeräte besitzen eine **Temperaturanzeige**. Diese befindet sich zusammen mit dem Temperaturregler und den Kontrollanzeigen an der Innen- oder Außenseite des Geräts. Zusätzlich zur optischen Anzeige kann ein **akustisches Warnsignal** die erhöhte Temperatur melden. Akustische Signale wie auch der **Türalarm** sind meist über Tastendruck abwählbar. Außerdem zeigen Geräte mit elektronischer Anzeige zum Teil auch Fehlercodes bzw. einen vorübergehenden Stromausfall an.

Viele Modelle verfügen über eine **Schnellgefrier- oder Superfrost-Funktion**, die große Mengen frischer Lebensmittel möglichst zügig auf die zum dauerhaften Lagern benötigten Minusgrade bringen soll. Diese Funktion überbrückt den Temperaturregler,

Check: **Gefriergeräte**

Geräteform

☐ Gefriertruhe

☐ Gefrierschrank

Bauform

☐ Kompaktes Standgerät (bis 85 cm hoch, eventuell unterbaufähig)

☐ Großes Standgerät (über 85 cm hoch)

☐ Gefriertruhe

☐ Ein-/Unterbau-Gefrierschrank

Verfügbarer Platz

☐ Höhe: .... cm

☐ Breite: .... cm

☐ Tiefe: .... cm

☐ Freier Platz vor der Tür: .... cm

Türanschlag

☐ Rechts

☐ Links

☐ Wechselbar

Nutzinhalt

☐ Personenzahl im Haushalt: ....

☐ Benötigter Nutzinhalt pro Person: .... Liter

☐ Personenzahl x Nutzinhalt/Person = ... Nutzinhalt/Gesamt

☐ **Gefriervermögen**: .... kg in 24 Stunden (Typenschild)

Bedienung

☐ Mechanische Regelung per Stellrad ohne Temperaturanzeige

☐ Digitales Display mit elektronischer Kälteregelung, Temperaturanzeige und weiteren Funktionen (zum Beispiel Anzeige von Uhrzeit und Fehlermeldungen), Bedienung per Drucktasten oder Touch-Control

sodass der Verdichter im Dauerbetrieb arbeitet. Unseren Tests zufolge lässt sich die Gefrierleistung damit meist deutlich steigern. Erfreulich: Niemand muss sich sorgen, dass die Superfrost-Funktion dem Stromverbrauch unnötig in die Höhe treibt. Selbst wenn man sie vergisst, kehrt das Gerät nach spätestens 72 Stunden von selbst in den Normalbetrieb zurück. Das verlangt seit 2013 eine EU-Vorschrift.

Viele Gefrierschränke besitzen zudem eine **Abtauautomatik**, die stundenlanges Abtauen per Hand überflüssig macht. Dabei wird der Reifansatz am Verdampfer in bestimmten Intervallen durch eine Heizung automatisch abgetaut. Da der Verdampfer außerhalb des Lagerraums liegt, ist das automatische Abtauen möglich, ohne dass die Temperatur im Innenraum steigt. Geräte, die von Hand abgetaut werden müssen, verfügen vielfach über einen **Tauwasserablauf**.

Einige Hersteller bieten netzwerkfähige Gefrierschränke an, die sich mit dem Internet, einem Smart Meter oder einer Steuereinheit verbinden lassen. Die Nutzung erfolgt meist über eine App auf dem Smartphone oder Tablet.

Wartung und Pflege

Viele Gefrierschränke tauen automatisch ab. Fehlt eine No-Frost-Funktion, sollten Nutzer regelmäßig selbst Hand anlegen. Bei Gefriertruhen ist das der Regelfall. Zum Abtauen per Hand ist es

Ausstattung: **Gefriergeräte**

Bewährt und nützlich

❯ Transparente Schubladen/Körbe
❯ Großraumschublade(n)
❯ Energiesparmodus
❯ Schnellgefrierfunktion
❯ No-Frost-/StopFrost-Funktion
❯ Türalarm
❯ Alarm bei zu hoher Temperatur
❯ Kindersicherung
❯ Elektronische Bedienblende

Luxuriös oder verzichtbar

❯ Teleskopschienen oder Rollen
❯ Türdämpfung (Gefriertruhen)
❯ Gefriertablett
❯ Ice-Twister-Funktion
❯ Herausnehmbare Zwischenböden
❯ Helle Innenbeleuchtung
❯ Steuerung per App
❯ Integrierte Kühlakkus als Kältereserve

erforderlich, die eingelagerten Lebensmittel herauszunehmen und vorübergehend bei Umgebungstemperatur zu lagern. Um ihnen eine Kältereserve mitzugeben, empfiehlt es sich, den Gefrierschrank ein paar Stunden vorher auf die höchste Stufe zu schalten. Zudem sollte das Abtauen von Hand an einem eher kühlen Tag stattfinden – bei höchstens 14 Grad Celsius.

Extra-Tipp: Packen Sie das Gefriergut eng zusammen und lagern Sie es zugedeckt an einem möglichst kühlen Ort. Das Abtauen geht schneller, wenn Sie für etwa zehn Minuten eine Schüssel mit heißem Wasser ins Gerät stellen und die Tür schließen. Viele Gefriergeräte besitzen einen Ablauf im Sockel, über den das Tauwasser abfließt. Wichtig: Auffanggerät davorstellen! Zum Teil lässt sich dafür auch die untere Geräteschublade nutzen.

Eine Abtauvorrichtung bedeutet nicht, dass sich ein Gerät auch selbst reinigt. Also heißt es, in regelmäßigen Abständen die Innenwände sowie Schubladen und Abstellflächen mit lauwarmem, klarem Wasser gründlich abzuwischen und zu trocknen sowie die Türdichtungen zu säubern und auf Dichtigkeit zu überprüfen. Auch Belüftungseinrichtungen und Verflüssiger sollten entstaubt werden. Während der Arbeiten ist es besser, den Netzstecker zu ziehen oder die Sicherung herauszunehmen. Letzteres gilt auch, wenn Gefrierschrank oder -truhe für längere Zeit abgeschaltet bleiben sollen. Nach dem Reinigen am besten die Tür kurz offen lassen, um Geruchs- und Schimmelbildung zu vermeiden.

Sicherheit

Einige Gefriergeräte sind mit einer Temperaturanzeige beziehungsweise einem Warnsystem ausgestattet. Steigt die Temperatur um ca. 3 bis 5 Grad Celsius über den eingestellten Wert, wird dies angezeigt durch:
> eine rote Warnleuchte,
> ein akustisches Warnsignal oder
> eine blinkende digitale Anzeige.

Eine starke **Dämmung** sorgt nicht nur für geringeren Stromverbrauch, sondern schützt auch das Gefriergut, wenn das Gerät kaputtgeht oder der Strom ausfällt. In den Geräteinformationen des Herstellers ist die Anzahl der Stunden angegeben, in denen sich die Lebensmittel bei voll beladenem Gerät von minus 18 auf

Vorräte verwalten per App
Apps für Smartphone und Tablet versprechen einen besseren Überblick über die eigenen Vorräte. Beispiel: die Food-Manager-App von Caso. Obwohl sich damit auch Vorräte in Kühlschrank und Speisekammer verwalten lassen, besteht ihr Hauptnutzen darin, dem Anwender einen Überblick über eingefrorene Vorräte zu verschaffen. Beim Einfrieren kleben Sie auf jeden Gefrierbeutel einen Aufkleber mit einem QR-Code. Diesen scannen Sie mit der App ein und erfassen den Inhalt des Beutels in einer Lebensmittelliste. Die App errechnet für frische Lebensmittel ein Mindesthaltbarkeitsdatum – jeweils abhängig von Art und Ort des Lagerns. Die App lässt sich so einstellen, dass sie Nutzer daran erinnert, welche Waren zeitnah aufgebraucht werden sollten.

Sieben eiskalte Einfriertricks

❭ Ob Pastasauce, Thai-Curry oder Hefeteig: Kochen oder kneten Sie von vornherein mehr und frieren Sie Reste portionsweise ein.

❭ Eigene Ernte oder Saisonware – von Spargel und Erdbeeren bis Wild und Muscheln – lässt sich durch Einfrieren ganzjährig verfügbar halten.

❭ Gemüsesorten wie Erbsen, Möhren, Bohnen und Spargel bleiben knackig, wenn Sie sie vor dem Einfrieren für 1 bis 3 Minuten in siedendes Wasser geben, dann in ein Sieb schütten und eiskalt abschrecken.

❭ Auch Nüsse, Kaffeebohnen, Butter und Rührkuchen lassen sich in den Kälteschlaf schicken.

❭ Gehackte Kräuter füllen Sie in Eiswürfelbehälter, gießen diese mit Wasser auf und frieren sie ein. Die Würfel können Sie gefroren in den Kochtopf oder aufgetaut in den Salat geben.

❭ Verpacken Sie Fleisch möglichst ohne Luft, sonst droht Gefrierbrand! Lassen Sie es beim Kauf vakuumieren oder nutzen Sie einen Gefrierbeutel, streichen die Luft aus und verschließen ihn gut.

❭ Mixen Sie Säfte und Smoothies auf Vorrat. Füllen Sie sie in Gefrierbehälter oder Flaschen aus elastischem Kunststoff – aber nicht bis ganz oben: Flüssigkeiten dehnen sich beim Einfrieren aus.

minus 9 Grad Celsius erwärmen. Ist das Gefriergerät nur teilweise beladen, verkürzt sich diese Zeit entsprechend. Wichtig: Bei minus 9 Grad Celsius können Lebensmittel noch nicht verderben. Zum Vergleich: Ein-Stern-Fächer in Kühlschränken liefern lediglich minus 6 Grad. Dennoch lassen sich die meisten gefrorenen und tiefgefrorenen Lebensmittel bis zu drei Tage darin aufbewahren.

Eventuell vorhandene **Kälteakkus** erhöhen bei Stromausfall die Lagerdauer. Dies ist bei der Angabe der maximalen Lagerdauer jedoch bereits berücksichtigt.

Tipp: Ist die Kühlung außer Betrieb, sollten Sie das Gefriergerät möglichst nicht öffnen, bis es wieder minus 18 Grad erreicht hat. Zudem empfiehlt es sich, die Außentemperatur möglichst niedrig zu halten.

Wenn möglich, sollten Sie das Gefriergerät über einen eigenen Stromkreis betreiben. Dann kann es nicht außer Betrieb gesetzt werden, wenn wegen des Defekts eines anderen Geräts die Stromzufuhr unterbrochen oder die Sicherung dieses Stromkreises automatisch ausgelöst wird.

Energieeffizienz

Gefriergeräte kann man nicht einfach beliebig abschalten, um Strom zu sparen. Sie zählen wegen des Dauerbetriebs zu den größten Energieverbrauchern im Haushalt. Umso wichtiger ist es, ein volumenmäßig optimales und möglichst energieeffizientes Gerät zu betreiben.

Für Gefriergeräte gilt dasselbe Energielabel wie für Kühlschränke. Seit 2012 kommen nur noch Gefriergeräte der Energieeffizienzklassen A+++, A++ und A+ in den Handel. A+ ist die schlechteste Klasse, die noch verkauft werden darf. Das Sparpotenzial ist beträchtlich: Ein A+++-Gerät verbraucht nur rund halb so viel Energie wie ein A+-Gerät.

Um ein möglichst sparsames Gerät zu finden, sollten Sie auf das Energielabel schauen, und zusätzlich die Energieverbräuche der jeweiligen Geräte miteinander vergleichen. Allerdings werden diese Verbrauchsdaten unter standardisierten Testbedingungen ermittelt. Ob Sie zu Hause auf dieselben Werte kommen, hängt davon ab, wie intensiv Sie das Gerät nutzen und wo es steht.

Der tatsächliche Energieverbrauch hängt unter anderem vom Nutzungsverhalten (Menge des Gefrierguts, häufiger oder seltener

Austausch), der eingestellten Temperatur und der Umgebungstemperatur ab. Und: Wirklich Strom sparen kann nur, wer den Nutzinhalt seines Geräts tatsächlich ausnutzt. Als Faustregel gilt: Ein sparsamer kleiner Gefrierschrank ist effizienter als eine halbvolle Gefriertruhe.

Bedingt durch den zusätzlichen Ventilator und die Abtauheizung verbrauchen No-Frost-Geräte bis zu 30 Prozent mehr Energie. Dieser Wert relativiert sich jedoch, wenn man den Mehrverbrauch durch die sich immer wieder bildende Reifschicht und dann nötiges Abtauen in Betracht zieht.

In Kühltruhen mit sogenannter „Low-Frost-Technik" zirkuliert trockene, kalte Luft zwischen Innenraum und dem „Airbag" auf der Geräterückseite. Über die Deckeldichtung gelangt lediglich ein Minimum an feuchter Luft in die Truhe. Die Eis- und Reifbildung lässt sich so um rund 80 Prozent reduzieren. Der zusätzliche Stromverbrauch bei einem Low-Frost-Gerät ist zu vernachlässigen und ein Abtauen ist deutlich seltener nötig.

Zu einigen Gefrierschränken gibt es als Sonderzubehör eine **Isolationsplatte** zu kaufen. Mit dieser lässt sich bei Bedarf der Gefrierraum verkleinern. Mindestens zwei Gefrierfächer von oben sind für den ordnungsgemäßen Betrieb erforderlich. Der Energieverbrauch lässt sich dadurch um bis zu 50 Prozent senken.

Extra-Tipp: Der auf dem Energielabel angegebene Jahresenergieverbrauch multipliziert mit dem Preis pro Kilowattstunde ergibt die Betriebskosten pro Jahr. Um Geräte zu vergleichen, gehen Sie von einer durchschnittlichen Nutzungsdauer von 18 Jahren aus. Hochwertige Modelle sind oft noch länger in Betrieb, daher lohnt es sich besonders, beim Kauf auf einen niedrigen Energieverbrauch zu achten.

Kühl-Gefrier-Kombis

Lebensmittel kühlen und auch einfrieren – eine Kühl-Gefrier-Kombination kann beides auch bei eingeschränkten Platzverhältnissen. Dank smarter Funktionen und schicker Optik mausern sich die Kältespender sogar zum coolen Blickfang.

ℹ **Aktuelle Tests im Internet**
Detaillierte Informationen zu den von uns getesteten Kühl-Gefrier-Kombinationen bekommen Sie auf test.de mit dem Suchbegriff „Kühl-Gefrier-Kombis".

Wissen in Zahlen
Im Jahr 2018 hatten 47,6 Millionen Menschen in Deutschland ab 14 Jahre in ihrem Haushalt eine Kühl-Gefrier-Kombination stehen, während 36,6 Millionen über einen Kühlschrank und 29 Millionen über ein separates Gefriergerät verfügten.

Quelle: Statista.de

Ess- und Einkaufgewohnheiten verändern sich. So führt das wachsende Angebot an tiefgekühlten Lebensmitteln und Fertiggerichten dazu, dass sich auch viele kleinere Haushalte nicht mehr mit einem einfachen Sternefach im Kühlschrank begnügen wollen. Statt Eis am Stiel und ein paar Eiswürfeln wollen wir heute bei Bedarf Biogemüse, Dry-Aged-Steaks oder die Lieblingspizza auf Lager haben – in perfekter Frische. Da für ein separates Gefriergerät in kleineren Wohnungen kein Platz ist, erfreuen sich Kühl-Gefrier-Kombinationen seit Jahren großer Beliebtheit. Aufgrund ihrer Schrankform benötigen sie nur wenig Stellfläche und können zudem zwei herkömmliche Geräte ersetzen – Kühlschrank und Gefriergerät.

Die Kombigeräte unterscheiden sich vor allem hinsichtlich ihrer Höhe, aber auch, was die Größe ihrer Kühl- und Gefrierteile betrifft. In Sachen Leistung zeigten sich in unseren Tests teils enorme Unterschiede. Dasselbe gilt für Energieeffizienz, Geräuschentwicklung und nicht zuletzt den Preis. So viel vorab: Wer sich beim Kauf nur am Markenimage orientiert, erlebt unter Umständen eine herbe Enttäuschung. Selbst Modelle desselben Herstellers schneiden teils sehr unterschiedlich ab.

Wie für reine Kühlschränke gilt auch in der Kombi-Welt: Standgeräte sind meist preisgünstiger als vergleichbare Einbaugeräte – aber qualitativ gleichwertig, wenn nicht sogar überlegen. Ein wichtiges Kaufkriterium sollte auf jeden Fall der Stromverbrauch sein. Hier gilt es jedoch abzuwägen, ob sich der in aller Regel deutlich höhere Kaufpreis für ein A+++-Gerät tatsächlich lohnt (siehe „Energieeffizienz", S.124) – oder ob ein Doppelplus eventuell ausreicht.

Offenbar kaum eine Rolle spielt das Thema Energiesparen bei den aus Amerika stammenden und momentan von den Herstellern als Megatrend gehypten Side-by-Side-Kombis. Diese bieten jede Menge Platz fürs Kühlen und Gefrieren, brauchen aber auch besonders viel Energie. Gerade in kleineren Haushalten dürfte ein solcher Bolide eher als Statussymbol und luxuriöser Stromfresser auffallen.

Aufbau und Wirkungsweise

Kühl-Gefrier-Kombinationen verfügen über ein **Kühlteil** und ein **Gefrierteil**. Das Gefrierteil kann sich dabei über (Top-Freezer) oder unter dem Kühlteil (Bottom-Freezer) befinden. Bei Kühlschränken mit 4-Sterne-Tiefkühlfach, die laut DIN zu den Kühl-Gefrier-Kombinationen zählen, befindet es sich sogar innerhalb des Kühlteils.

Bei Side-by-Side-Geräten sind Kühl- und Gefrierteil nebeneinander angeordnet, bei French-Door-Modellen übereinander. Die Platzverteilung innerhalb des Gerätes variiert je nach Modell. Der entscheidende Punkt für eine fundierte Kaufentscheidung sollte sein, wie viel Gefriervolumen und wie viel Platz zum Kühlen jemand benötigt.

Viele Kombis besitzen lediglich einen **Verdichter (Kompressor)** und einen **Kühlkreislauf**. Kühl- und 4-Sterne-Gefrierteil benötigen jedoch unterschiedliche Temperaturen: Hier 5 bis 9 Grad Celsius, dort –18 Grad oder weniger. Dafür, dass diese Werte eingehalten werden, soll die **Temperaturregelung** sorgen. Diese funktioniert über einen **Fühler** im Kühlraum, der mit dem **Temperaturwähler** verbunden ist. Der Fühler misst die Temperatur am Verdampfer. Weicht dieser Wert vom am Temperaturwähler eingestellten Soll-Wert ab, wird der Kältemittelkreislauf ein- bezie-

Unser Rat

Kühle Fakten im Netz

Auf test.de/kuehlschraenke können Sie sich gegen ein geringes Entgelt über freistehende Kühl-Gefrier-Kombinationen und Einbaumodelle informieren. Filtern Sie die Geräte nach Hersteller, Preis oder Qualitätsurteil, vergleichen Sie Details und speichern Sie Ihre Auswahl in einer übersichtlichen Tabelle. Wichtig: Das von uns angegebene Gebrauchsvolumen weicht von den Herstellerangaben ab, weil wir lediglich den Stauraum berücksichtigen, den Fächer, Körbe und Schubladen tatsächlich bieten.

Neue Kochtypen im Kommen

In nicht einmal jedem vierten Haushalt in Deutschland wird noch jeden Tag frisch gekocht. Das ergab die Studie „Consumer's Choice '17", in der 30 000 Haushalte befragt wurden. Demnach sei der **Alltagskoch** mit 23 Prozent zwar noch immer der häufigste Kochtyp – doch stark auf dem Rückzug. Wer einen Haushalt gründe und ins Berufsleben starte, kenne immer seltener das Konzept fester Mahlzeiten. Zudem fehle im Alltag oft die Zeit. Zu Hause setzten die Menschen zunehmend auf Fertigware. So bildet der Kochtyp **Aufwärmer** mit 16,1 Prozent die zweitgrößte Gruppe. Auf dem Vormarsch befinden sich auch die **Snacker** mit 11,2 Prozent. Sie essen vorwiegend zwischendurch und spontan. Ihr Essen etwas kosten lassen sich der **Edelkoch** (10,2 Prozent) und der **Wochenendkoch** (14,6 Prozent). Während Ersterer Genuss und Nachhaltigkeit vereinen wolle, zelebriere Letzterer vor allem am Wochenende seine Mahlzeiten in der Familie oder mit Freunden. Beachtliche 7,9 Prozent der Deutschen sind konsequente **Außer-Haus-Esser**, während 5,6 Prozent grundsätzlich „kalt" essen.

Quelle: GfK/Bundesvereinigung der deutschen Ernährungsindustrie (BVE)

hungsweise ausgeschaltet. Als Temperaturregler kommen ein **Thermostat** oder ein **elektronischer Regler** zum Einsatz, wobei letzterer exaktere Ergebnisse liefert.

Dank der elektronischen Regelung lässt sich bei vielen Geräten mit nur einem Verdichter und einem Temperaturfühler dennoch die Temperatur getrennt regeln. Der Kältekreislauf wird dazu über ein **Magnetventil** so gesteuert, dass das Kältemittel entweder nur in den Verdampfer des Gefrierteils gelangt oder durch beide Verdampfer gleichzeitig fließt. Dadurch ist gewährleistet, dass beide Temperaturen unabhängig voneinander eingehalten werden und sich das Kühlteil bei Bedarf – zum Beispiel während des Urlaubs – separat abschalten lässt.

Vergleichsweise neu – und entsprechend teurer – sind Geräte mit komplett **getrenntem Kühl- und Gefrierteil**. Diese verfügen über jeweils eigene Kühlkreisläufe. Vorteil: Das Kühlteil wird nicht mit kalter, trockener Luft aus dem Gefrierteil versorgt. Folglich findet auch kein Geruchsaustausch statt. Außerdem kann sich im Kühlteil besser jene erwünschte Feuchtigkeit ausbilden, von der zum Beispiel empfindliche Gemüsesorten profitieren.

Eine wichtige Rolle spielt die vom Hersteller angegebene **Klimaklasse**. So sind Geräte der Klimaklasse SN für Umgebungstemperaturen zwischen 10 und 32 Grad ausgelegt, Geräte der Klimaklasse N für 16 bis 32 Grad. Nähert sich die Temperatur im Raum der unteren Grenze, verbraucht das Gerät weniger Energie. Allerdings besteht – auf den ersten Blick paradox – die Gefahr, dass Waren im Gefrierteil anfangen zu tauen. Grund: Um bei kalter Umgebung im Kühlteil die eingestellte Temperatur zu gewährleisten, muss das Aggregat kaum arbeiten. Das reicht jedoch nicht aus, um das Gefrierteil stabil bei –18 Grad zu halten. Für diesen Fall verfügen viele Geräte im Kühlraum über ein **Heizelement**. Dieses gaukelt dem Thermostat eine höhere Temperatur vor und lässt das Aggregat anspringen.

Extra-Tipp: Wollen Sie Energie sparen, indem Sie Ihr Kühlgerät in einem ungeheizten Raum aufstellen, entscheiden Sie sich besser gegen eine Kombi und für einen separaten Kühlschrank.

Herkömmliche Kombi-Geräte werden aufgrund der Trennung von **Kühlzone** und **Gefrierzone** auch als **Zweizonengeräte** bezeichnet. Daneben gibt es **Mehrzonengeräte**, die zusätzlich über eine **Kaltlagerzone** und eventuell sogar über eine **Kellerzone** verfügen.

Viele Gefrierteile verfügen über eine **No-Frost-Umluftkühlung**. Dabei befindet sich oberhalb oder hinter dem Gefrierraum ein **Kompaktverdampfer mit Abtauheizung**. Ein Ventilator führt die Luft aus dem Innenraum zum Verdampfer, wo sich ihre Feuchtigkeit als Reif niederschlägt. Die trockene, kalte und entfeuchtete Luft wird über Luftkanäle in den Innenraum zurückgeleitet.

Was die **Geräuschentwicklung**, also Gluckern, Vibrieren oder hochfrequentes Pfeifen betraf, schlugen sich im Test von 2018 alle Kandidaten recht gut. Dennoch kann eine neue Kühl-Gefrier-Kombi akustisch erst einmal ungewohnt sein. Der Grund: Moderne Aggregate springen meist häufiger an als alte. Wer sich in Sachen Geräuschentwicklung am Energielabel orientiert, sollte beachten: Die Angabe basiert auf einem Normmessverfahren im Prüflabor. Angegeben wird der garantierte Schallleistungspegel im leeren Zustand in Dezibel. Die von den Anbietern deklarierten Werte finden Sie in unseren Testveröffentlichungen im Internet.

Bauformen

Kühl-Gefrier-Kombinationen gibt es als **freistehende Geräte** und als **Einbaugeräte** zu kaufen. Grundsätzlich sind Einbaugeräte teurer. In unserem Test von 2018 kostete der Sieger in dieser Gruppe knapp 1600 Euro. Die günstigste gute Einbaukombination lag immer noch über 1000 Euro. Einbaugeräte werden für Möbelschränke mit passendem Be- und Entlüftungssystem angeboten. Die meisten Modelle passen in 60 Zentimeter breite Einbaunischen bis 1,77 Meter Höhe. Kosten für den Einbau sowie Einbaumöbel kommen zum Kaufpreis dazu.

Empfehlenswerte freistehende Geräte kosten oft nur die Hälfte vergleichbarer Einbau-Kombis – los geht's bei unter 400 Euro, für rund 600 Euro finden Sie bereits ein gutes Gerät. Wichtig für beide Bauarten: Deutlich günstigere Geräte fallen meist hinter die Topmodelle zurück: Sie sind weniger praktisch und zeigen teils sogar Schwächen beim Kühlen und Frosten. Sparpotenzial liegt dagegen in der Ausstattung der Geräte. Features, die Sie nicht wirklich brauchen, lassen Sie besser weg und können so kräftig sparen. Und: Wer nicht auf ein Einbaugerät angewiesen ist, greift besser zu einem freistehenden Modell. Dieses hält die Lagertemperatur tendenziell besser und verbraucht weniger Energie.

Trend aus den USA

In die Breite gegangen

Edelstahldesign mit abgerundeten Kanten, Digitaldisplay, eigener Wasseranschluss und die Maße eines kompakten Kleiderschranks – Großraum-Kombigeräte transportieren das Lebensgefühl Amerikas in deutsche Küchen und sind derzeit einer der Mega-Trends. Side-by-Side (dt.: „Seite an Seite") bedeutet, dass Kühl- und Gefrierbereich nebeneinander liegen und sich mit jeweils einer eigenen Tür öffnen lassen. Zwar benötigen Side-by-Side-Kombis eine ganze Menge Platz. Dafür klotzen sie mit einem Fassungsvermögen zwischen 400 und 600 Litern – mehr als ausreichend für einen Großeinkauf und die Zutaten für die nächste Grillparty. Rund zwei Drittel des Nutzinhalts sind in der Regel dem Kühlteil vorbehalten.

Side-by-Side-Kombis sind mit No-Frost-Abtauautomatik erhältlich. Eine der beliebtesten Zusatzfunktionen ist ein Crushed-Ice-Bereiter oder Eiswürfel- beziehungsweise Eiswasserspender. Die meisten Geräte benötigen dafür einen Festwasseranschluss. Nur wenige Modelle sind mit einem Wassertank ausgestattet. Der Eiswürfelbereiter befindet sich meist im oberen Bereich des Gefrierteils – die fertigen Eiswürfel fallen in einen Auffangbehälter in der Innentür. Entnommen werden sie, wie auch Eiswasser und Crushed Ice, aus in der Außentür integrierten Spendern. Nachteile solcher Extras sind ein hoher Reinigungsaufwand sowie der deutlich höhere Energieverbrauch.

Die Ausgabestelle wird beim Drücken der Spendertaste oder der Wahltasten in der Regel beleuchtet. In der Kühlteiltür kann sich zudem ein

Barfach befinden, das zum Kühlraum hin geschlossen ist, um Kälteverluste beim Öffnen zu vermeiden. Das Kühlteil ist vielfach auch mit einer Kaltlagerzone ausgestattet.

Anstelle vorkonfigurierter Side-by-Side-Geräte bieten manche Hersteller kombinierbare Modelle an. Dabei lassen sich nicht nur Kühl- und Gefrierschrank verbinden, sondern auch ein Weinkühlschrank oder ein Kaltlager-Zonenschrank einbeziehen. Zusammengebaut werden die Geräte mit Hilfe eines Verbindungssatzes.

Auch bei Side-by-Side-Kombinationen gibt es Varianten, die sich in Aufbau, Höhe und Breite unterscheiden und bei der Küchenplanung berücksichtigt werden sollten:

❯ **Side-by-Side:** Der klassische Stil ist der amerikanische Kühlschrank mit zwei Flügeltüren. Hinter einer befindet sich der Kühlbereich, hinter der anderen der Gefrierschrank. Ein amerikanischer Side-by-Side Kühlschrank ist zwischen 165 und etwa 200 Zentimeter hoch und zwischen 90 und 120 Zentimeter breit.

❯ **French Door:** Bei der „französischen" Variante liegt der Kühlbereich über den Schubladen des Gefrierbereichs und lässt sich mit zwei Flügeltüren öffnen. Die Geräte sind zwischen 91 und 120 Zentimeter breit und 180 bis 200 Zentimeter hoch – und in der Regel weniger voluminös als Side-by-Side-Modelle.

Die derzeit besonders angesagten **Side-by-Side-Kombis** (siehe Infokasten S. 140) sind in der Regel als freistehende Geräte erhältlich. Auch erste Einbaumodelle sind auf dem Markt, allerdings deutlich in der Minderzahl. Einfache Side-by-Side-Kombis kosten ab etwa 600 Euro. Topmodelle mit Premiumfunktionen, etwa ein von außen einsehbarer Kühlteil, automatisch öffnende Tür sowie Kamera und Barfach im Inneren liegen bei 3 000 bis 6 000 Euro.

Abmessungen

Standgeräte sind in verschiedenen Höhen bis 205 Zentimeter erhältlich. Ihre Breite variiert zwischen ca. 50 und 120 Zentimetern. Die meisten **Einbaugeräte** passen in eine 60 Zentimeter breite und 177 Zentimeter hohe Nische. Sie werden in einen dafür vorgesehenen Hochschrank eingebaut und lassen sich mit einer zusätzlichen Möbeltür in die Küche integrieren. Nutzer müssen sich dabei für eine Scharniertechnik entscheiden: entweder die aufwendigere Schlepptürtechnik mit Gleitschiene und Scharnieren auf Geräte- und Möbeltür oder die Festtürtechnik, bei der eine Dekorplatte fest auf der Gerätetür sitzt.

Wichtig ist außerdem, dass die Lüftungsschlitze im Sockelbereich frei sind. Alle Abstände müssen so groß sein, dass erwärmte Luft frei entweichen kann. Weitere Hinweise dazu geben die Hersteller in der Gebrauchsanleitung.

Planen Sie pro Person 40 bis 50 Liter Kühlvolumen und 20 bis 30 Liter Gefriervolumen ein. Die Kühlteile der von uns zuletzt getesteten Einbau-Kombis bieten netto 126 bis 165 Liter, die Gefrierteile 40 bis 56 Liter. Viele freistehende Geräte sind da deutlich geräumiger. Der Nutzinhalt des Kühlteils kann im Extremfall bis zu ca. 380 Liter, der des Gefrierteils bis zu ca. 250 Liter betragen.

Extra-Tipp: Beachten Sie den Unterschied zwischen dem von Herstellern bevorzugt genannten Bruttonutzinhalt einschließlich aller Einbauten und dem tatsächlich nutzbaren Rauminhalt (siehe auch „Unser Rat", S. 137).

Ausstattung

Wie praktisch ein Gerät ist, hängt zu einem großen Teil von der Gestaltung seines Innenraums ab: Eine Hilfe sind **Ablagen**, die sich halbieren oder voll bepackt in eine andere Ebene schieben lassen. Hilfreich sind auch **Teleskopauszüge**, die verhindern, dass das Kaltlagerfach herunterfällt, sowie höhenverstellbare Türfächer. Im Gefrierteil sorgen **transparente Behälter** und **Tragegriffe** für Komfort. Die Einschübe sollten sich leicht herausziehen und hineinschieben lassen – in unseren Tests lassen viele Modelle in diesem Prüfpunkt Federn, weil sie nach vorn abkippen oder mangels effizienter Stopper sogar herausfallen können.

Die **Schnellkühl-** oder **Partyfunktion** soll zum Beispiel vor einer Feier Getränke schnell herunterkühlen. Das lohnt sich nur dann, wenn das Kühlteil nicht ohnehin schon sehr kalt eingestellt ist. Die **Schnellgefrierfunktion** sollte – falls vorhanden – für neues Gefriergut ab etwa 2 Kilogramm aktiviert werden. Sie senkt die Temperatur im Gefrierteil meist relativ flott unter die üblichen –18 Grad und schaltet sich nach spätestens 72 Stunden wieder ab.

Ausstattung: **Kühl-Gefrier-Kombination**

Bewährt und nützlich

❯ Kaltlagerzone (Kühlteil)
❯ Flexibel einschiebbare Ablagen (Kühlteil)
❯ Teil-/klappbare Ablagen (Kühlteil)
❯ Verstellbare Türfächer (Kühlteil)
❯ Teleskopauszüge (Kaltlagerzone)
❯ Außenliegende Bedienelemente
❯ Unabhängig regelbare Kältesysteme
❯ Transparente Einschübe im Gefrierteil
❯ Schnellkühlen-/Schnellgefrieren-Funktion
❯ Low-Frost-/No-Frost-Technik
❯ Alarmton bei zu lange geöffneter Tür

Luxuriös oder entbehrlich

❯ Schubladen mit Regulierung der Luftfeuchte
❯ Dynamische Kühlung (Umluft)
❯ Holiday-Schaltung
❯ Kellerzone
❯ Kamera im Innenraum (Kühlteil)
❯ Türschließdämpfung
❯ Steuerung per Smartphone/Tablet
❯ Bedienung per Touch-Display
❯ „Anti-Fingerprint"-Beschichtung
❯ Integrierte Kälteakkus als Kühlreserve
❯ Frei wählbare Temperaturbereiche

Manche Kombis schaffen es aber auch ohne diese Funktion, größere Mengen zügig zu frosten.

Eiskrusten im Gefrierteil verhindert die **Abtauautomatik** (No-Frost-Funktion). Fehlt diese, sollte das Gerät mindestens einmal pro Jahr manuell abgetaut werden.

Stehen oft frisches Fleisch oder Fisch sowie Obst und Gemüse auf dem Speiseplan, ist eine **Kaltlagerzone** sinnvoll – obwohl sie das Gerät deutlich teurer macht. Vorteil: Um 0 Grad Celsius bleiben verderbliche Lebensmittel deutlich länger frisch. Die Temperatur lässt sich meist in mehreren Stufen von etwa –2 bis +3 Grad Celsius einstellen.

Aufpassen: Nicht alle Null-Grad-Fächer erreichen tatsächlich derart niedrige Temperaturen. Ein echtes Kaltlagerfach erkennen Sie an dem auf dem Typenschild exakt angegebenem Volumen.

Vielfach ist die Kaltlagerzone in zwei Bereiche mit verschieden hoher Luftfeuchtigkeit unterteilt. Im „trockenen" Bereich herrschen etwa 50 Prozent relative Luftfeuchtigkeit. Er eignet sich zum Lagern verpackter tierischer Produkte.

Im „feuchten" Bereich herrscht, abhängig vom Inhalt, eine Luftfeuchtigkeit von bis zu 95 Prozent. Dieser Wert lässt sich dadurch erreichen, dass die Feuchtigkeit, die das Kühlgut während seines natürlichen Alterungsprozesses abgibt, mit Hilfe eines Schiebereglers oder eines Spezialfilters im Inneren des Fachs gehalten wird – ideale Bedingungen, damit unverpacktes Obst und Gemüse länger frisch bleiben.

Teilweise verfügen Geräte zusätzlich zur Kaltlagerzone über eine **Kellerzone** – meist eine separate Schublade unter dem Kühlteil. Diese soll die klimatischen Verhältnisse in einem kühlen, trockenen Vorratskeller bei 8 bis 14 Grad simulieren und eignet sich etwa zum Lagern von Kartoffeln, Südfrüchten und Getränken. Die Temperatur ist meist wählbar.

Ein großes Thema bei freistehenden Kombis und Side-by-Side-Modellen ist die **Anti-Fingerprint-Beschichtung**, die für eine makellose Edelstahloberfläche bürgen soll, die obendrein mittlerweile in vielen Farbvariationen angeboten wird.

Einige Hersteller statten Kühl-Gefrier-Kombinationen mit **frei wählbaren Temperaturbereichen** aus. Der obere Teil ist dann nutzbar als

❱ Kühlraum mit +2 °C bis +10 °C,
❱ Kaltlagerzone (trocken) nahe 0 °C oder
❱ Gefrierraum bei −4 °C bis −7 °C.

Der untere Teil kann betrieben werden als

❱ Gefrierraum mit −15 °C und tiefer,
❱ Kaltlagerzone (trocken) nahe 0 °C oder
❱ Kühlraum mit +2 °C bis +10 °C

Alternativ zur kompletten Abschaltung des Kühlteils besitzen manche Geräte eine **Urlaubsschaltung**. Ist sie aktiviert, wird das Kühlteil mit ca. 12 bis 14 Grad betrieben. Bei dieser Temperatur können weniger leicht verderbliche Lebensmittel noch für einige Zeit im Kühlschrank lagern. Der Stromverbrauch ist niedriger als im Normalbetrieb. Es kommt aber nicht zur Geruchs- oder Schimmelbildung, wie es im abgeschalteten Gerät vorkommen kann.

Die **Innenbeleuchtung** der Kühlteile kann sehr unterschiedlich ausfallen. Die meisten Geräte besitzen oben oder seitlich angebrachte LED-Leuchten. Teilweise sind seitlich auch Lichtbänder oder Lichtsäulen verbaut, die den Kühlraum hell und blendfrei ausleuchten sollen.

Luxusgeräte verfügen zudem meist über **Smart-Kitchen**-Funktionen. Dazu gehören außen in die Tür integrierte, intuitiv bedienbare **Touch-Displays** zur Steuerung der Kühl- und Gefrierfunktionen oder zum Abrufen detaillierter Informationen zu den gelagerten Gütern. Für geübte Smartphone-Nutzer ist das in der Regel kein Problem. Wer es einfacher mag, sollte beim Kauf darauf achten, dass sich wichtige Funktionen per Tastendruck aktivieren und wieder abschalten lassen.

Nicht nur der Eisbereiter wird über das Display gesteuert – oft erlaubt es auch eine **gradgenaue Temperatureinstellung** in sämtlichen Lagerzonen sowie die Steuerung einer Zeitschaltuhr (Timer), beispielsweise für Schnell-Frost-Funktionen oder den Urlaubsmodus. Vorteil: Die Gerätetür bleibt dabei geschlossen.

Das Display gibt auf Wunsch auch Auskunft über **Vitamin- und Nährstoffgehalt** sowie maximale **Lagerzeit** von Lebensmitteln. Zum Angebot vieler Premiumhersteller gehören außerdem integrierte LCD-Flatscreens oder eine eingebaute Minibar. Alle diese

Features sind Ausdruck eines immer stärkeren Verschmelzens von Kochen und Wohnen.

Reinigung und Pflege

Kühl-Gefrier-Kombinationen tauen entweder vollautomatisch (No-Frost-Technik) oder teilweise automatisch ab – das Gefrierteil ist dann per Hand abzutauen.

Extra-Tipp: Schaffen Sie vorher eine Kältereserve, indem Sie das Gefrierteil rechtzeitig auf Dauerbetrieb stellen. Entnommene Lebensmittel tauen dann langsamer auf.

Check: **Kühl-Gefrier-Kombination**

Bauform

- ☐ Einbaugerät für bis 177 cm hohe Nische
- ☐ Einbaugerät für mehr als 177 cm hohe Nische
- ☐ Integrierbar (Möbeltür)
- ☐ Dekorfähig (Dekorrahmen und -platte)
- ☐ Standgerät mit maximal .... cm (Breite), ... cm (Höhe), ... cm Tiefe
- ☐ Side-by-Side-Kombination

Türanschlag

- ☐ Rechts
- ☐ Links
- ☐ Wechselbar

Gerätetyp

- ☐ Zweizonengerät
- ☐ Mehrzonengerät mit Kaltlagerzone und Kellerzone
- ☐ Getrennte Regelung von Kühl- und Gefrierteil
- ☐ Zwei komplett getrennte Kältekreisläufe (Twin-Technologie)

Nutzinhalt

- ☐ Kühlteil mit 120 bis 140 Litern (1–2 Personen)
- ☐ Kühlteil mit weiteren ca. 60 Litern pro Person
- ☐ Kühlteil gesamt: .... Liter
- ☐ Gefrierteil mit 50 bis 80 Litern pro Person (geringe Vorratshaltung)
- ☐ Gefrierteil mit 100 bis 130 Litern pro Person (ausgeprägte Vorratshaltung)
- ☐ Gefrierteil gesamt: .... Liter
- ☐ Nutzinhalt gesamt: .... Liter

Bedienung

- ☐ Mechanische Bedienung per Stellrad ohne Temperaturanzeige
- ☐ Bedienung per Drucktasten oder Touch-Control, außen liegendes Display mit digitaler Temperaturanzeige und weiteren Funktionen (zum Beispiel Anzeige von Uhrzeit und Fehlermeldungen)

Sind Kältemittel gefährlich?

Ohne Kältemittel würde kein Kühl- oder Gefrierschrank funktionieren. Während die ersten Kühlschränke noch mit Methylchlorid, Ammoniak oder Schwefeldioxid betrieben wurden – giftigen Substanzen –, erfolgte in den 1930er Jahren der Umstieg auf Fluorchlorkohlenwasserstoffe (FCKW) – die berüchtigten Ozonkiller.

Obwohl FCKW seit 1995 verboten sind, werden Neugeräte teilweise immer noch mit dem Hinweis „FCKW-frei" beworben. In vielen heutigen Kühlschränken zirkuliert die „Dortmunder Mischung", die hauptsächlich aus Propan und Butan besteht. Das genaue Mischungsverhältnis wird unter anderem durch die gewünschte Zieltemperatur bestimmt. Dieses Gemisch ist brennbar, aber nicht giftig. Viele importierte Kühlschränke enthalten das klimaschädigende Kältemittel R134a.

Da Kältemittel bei Zimmertemperatur gasförmig sind, laufen sie bei Undichtigkeiten im Kühlkreislauf nicht aus dem Gerät aus, sondern entweichen in die Umgebungsluft. Dies macht sich durch ein leises Zischen und einen seltsamen Geruch bemerkbar. In solchen Fällen schaltet sich der Kompressor ab und das Gerät funktioniert nicht mehr.

Wichtig: Wer seinen alten Kühlschrank gegen einen neuen austauscht, ist gesetzlich verpflichtet, das Altgerät auf dem Wertstoffhof abzugeben, damit es fachgerecht entsorgt werden kann – inklusive Kältemittel.

Das Abtauen lässt sich beschleunigen, wenn Sie ein Gefäß mit heißem Wasser ins abgeschaltete Gerät stellen und die Tür für zehn Minuten schließen. Versuchen Sie dagegen niemals, Eisablagerungen mit einem scharfkantigen Gegenstand zu lösen! Ganz schnell fabrizieren Sie damit ein Loch im Kühlmittelkreislauf! Bei Kühl-Gefrier-Kombinationen mit Abtauautomatik taut eine Heizung den Reifansatz am Verdampfer in bestimmten Intervallen ab.

Schienen, Boxen, Ritzen – was das Verstauen von Lebensmitteln erleichtert, erschwert oft das Reinigen. Zur Reinigung von Kühl- und Gefrierteil siehe Hinweise auf S. 122 (Kühlschränke) und S. 132 (Gefriergeräte).

Sicherheit

Damit eingelagerte Lebensmittel möglichst lange genießbar sind, sollte die gewählte Temperatur möglichst stabil bleiben. Viele Kombis sind mit einer **Temperaturanzeige** für Kühl- und Gefrierteil ausgestattet. Diese befindet sich entweder innen oder außen am Gerät. Überschreitet die Temperatur im Inneren einen bestimmten Wert, meldet sich ein visuelles oder akustisches **Warnsystem**.

Einige Geräte besitzen eine **Netzausfallanzeige**. Ein Stromausfall wird durch ein akustisches Signal angezeigt sowie anschließend durch eine Anzeige im Display. Durch Drücken der **Alarmtaste** lässt sich die höchste während des Stromausfalls erreichte Temperatur ablesen (**Memory-Funktion**).

Bei manchen Geräten ertönt ein **Türalarm**, wenn die Gerätetür zu lange (je nach Gerät zwischen ca. 30 und 120 Sekunden) geöffnet oder nicht richtig geschlossen ist. Darüber hinaus besitzen manche Geräte eine **Partyautomatik**, die beim Kühlen von Getränkeflaschen im Gefrierteil eingeschaltet wird. Nach einem festgelegten Zeitraum erinnert ein Warnton daran, die Flaschen rechtzeitig herauszunehmen.

Energieeffizienz

Kühl-Gefrier-Kombis mit der Effizienzklasse A+++ sind meist besser isoliert und besitzen anpassungsfähigere Kompressoren als Geräte der Klasse A++. Mehrere Hundert Euro zusätzlich für die beste Klasse zu investieren, zahlt sich in vielen Fällen aus – aber nicht immer: Ist es in der Küche kühl und schattig oder herrscht an der Kühlschranktür viel Betrieb, relativiert sich der Effizienzvorteil unter Umständen. Der Aufpreis lohnt sich eher in sonnigen Küchen mit hohen Umgebungstemperaturen und bei relativ wenig benutzten Kombis.

Faustregel: Ein A+++-Gerät spart gegenüber einem mit A++ rund 25 Prozent Energie und dieses wiederum weitere 25 Prozent gegenüber einem A+-Gerät.

Finanziell lohnt sich ein Austausch der alten gegen eine neue Kombi meist nur, wenn die alte ein absoluter Stromfresser ist. Ob das so ist, finden Sie zuverlässig heraus, wenn Sie sich in der örtlichen Verbraucherzentrale ein Strommessgerät ausleihen und den Verbrauch über mindestens eine Woche messen. Wie Sie das anstellen, den gemessenen Wert anschließend aufs ganze Jahr hochrechnen und mit dem Jahresenergieverbrauch von Neugeräten vergleichen, erklären wir Schritt für Schritt im Internet unter test.de/verbrauch-messen. Am Ende kennen Sie das jährliche Sparpotenzial und können besser abschätzen, nach wie vielen Jahren sich ein Neukauf amortisiert.

Wer im Gegensatz dazu vor allem nach ökologischen Kriterien entscheidet, für den kann die Devise nur lauten: Möglichst bald auf ein energiesparendes A+++-Gerät umsteigen, das nur so groß ist wie unbedingt erforderlich. Und – mindestens genauso wichtig: Den alten Kühlschrank, der oft noch mit FCKW funktionierte, fachgerecht entsorgen lassen!

Wissen in Zahlen

Zwischen 2016 und 2018 ist der Anteil verkaufter Kühlgeräte mit der Energieeffizienzklasse A+++ von 24 auf 27 Prozent gestiegen, der Anteil an Geräten mit der zweitbesten Klasse A++ immerhin von 54 auf 56 Prozent. Lediglich 17 Prozent der Geräte trugen die schlechteste derzeit noch zugelassene Effizienzklasse A+.

Quelle: GfK

Weinschränke

Ein kühler, dunkler und feuchter Keller bietet perfekte Bedingungen zum Lagern von Wein. Doch wer hat den schon im Haus? Dann schon lieber einen temperierten Weinschrank, in dem die feinen Tröpfchen lagern können. Wer noch Platz zur Verfügung hat, bekommt Modelle in nahezu jeder Größe.

Ehemals der gehobenen Gastronomie vorbehalten, sind Weinkühlschränke seit etlichen Jahren auf dem Vormarsch in die private Küche. Mittlerweile bieten die meisten Gerätehersteller Genießern und Weinliebhabern die Möglichkeit, ihre guten Tropfen auch zu Hause zu lagern und perfekt zu temperieren. Das Ganze geschieht übrigens ausschließlich liegend.

Doch welcher Weinschrank soll es sein? Grob gesagt existieren zwei Gruppen: Zum einen gibt es Lager- beziehungsweise **Klimaschränke**. Sie verfügen lediglich über eine Temperaturzone und eignen sich, um Weine langfristig zu lagern. Hintergrund: Die optimale Lagertemperatur der meisten Weine beträgt 12 Grad Celsius, wobei ein Wert zwischen 10 und 14 Grad meist als akzeptabel gilt.

Zum anderen sind auch **Temperierschränke** für Weinflaschen erhältlich. Diese verfügen über zwei oder mehr unabhängig voneinander regelbare Temperaturzonen, die sich beispielsweise mit Rotwein, Weißwein und Champagner bestücken lassen.

Im Unterschied zu Klimaschränken zielen Temperierschränke nicht auf langfristiges Lagern, sondern eher auf baldigen Konsum von Weinen ab. Praktisch ist das allemal: Möchte man selbst ein Glas genießen oder sagen sich kurzfristig Gäste an, lässt sich der gewünschte edle Tropfen jederzeit servierfertig entnehmen – das bedeutet, in der Temperatur, in der er am besten schmeckt und sein Bouquet perfekt entfalten kann.

Wichtig: Servier- und Lagertemperatur unterscheiden sich bei den meisten Weinen voneinander.

Funktionsweise und Ausstattung

Jeder Weinschrank ist ein Kühlgerät mit dynamischer Kühlung. Das bedeutet: Ein **Ventilator** verteilt die Luft gleichmäßig im Inneren. Außerdem verfügen Weinschränke über eine eingebaute **Heizung** und eine **Frischluftzufuhr**. Die Innenrückwand ist durch ein Gitterblech abgedeckt, um ein Anfrieren der Flaschen am Verdampfer zu verhindern.

Ein **Lager- oder Klimaschrank** sollte insbesondere folgende Anforderungen erfüllen:

❭ **Konstante Temperatur:** In der Regel lässt sich die Temperatur zwischen 6 und 14 Grad Celsius aufs Grad genau elektronisch einstellen. Ein Lagerschrank sollte in der Lage sein, die gewählte Temperatur – je nach Umgebungswärme – entweder durch permanentes, dynamisches Kühlen oder Zuschalten der Heizung im gesamten Innenraum gleichmäßig zu halten.

❱ **Gleichmäßige Luftfeuchtigkeit:** Wein lagert am besten bei einer relativen Luftfeuchtigkeit von mindestens 50 Prozent. Sonst würde der Korken austrocknen und Umgebungsluft an den Inhalt gelangen. Mehr als 75 Prozent relative Luftfeuchtigkeit sind ebenfalls ungünstig, weil dann eventuell das Etikett der Flasche beschädigt wird. Ein Klimaschrank sollte in der Lage sein, eine konstant hohe Luftfeuchtigkeit zu gewährleisten, indem der Ventilator Frischluft ansaugt.

❱ **Keine Vibrationen:** Da schon geringe Erschütterungen Reifeprozess und Qualität des Weins beeinträchtigen, sind Weinkühlgeräte mit besonders **vibrationsarmen Verdichtern** ausgestattet. Teilweise lässt sich der Ventilator so schalten, dass er nur gemeinsam mit dem Verdichter arbeitet, was den Geräuschpegel verringert. Allerdings verteilt sich dann die Luft nicht mehr so gleichmäßig im Innenraum. Auch **Holzborde** zur Flaschenablage sowie ein **gedämpfter Türeinzug** tragen dazu bei, Erschütterungen zu reduzieren.

❱ **Kein Licht:** Licht beschleunigt die Reifung des Weins auf unvorteilhafte Weise. Damit der Wein lichtarm gelagert werden kann, besitzen die Geräte entweder eine Volltür oder eine isolierte, getönte Glastür mit schützendem UV-Filter. Die **Innenbeleuchtung** schaltet sich lediglich beim Öffnen des Geräts oder beim Berühren des Türgriffs ein.

❱ **Keine Gerüche:** Da viele Korken mit der Zeit an Qualität verlieren, können unerwünschte Gerüche in die Flasche eindringen. Die Luft im Weinschrank sollte deshalb sauber und geruchsfrei sein. Ein **Aktivkohlefilter** hält Fremdgerüche ab und sollte etwa einmal im Jahr gewechselt werden.

Die Weinflaschen werden zumeist auf **höhenverstellbaren Holzborden**, zum Teil auch auf **Metallrosten** gelagert. Der Nutzinhalt eines Geräts wird in Litern oder als maximal lagerbare Anzahl der Flaschen des Typs „Bordeaux 75 cl Tradition" angegeben. Je nach Gerätegröße fasst ein Klimaschrank zwischen 30 und mehr als 250 Flaschen. Doch aufpassen: Wer statt Bordeaux zum Beispiel Burgunder sammelt, bringt bis zu 30 Prozent weniger unter!

Im Gegensatz dazu eignen sich **Wein-Temperierschränke** eher für Nutzer, die Wein nicht lange lagern, sondern relativ bald genießen wollen. Die Geräte ermöglichen das Aufbewahren verschiedener Weinsorten in der jeweils benötigten **Serviertemperatur** – das heißt bei 5 bis 20 Grad Celsius. Zur Orientierung können folgende Werte dienen:

❱ 5–6 Grad Celsius: Süßweine

❱ 6–8 Grad Celsius: Sekt, Champagner und Schaumweine

❱ 9–10 Grad Celsius: leichte Weiß- und Roséweine

❱ 11–13 Grad Celsius: die meisten Weißweine

❱ 14–16 Grad Celsius: leichte Rotweine

❱ 17–18 Grad Celsius: gehaltvolle und schwere Rotweine

Um die Serviertemperatur zu gewährleisten, existieren zwei Gerätevarianten:

❱ **Temperierschränke mit Temperaturschichtung:** Bei diesen Geräten – oft als Multitemperaturgeräte vermarktet – lassen sich durch den Einsatz spezieller Kühlkomponenten gezielt bis zu sechs Temperaturzonen zwischen 5 Grad im unteren Teil und 18 bis 22 Grad Celsius im oberen Bereich bilden. Diese Geräte eignen sich für Nutzer, die einen Kompromiss aus Lager- und Temperierschrank suchen. Die Lagerung von Wein über längere Zeiträume ist hier nicht so effektiv wie bei einem Lagerschrank, aber für normale Ansprüche meist ausreichend.

❱ **Temperierschränke mit Isolationsplatten:** Im Gerät befinden sich eine oder zwei Isolationsplatten, die den Kühlraum in zwei beziehungsweise drei Bereiche unterteilen. Für jeden Bereich ist die Temperatur gradgenau regelbar. Bei Geräten mit drei Temperaturbereichen und zwei Kompressoren lässt sich wahlweise ein

Ausstattung: **Weinschrank**

Bewährt und nützlich

❱ Holzborde auf Teleskopschienen

❱ Volltür oder Glastür mit UV-Schutz

❱ Mehrere Temperaturzonen

❱ LED-Beleuchtung

❱ Türdämpfung

❱ Kindersicherung

❱ Türalarm

❱ Touch-Display

Luxuriös oder entbehrlich

❱ Eingebautes Sommelier-Set

❱ Lagerroste mit versetzbaren Stegen

❱ Dimmbare Innenbeleuchtung/Temperaturanzeige

❱ Integriertes Präsentationsfach

❱ Grifflose Front

❱ Steuerung per App

❱ Anti-Fingerprint-Oberfläche

❱ Verschiedene Beleuchtungsszenarien

Bereich separat oder die anderen beiden zusammen betreiben beziehungsweise abschalten. Dank der verschiedenen Temperaturbereiche lässt sich Wein gleichzeitig optimal lagern und auf der gewünschten Trinktemperatur halten.

Im Angebot sind Gerätegrößen zwischen 20 und 250 Flaschen. Die Holzborde sind teilweise auf **Teleskopschienen** gelagert. Die Geräte verfügen über eine **Innenbeleuchtung**. Diese ist je nach Gerät zuschaltbar und wie die meist ebenfalls vorhandene Digitalanzeige dimmbar. Weinkühlgeräte sind größtenteils abschließbar.

Extra-Tipp: Wer seinen Weinschrank an einem Ort platzieren will, an dem er selbst eine Menge Zeit verbringt, sollte bereits beim Kauf auf den **Geräuschpegel** achten. Dieser wird in Dezibel (dB) gemessen und ist bei jedem Gerät angegeben. Ein Wert um 40 dB gilt als normal.

Bauformen

Weinschränke werden meist als Standgeräte angeboten. Im Handel sind aber auch Unterbau- und Einbaugeräte erhältlich. Darüber hinaus verfügen einige „amerikanische" Kühl-Gefrier-Kombinationen (Side-by-Side-Bauweise) über ein integriertes Weinfach.

Check: **Weinschrank**

Bauform
- ☐ Standgerät
- ☐ Ein-/unterbaufähiges Standgerät
- ☐ Unterbaugerät
- ☐ Einbaugerät
- ☐ Integriertes Einbaugerät
- ☐ Side-by-Side-Kombination

Geräteart
- ☐ Klima-/Lagerschrank mit einer Temperaturzone
- ☐ Temperierschrank mit zwei Temperaturzonen
- ☐ Temperierschrank mit drei Temperaturzonen
- ☐ Temperierschrank mit Temperaturschichtung

Verfügbarer Platz
- ☐ Breite: .... cm
- ☐ Höhe: .... cm
- ☐ Tiefe: .... cm
- ☐ Tiefe bei geöffneter Tür: .... cm

Nutzinhalt
- ☐ ca. .... Bordeaux-Flaschen (0,75 l)

Standgeräte können bis zu 70 Zentimeter breit und 200 Zentimeter hoch sein und sollten an einem Ort stehen, an dem die austretende warme Luft in den Raum entweichen kann – am besten auf einer Seite komplett frei und an den anderen Seiten mit mindestens 10 Zentimetern Abstand zur Wand, zum nächsten Elektrogerät oder Küchenmöbel. Kleine Standgeräte gibt es bereits ab ca. 300 Euro zu kaufen – je nach Größe und Ausstattung reicht die Preisspanne bis 5 000 Euro.

Unterbaugeräte werden unter einer vorhandenen durchgehenden Arbeitsplatte installiert. Es gibt sie in verschiedenen Breiten. Sie kosten zwischen ca. 800 und 3 000 Euro. **Einbaugeräte** lassen sich von der Breite her in eine vorhandene 60-Zentimeter-Standardnische integrieren.

In der Höhe reicht die Palette vom 45 Zentimeter niedrigen Kompaktmodell bis zu Einbauformaten für die 88er-, 178er- und sogar 213er-Nische. Insbesondere Modelle für die 88er-Nische lassen sich in einem Hoch- oder Geräteschrank neben zwei übereinander eingebauten Einbaugeräten in Kompaktgröße, zum Beispiel Backofen und Dampfgarer, zu einem geschlossenen Block kombinieren. Dasselbe funktioniert als Side-by-Side-Variante mit einem weiteren Kühlgerät in derselben Höhe.

Große Einbauweinschränke können bis zu 10 000 Euro kosten, kleinere Modelle sind ab ca. 800 Euro zu haben.

Extra-Tipp: Falls Sie zum Zeitpunkt des Kaufs noch nicht wissen, ob Sie Ihren Weinkühlschrank tatsächlich einbauen lassen wollen – manche Geräte lassen sich wahlweise auch als „unterbaufähiges" Standgerät betreiben.

Einen sehr stilvollen Eindruck machen vollständig in die Möbelfront **integrierte Einbauweinschränke**, die auch optisch perfekt zur Küchenzeile passen.

Energieeffizienz

Große Geräte verbrauchen mehr Energie. Wählen Sie deshalb beim Kauf ein Gerät aus, dessen Größe Ihrem Trinkverhalten und dem Umfang der Vorratshaltung entspricht.

Als Besonderheit gibt es bei Weinschränken zehn Energieeffizienzklassen von A+++ bis G. Die sparsamsten momentan erhältlichen Geräte tragen Klasse A+, deutlich häufiger kommen jedoch die Klassen A und B vor.

Reinigen, spülen, trocknen

Vorzugsbehand-
lung für Geschirr
und Besteck

Geschirrspüler

Kommen Teller, Tassen und Töpfe gespült aus der Maschine, sollen sie trocken sein und rückstandsfreien Glanz verbreiten. Ein moderner Geschirrspüler soll das mit wenig Wasser und Strom schaffen und ansonsten möglichst wenig auffallen – sowohl optisch als auch akustisch.

ℹ Aktuelle Tests im Internet
Detaillierte Informationen zu sämtlichen aktuell von uns getesteten Geschirrspülern finden Sie im Internet unter test.de/geschirrspueler.

Wissen in Zahlen
Zwischen 1998 und 2018 stieg der Anteil der Haushalte mit Geschirrspüler von 62,5 auf 71,9 Prozent. Insgesamt gibt es in Deutschland rund 29,2 Millionen Geräte. Waren es in Ein-Personen-Haushalten nur 51,6 Prozent, hatten immerhin 95 Prozent der 4-Personen-Haushalte einen Geschirrspüler.

Quelle: Statistisches Bundesamt

Dass ein Geschirrspüler den Mitgliedern eines 4-Personen-Haushalts laut Statistik pro Tag rund 45 Minuten Zeit spart, finden nur noch die wenigsten Menschen bemerkenswert. Zu normal ist es längst, gebrauchtes Geschirr und Besteck nicht per Hand zu spülen, sondern einfach in die Maschine zu stellen. Klappe auf, Klappe zu – schon sieht es in der Küche nicht mehr chaotisch aus. Außerdem erledigt der Geschirrspüler seine Aufgabe wirtschaftlicher und gründlicher als die meisten Menschen. Kein Wunder, dass sich kaum jemand vorstellen kann, jemals wieder auf die automatische Spülhilfe zu verzichten. Waren 1998 erst knapp zwei Drittel der deutschen Haushalte mit einem Geschirrspüler ausgestattet, kletterte dieser Wert bis 2018 auf fast drei Viertel.

Wer sich heute einen neuen Geschirrspüler zulegt, will noch immer sparen. Inzwischen geht es jedoch weniger um Zeit, als vielmehr um Wasser und Energie. Darüber hinaus stehen eine flexible Handhabung und nützliche Zusatzfunktionen auf der Wunschliste. Immer schnellere Spülprogramme werden fast schon vorausgesetzt – und natürlich perfekt sauberes und streifenfrei getrocknetes Geschirr und Besteck.

Hersteller reagieren auf diese Wünsche, indem sie ihre Geräte mit immer neuen Automatikprogrammen ausstatten, Spül- und Trocknungsprozesse weiter optimieren und dafür sorgen, dass sich flüssige und pulverförmige Spülmittel so genau wie möglich dosieren lassen. Außerdem versuchen die Anbieter derzeit, dieselben Ergebnisse mit geringeren Wassertemperaturen zu erreichen, um ein attraktives EU-Energielabel zu bekommen – am besten ein A+++. Sie wissen genau: Ein Großteil der Interessenten macht seine Kaufentscheidung davon abhängig, ob ein Gerät in Sachen Stromverbrauch die Bestnote vorweisen kann.

Unser Dauertest von 2018 bestätigt diesen Trend: Geräte mit dem Energielabel A+, der schlechtesten Effizienzklasse, die derzeit verkauft werden darf, gehen vergleichsweise verschwenderisch mit Ressourcen um: Vor allem im Kurz-, aber auch im Sparprogramm verbrauchen sie deutlich mehr Strom als die sparsamere Konkurrenz. Außerdem sind die oft sehr günstigen A+-Geräte (ab ca. 350 Euro) erheblich lauter und bieten weniger Komfort. So fehlt ihnen oft das Automatikprogramm, das Nutzer einer test-Leserumfrage zufolge am häufigsten verwenden.

Aufbau und Wirkungsweise

Beim Geschirrspülen spielen vier Faktoren eine Rolle: Mechanik, Temperatur, Spüldauer und Chemie. Nur wenn alle **Spülfaktoren** in der Balance sind, wird das Geschirr richtig sauber. Faustregel: Reduziert man der Anteil eines Faktors, etwa durch das Absenken der Temperatur, muss für ein gleich gutes Ergebnis mindestens ein anderer Spülfaktor gesteigert werden.

So wirken die vier Faktoren in einem Geschirrspüler:

❭ **Mechanik:** Eine Umwälzpumpe drückt Wasser durch feine Öffnungen in den rotierenden Sprüharmen und sprüht es so gegen das Geschirr. Die Sprühdüsen sind so ausgerichtet und die Geschirrkörbe im Inneren der Maschine so konstruiert, dass Winkel und Druck des auftreffenden Wassers Speisereste lösen und entfernen können, ohne etwa Gläser zu beschädigen.

❭ **Temperatur:** Abhängig vom gewählten Programm liegen die Temperaturen im Reinigungsgang bei 40 bis 75 Grad. Ist die Temperatur erreicht, wird sie eine Weile gehalten. Im Klarspülgang erwärmt sich das Geschirr weiter auf 55 bis 75 Grad. Das erleichtert den anschließenden Trocknungsprozess – vor allem bei Porzellan, da es viel mehr Wärme speichert als etwa Plastik, und Restwasser so besser verdunsten kann. Gut zu wissen: Auch bei relativ niedrigen Temperaturen lassen sich hygienisch einwandfreie Ergebnisse erzielen.

❱ **Spüldauer:** Da der Faktor mechanische Reinigung im Geschirrspüler weniger ins Gewicht fällt als beim Spülen von Hand mit Bürste oder Schwamm, müssen Geschirr und Besteck länger mit Wasser und Spülmittel in Kontakt kommen. Dadurch erhöht sich – je nach gewähltem Programm – die Spüldauer pro Waschgang teils erheblich.

❱ **Chemie:** Heutige Reiniger sind niederalkalische Konzentrate in Pulver-, Tabletten-, Granulat- oder Gelform. Tabs haben einen Marktanteil von etwa 75 Prozent. Der Vorteil von Tabs: Durch die vorgegebene Menge an Reiniger muss niemand befürchten, diesen über- oder unterzudosieren – zumindest beim Einsatz in gängigen 60-Zentimeter-Geräten. „Multitabs" enthalten zudem bereits Klarspüler und Enthärtersalz, sodass Nutzer nur ein einziges Produkt benötigen.

Wird die Spülmaschine eingeschaltet und ein Programm gewählt, fließt das einströmende Wasser zunächst über eine **Enthärtungsanlage**. Diese gibt Natriumionen an das Wasser ab und entzieht ihm im Gegenzug Kalzium- und Magnesiumionen. Sind die Natriumionen im Enthärter aufgebraucht, regeneriert sich dieser automatisch. Dazu wird eine bestimmte Menge des vorher in einen Vorratsbehälter eingefüllten **Regeneriersalzes** in Wasser gelöst und in den Enthärter gespült. Ist das Regeneriersalz aufgebraucht, erinnert eine Anzeige im Deckel des Vorratsbehälters oder an der Bedienblende ans Nachfüllen.

Jeder Geschirrspüler verfügt über eine **Umschalteinrichtung**, mit deren Hilfe sich der Enthärter auf den Härtegrad des örtlichen Wassers einstellen lässt.

Extra-Tipp: Wie hart oder weich das Wasser in Ihrer Stadt oder Region ist, können Sie auf der Website Ihres Versorgers in Erfahrung bringen.

Bei elektronisch gesteuerten Geräten erfolgt die Einstellung über die Bedienblende. Eine Ausnahme bilden Geräte mit **Wasserhärtesensor**, die das automatisch erledigen.

Nach dem Enthärten saugt eine **Umwälzpumpe** das Wasser an der tiefsten Stelle der Maschine über verschiedene Filter – zum Beispiel Grob-, Fein- und Flächensieb – an und drückt es durch die

ⓘ Aktuelle Tests im Internet
Detaillierte Informationen zu sämtlichen aktuell von uns getesteten Geschirrspülmitteln finden Sie im Internet unter test.de/geschirrspuelmittel.

Düsen zweier rotierender **Sprüharme** auf das Geschirr. Je ein Sprüharm befindet sich unter Unter- und Oberkorb. Über dem Oberkorb können ein weiterer Sprüharm oder eine feststehende Sprühdüse angebracht sein. Das versprühte und herunterlaufende Wasser sammelt sich wieder und wird erneut durch die Filterkombination angesaugt.

Wichtig: Die Filter sind zwar so konstruiert, dass sie sich größtenteils selbst reinigen, sie sollten aber regelmäßig herausgenommen und per Hand gesäubert werden.

Voraussetzung für einen automatisch ablaufenden Spülvorgang ist eine **Dosiereinrichtung** für Reiniger und Klarspüler. Zum vorgesehenen Zeitpunkt während des Spülprogramms öffnet sich der Deckel der Reinigerkammer. Manche Modelle besitzen zwei Kammern für den Reiniger und sind so ausgerüstet für Spülprogramme mit zwei Reinigungsgängen. **Dosierhilfen**, zum Beispiel Markierungen in den Kammern, an Dosierlöffeln und Dosierbechern ermöglichen ein exaktes Abmessen. Damit sich Tabs vollständig auflösen, besitzen viele Modelle eine **Auffangschale** an der Vorderseite des Oberkorbs.

Das Spülwasser wird durch einen in der Umwälzpumpe befindlichen **Heizkörper** oder einen **Durchlauferhitzer** erwärmt. Einige Geräte besitzen in der Seitenwand zusätzlich einen **Wärmetauscher**: Das heiße Spülwasser im Inneren der Maschine gibt während des Spülgangs einen Teil seiner Wärmeenergie durch die Behälterwand ab und wärmt so das im Wärmetauscher befindliche Wasser vor. Dieses wird in der nächsten Spülphase verwendet und benötigt weniger Energie zum Aufheizen.

Für die richtige Wassertemperatur sorgen **elektronische Temperaturregelungen**, die auf den Wert eingestellt sind, den das jeweilige Spülprogramm vorgibt. Die meisten Spülmaschinen lassen sich wahlweise an einem **Kalt- oder Warmwasseranschluss** betreiben. Die maximal zulässige Zulauftemperatur liegt bei fast allen Geräten bei 60 Grad Celsius.

Ein **Spülprogramm** besteht aus folgenden Schritten:

❱ Durchspülen des Enthärters
❱ Vorspülgang
❱ Reinigungsgang
❱ Zwischenspülgang
❱ Klarspülgang
❱ Einspülen der Salzlösung in den Enthärter (Regenerieren)
❱ Trocknungsgang

Unser Rat

Innovation mit Schwächen

In der Werbung für seine „Waterwall"-Technologie verspricht Hersteller Samsung eine Revolution des Geschirrspülens. Anstelle eines rotierenden Sprüharms fährt am Boden des jeweiligen Spülers eine Schiene vor und zurück, die Wasser nach oben spritzt. In unserem Test im Oktober 2019 haben wir die Waterwall (dt.: „Wasserwand") gründlich getestet. Ergebnis: Im Spar- und Automatikprogramm lieferte der Samsung-Spüler sehr sauberes Geschirr – im Kurzprogramm ließ er dagegen mehr Speisereste auf dem Geschirr als die Konkurrenz. Dafür bekam das Gerät als einziger Testkandidat in dieser Disziplin lediglich ein „Befriedigend". Gesamtfazit des Tests: Setzen Sie auf Spüler mit der höchsten Effizienzklasse A+++. Diese sparen nicht nur Wasser und Energie, sondern sind meist auch weniger störanfällig.

Sauber und sparsam spülen

Welches Programm wofür?

Nur wenige Menschen wählen stets das Spülprogramm, das Füllmenge und Verschmutzungsgrad am besten entspricht. Laut einer Leserumfrage des test-Magazins verwenden die meisten das Automatikprogramm im Glauben, es würde Wassermenge, Temperatur und Zeit von sich aus optimal einstellen. Doch unsere Tests zeigen, dass viele Maschinen dies nur eingeschränkt beherrschen. Es lohnt sich also zu wissen, wofür die anderen Programme gedacht sind.

Spülprogramme

Die Basis bildet das **Normalprogramm**, vorgesehen für eine voll beladene Maschine – also je nach Hersteller und Gerät für 4 bis 15 Maßgedecke. Viele Maschinen haben dieses heute jedoch gar nicht mehr an Bord, sondern empfehlen von vornherein das **Sparprogramm** (Eco). Der Wegfall des Vorspülgangs sowie eine niedrigere Temperatur sorgen hier für eine Strom- und Wasserersparnis. Für temperaturempfindliches und leicht verschmutztes Geschirr eignet sich das **Schonprogramm**. Kennzeichen sind eine niedrigere Temperatur im Reinigungs- und Klarspülgang. Wer den Reiniger per Hand dosiert, benötigt weniger davon. Für leicht verschmutztes Geschirr ohne angetrocknete Reste – zum Beispiel Partygeschirr – ist das **Schnellprogramm** gedacht: Es zeichnet sich eine besonders kurze Laufzeit und einen geringeren Wasser- und Stromverbrauch aus. Hintergrund ist der verkürzte Reinigungsgang bei oft nur 40 oder 45 Grad. Auch hier ist der Reiniger entsprechend der Gebrauchsanleitung zu dosieren. Aus diesem Grund raten die meisten

Hersteller Nutzern beim Schnellprogramm statt Tabs zu einem Pulver. Meist ist der Trocknungsgang sehr kurz – oder entfällt sogar. Für stark verschmutztes Geschirr mit angetrockneten stärke- oder eiweißhaltigen Speiseresten sowie für Töpfe und Pfannen eignet sich das **Intensivprogramm**. Im Unterschied zu anderen Programmen wird hier das Wasser bereits beim Vorspülgang beheizt und im Reinigungsgang bis auf 70 oder 75 Grad erhitzt.

Bei **Automatikprogrammen** steuern Trübungssowie eventuell vorhandene Beladungssensoren den Reinigungsprozess, indem sie Temperatur, Wasserfüllmenge sowie Anzahl der Spülgänge der Menge des Geschirrs und dem Verschmutzungsgrad anpassen. Auf diese Weise sollen sich Wasser- und Stromverbrauch optimieren lassen (siehe „Unser Rat", S. 162). Manche Geräte haben zwei Automatikprogramme – eines für leicht, das andere für stark verschmutztes Geschirr.

Manche Hersteller rüsten ihre Maschinen mit weiteren Programmen und Optionen aus, die für besondere Aufgaben gedacht sind. Dazu zählen das Entfernen hartnäckiger Verschmutzungen und Speisereste, aber auch ein extra leiser Betrieb und das Reinigen der Maschine ohne Geschirr.

Zusatzprogramme und -optionen

Mit der Funktion **Vorspülen** lassen sich kleinere Geschirrmengen, die erst später gespült werden sollen, vom gröbsten Schmutz und störenden

Gerüchen befreien. Der Vorspülgang läuft mit kaltem Wasser ohne Reiniger. Alternative: Geschirr mit einem Lappen oder Küchenkrepp grob vorreinigen und Essensreste entsorgen.

Die von einigen Herstellern angebotene Option **Halbe Beladung** bietet sich für eine geringere Geschirrmenge an, wobei sowohl Ober- als auch Unterkorb nutzbar sind. Die Option **Unterkorb Intensiv** lässt sich vielen Programmen zuschalten und sorgt dafür, dass im Unterkorb befindliches und stärker verschmutztes Kochgeschirr besonders gründlich gereinigt wird. Dadurch kann sich die Laufzeit verlängern. Wichtig: Zugeschaltete Optionen bleiben so lange wirksam, bis sie wieder ausgeschaltet werden.

Die Option **Intensivzone** ermöglicht wie das Programm **Prozone** ein gleichzeitiges Spülen von stark verschmutztem und empfindlichem Geschirr. Als zuschaltbare Option steigert die Funktion im Unterkorb mittels zusätzlicher Heiz- und Spülperioden sowie höherem Wasserdruck die Reinigungskraft. Im Prozone-Programm wird zunächst bis zu einer Temperatur von 50 Grad im gesamten Innenraum gespült – danach arbeitet nur noch der untere Sprüharm bei bis zu 65 Grad Temperatur. So werden die oben stehenden Gläser geschont, während Töpfe und Auflaufformen im Unterkorb weiter gereinigt werden.

Auf ein Minimum sinkt der Stromverbrauch bei Spülgeräten mit Warmwasseranschluss im Programm **Ohne Heizung**. Das einlaufende Wasser (Mindesttemperatur 45 Grad) wird dabei nicht geheizt, statt dessen die bereits vorhandene Wärmeenergie zum Spülen genutzt. Für den

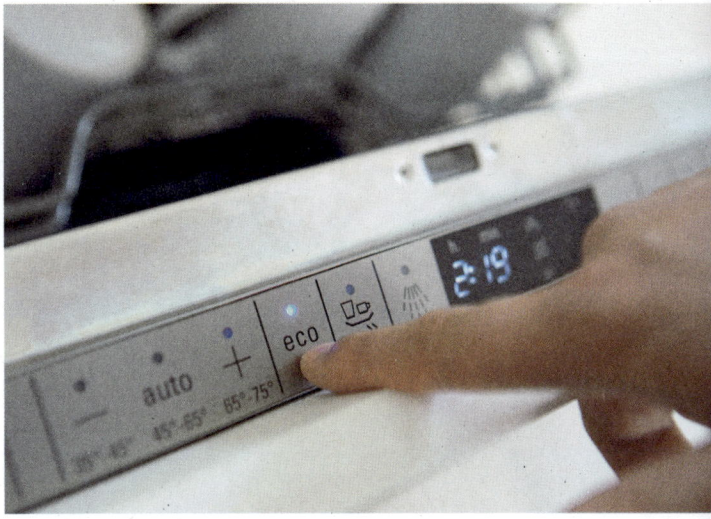

Betrieb in offenen Wohnküchen und/oder nachts empfehlen Hersteller das Programm **Extra Leise**. Je nach Modell dringen dabei nur 37 bis 42 Dezibel nach außen.

Die Option **Glanztrocknen** bewirkt einen höheren Wassereinsatz im Zwischenspülgang und damit ein gründlicheres Spülen. Im Verbund mit dem längeren Trocknungsgang versprechen die Hersteller ein perfektes Ergebnis. Die **Extra-Hygiene-Option** (verfügbar im Intensiv-, Automatik- und Sparprogramm) heizt das Wasser im Klarspülgang auf 70 Grad oder mehr auf, hält diese Temperatur für zehn Minuten und dient damit der hygienischen Reinigung von zum Beispiel Schneidbrettern und Babyfläschchen. Schließlich verfügen viele Geräte über ein **Reinigungsprogramm**, das ohne Trocknung bei 60 Grad läuft, Verschmutzungen in Schläuchen und Filtern beseitigen und Ablagerungen im Gerät vermeiden helfen soll.

Unser Rat

Automatik spart kaum

Machen Sie Ihre Kaufentscheidung nicht von Werbeslogans wie „Keine volle Beladung nötig" oder Sparversprechen der Anbieter abhängig. In unserem Test von 2017 hatten viele der 21 Spülmaschinen Probleme mit dem Anpassen des Wasser- und Energieverbrauchs an unterschiedliche Verschmutzungsgrade des Geschirrs. Die meisten verbrauchten beim Spülen von normal verschmutztem Geschirr genauso viel Energie und Wasser wie für stark verschmutztes.

Auch mit dem Senken des Verbrauchs bei halber Beladung haperte es: Viele Geräte benötigten halb beladen genauso viel Strom und Wasser wie voll. Andere sparten zwar halb beladen bis zu 39 Prozent Strom ein – hatten aber voll beladen einen deutlich höheren Verbrauch als die Konkurrenz. Immerhin war das Geschirr im Schnitt rund eine Stunde schneller fertig als im Sparprogramm. „test" rät deshalb: Setzen Sie nicht ausschließlich auf die Spülautomatik, sondern verwenden Sie auch andere Programme sowie Zusatzoptionen.

Die einzelnen Spülprogramme unterscheiden sich nicht nur hinsichtlich der Temperaturen für Reinigungs- und Klarspülgang, sondern auch in Bezug auf die Anzahl der Spül- sowie die Art der Trocknungsvorgänge – und damit unterm Strich in ihrer Laufzeit. Die Dauer eines Programms reicht von 20 Minuten bei manchen Kurzprogrammen bis 250 Minuten bei Energiesparprogrammen (siehe Infokasten „Sauber und sparsam spülen", S. 160).

Im Klarspülgang wird dem Wasser **Klarspüler** zugesetzt. Eine Dosiereinrichtung ermöglicht dessen automatische Zugabe über einen längeren Zeitraum. Der Vorratsbehälter fasst bis zu 110 Milliliter und setzt pro Spülgang je nach Einstellung etwa 3 Milliliter frei. Der Klarspüler verringert die Oberflächenspannung des Spülwassers. Im Trocknungsprozess läuft dieses dann leichter und rückstandsfreier von Gläsern und Geschirrteilen ab. Schließlich sorgt eine **Ablaufpumpe** dafür, dass das gebrauchte Wasser aus der Maschine gepumpt wird.

Je höher die Temperatur im Klarspülgang war, desto schneller trocknen anschließend Geschirr und Besteck. Warme Luft nimmt mehr Feuchtigkeit auf als kalte. Neben dem Kondensieren warmer Luft an den kalten Innenseiten des Spülbehälters bieten manche Hersteller **zusätzliche Trocknungssysteme** an, etwa das automatische Öffnen der Tür während des Trocknens, die Abfuhr feuchter Luft über ein Gebläse sowie das Binden von Feuchtigkeit mithilfe eines Zeolithminerals. Dieses ist in der Lage, Feuchtigkeit und Energie zu speichern und wieder abzugeben. Das Mineral befindet sich in einem Behälter im Geschirrspüler.

Bei Geschirrspülern, die mit dem Zeolithsystem arbeiten, handelt es sich um Geräte der Marken Bosch, Siemens, Constructa und Neff (Hersteller: BSH Hausgeräte). Mit Hilfe des Zeoliths sollen die Geräte weniger Energie verbrauchen, was den Geldbeutel schonen würde. Allerdings beklagen Leser von „test" immer wieder, dass die Spüler nach einiger Zeit nicht mehr richtig trocknen und eine Reparatur mehrere Hundert Euro kostet. In unserem aktuellen Test stellten wir im Labor jedoch keine Probleme mit Zeolith fest.

Das **Gehäuse** eines Geschirrspülers wird aus lackiertem oder emailliertem Stahlblech gefertigt, der eigentliche Spülbehälter aus Edelstahl. Die **Geräuschdämmung** besteht meist aus einer Lage Bitumen und einer oberen Matte aus Textilvlies oder Mineralfasern. Hochwertige Geräte sind zusätzlich mit Profilleisten oder Dichtungen gedämmt. Features wie die vibrationsfreie Aufhängung von Motor und Pumpe sowie eine spezielle Wasserführung für den oberen Geschirrkorb tragen ebenfalls zu geringeren Betriebsgeräuschen bei.

Je nach Größe sind Spülmaschinen mit einem oder zwei Geschirrkörben ausgestattet. **Oberkorb** und **Unterkorb** bestehen aus kunststoffummanteltem Stahldraht, der **Besteckkorb** und eine eventuell für den Oberkorb vorgesehene **Besteckablage** aus Kunststoff. Der Besteckkorb ist einzeln oder in zwei Hälften entnehmbar und besitzt oft einen gitterförmigen Deckel, dessen Hälften sich aufklappen lassen. Das Gitter dient zum Trennen der Besteckteile, die dadurch sauberer werden. Manche Hersteller integrieren für ein besseres Spülergebnis statt eines Besteckkorbs eine **Besteckschublade**, die als dritte und oberste Korbebene fungiert und separate Halterungen besitzt. In diese lassen sich

die einzelnen Besteckteile einlegen und nach Ende des Spülvorgangs sicher und hygienisch entnehmen. Im Gegensatz dazu ist man beim Herausnehmen aus einem Besteckkorb – in dem Messer, Gabeln und Löffel mit dem Griff nach unten stehen sollen – praktisch gezwungen, die frisch gespülten Teile an der „Nutzfläche" anzufassen.

Der Oberkorb selbst ist für Tassen, Gläser, Teller und Schüsseln vorgesehen. Leichte Kunststoffteile lassen sich mit **Kleinteilehaltern** sicher fixieren. Meist besitzt der Oberkorb mindestens eine seitlich herunterklappbare **Tassenablage**, die über Anlagestreben sowie Glashalterungen für langstielige Gläser verfügt. Umklappbare Stacheln oder Bügel ermöglichen das Unterbringen größerer Geschirrteile.

Was viele Nutzer nicht wissen: Die meisten Oberkörbe sind **höhenverstellbar** und lassen sich der Höhe der Geschirrteile im Unterkorb anpassen – oft sogar im bereits beladenen Zustand. Das Verstellen erfolgt ein- oder beidseitig in bis zu drei Stufen. Ein schräg gestellter Oberkorb bietet zudem den Vorteil, dass das Wasser besser abfließen kann.

Der Unterkorb nimmt Teller und Schüsseln sowie Töpfe und Pfannen auf. Herausnehmbare oder ausklappbare Stachelreihen ermöglichen auch das sichere Befestigen sperriger oder sehr gro-

Unser Rat

Wenig per Hand spülen
Hochwertige Pfannen, Küchenmesser, Holzlöffel und handbemalte Keramik gehören nicht in den Geschirrspüler. Doch die meisten Menschen spülen nicht nur diese per Hand, sondern „mal schnell zwischendurch" auch spülmaschinenfeste Teller, Tassen oder Besteckteile – nicht selten sogar unter fließendem Wasser. Auch wenn die Küche danach wieder blitzt: Der zusätzliche Verbrauch an Wasser, Energie und Spülmittel verhagelt die Ökobilanz und geht auf Dauer ins Geld. Tipp: Wenn Sie schon per Hand spülen, dann sammeln Sie Geschirr an und lassen dann Wasser ins Becken.

ßer Geschirrteile. Als Zubehör bieten viele Hersteller weitere **Einsätze**, etwa für Vasen, oder gleich ganze **Spezialkörbe**, zum Beispiel für Gläser, an. **Komfortfunktionen** wie ein hochschwenkbarer Unterkorb erleichtern das Beladen und Ausräumen.

Bauformen und Abmessungen

Aus ergonomischen Gründen sollte sich der Geschirrspüler links neben der Spüle befinden – bei Linkshändern rechts davon. Frei aufstellen oder an andere Geräte beziehungsweise Küchenmöbel anschließen lassen sich **Standgeräte**. Es gibt sie in 60 und 45 Zentimetern Breite und, einschließlich Arbeitsplatte, einer Höhe von

---

Check: **Geschirrspüler**

Größe
- ☐ 60 cm breit (Haushalt mit 3 und mehr Personen)
- ☐ 60 cm breit (Haushalt mit 1–2 Personen und hohem Geschirraufkommen)
- ☐ 45 cm breit (Haushalt mit 1–2 Personen und geringerem Geschirraufkommen)

Verfügbarer Platz
- ☐ .... cm Breite
- ☐ .... cm Höhe
- ☐ .... cm Tiefe

Bauform
- ☐ Einbaugerät
- ☐ Unterbaufähiges Standgerät
- ☐ Integrierbares Unterbaugerät mit sichtbarer Bedienblende
- ☐ Vollintegrierbares Gerät mit versteckter Bedienblende
- ☐ Einbaugerät zum Hocheinbau
- ☐ Vollintegrierbares Kompaktgerät zum Hocheinbau
- ☐ Spülzentrum

- ☐ Schubladenspüler
- ☐ Standgerät
- ☐ Kompaktgerät zum Aufstellen

Korbausstattung
- ☐ Besteckschublade statt Besteckkorb (für viel und hochwertiges Besteck)
- ☐ Entnehmbare oder umklappbare Halterungen für Teller und Tassen (für große Töpfe, Schüsseln und Auflaufformen)
- ☐ Tauschbare Spezial- oder Zusatzkörbe (bei besonderem Geschirr wie Babyflaschen oder großen Tellern)

Programme
- ☐ Standard/Normal (65 Grad Reinigen/65 Grad Klarspülen)
- ☐ Energiesparen/Eco (50 Grad/60 Grad)
- ☐ Schon/Glas/Fein (50 oder 45 Grad/55 Grad)
- ☐ Schnell (45–65 Grad/65 Grad)
- ☐ Intensiv (65–70 Grad/70 Grad)
- ☐ Automatik (45–70 Grad/ca. 65 Grad)

85 Zentimetern. Die Tiefe des Korpus beträgt je nach Hersteller zwischen 57 und 62,5 Zentimetern. Dank höhenverstellbarer Füße lassen sich Bodenunebenheiten ausgleichen. Standgeräte mit abnehmbarer Arbeitsplatte sind unterbaufähig, lassen sich also unter die Arbeitsplatte der Küche einbauen. Außerdem sind sie meist günstiger als vergleichbare Einbaugeräte.

Von vornherein als **Unterbaugeräte** deklarierte Geschirrspüler werden ohne Arbeitsplatte geliefert. Auch sie gibt es in 60 und 45 Zentimetern Breite. Mittels höhenverstellbarer Füße lässt sich die Höhe zwischen 81 und 87 Zentimetern, mittels Zusatz-Kit zur Fußverlängerung sogar bis 94 Zentimeter einstellen, sodass sich das Gerät an nahezu jede Arbeitsplatte anpassen lässt. Mit einer Korpustiefe von 57 bis 58,5 Zentimetern ist ein flächenbündiger Einbau möglich. Mit Hilfe

eines standardmäßig vorgesehenen oder nachrüstbaren Dekorrahmens und einer ca. 4 Millimeter starken Dekorplatte lässt sich die Front vieler höherwertiger Markengeräte optisch an die Küchenfront anpassen. Unterbaumodelle eignen sich grundsätzlich vor allem, wenn in einer bereits vorhandenen Küche der Geschirrspüler ausgetauscht werden soll.

In denselben Abmessungen werden **teilintegrierbare Einbaugeräte** angeboten. Sie sind vor allem für den Einbau unter einer durchgehenden Arbeitsplatte vorgesehen. Auch ihre Höhe lässt sich zwischen 81 und 94 Zentimetern variieren. An ihrer Tür lässt sich eine serienmäßige, rund 2 Zentimeter starke Möbeltür aus dem jeweiligen Küchenprogramm anbringen und so eine einheitliche Front schaffen. Die Tür lässt lediglich die Bedienblende an der Vorderfront frei.

Extra-Tipp: Wer sich erst in ein paar Jahren eine neue Küche kauft, kann mithilfe eines Umrüstsatzes aus einem Einbau- ein Unterbaugerät machen.

Ein **vollintegrierbares Gerät** lässt sich vollständig mit einer Möbeltür verkleiden und zum Beispiel mit einem Schranktürgriff versehen. Zur Stabilisierung der Tür, speziell im Griffbereich, wird oft eine Montageplatte mitgeliefert. Die Bedienelemente vollinte-

grierter Spülmaschinen befinden sich auf dem oberen, inneren Rand der Gerätetür und sind nur bei geöffneter Tür sichtbar. Während des Spülgangs leuchtet meist ein Lämpchen auf dem Boden. Vollintegrierbare Geräte sind meist etwas teurer als vergleichbare teilintegrierte.

Ein **hoch eingebauter Geschirrspüler** passt dank seiner Breite von 55 Zentimetern in jeden 60 Zentimeter breiten Hochschrank. Mit seiner Höhe von 76 Zentimetern passt er zum Beispiel in eine 88-Zentimeter-Nische, die ansonsten etwa für einen Kühlschrank vorgesehen wäre. Die Höhendifferenz lässt sich durch einen Zwischenboden oder eine zusätzliche Schublade ausgleichen.

Auch manche integrierten und vollintegrierten Geschirrspüler mit 45 oder 60 Zentimetern Breite eignen sich für den Einbau in bequemer Griffhöhe. Um das Gerät seitlich zu verkleiden, sind dann jedoch zusätzliche Wände („Wangen") erforderlich.

Darüber hinaus besteht die Möglichkeit, ein Unterbaugerät mit einer Spüle zu kombinieren. Bei dieser Lösung, **Spülzentrum** genannt, wird der Geschirrspüler unter die Geschirrablage der Spüle integriert, während sich die Breite des Spülenunterschranks auf die Breite des Spülbeckens beschränkt. Das Spülzentrum gibt es in 90 Zentimeter Breite für 45 Zentimeter breite Geschirrspüler und in 100 Zentimeter Breite für 60 Zentimeter breite Geräte.

Etliche Hersteller bieten darüber hinaus **Kompaktgeräte** für vier bis acht Maßgedecke an, die sich je nach Abmessungen separat auf der Arbeitsplatte betreiben oder eventuell mittels Einbausatz in eine 45er- oder 60er Nische einbauen lassen („Auftischgerät"). Andere Kompaktgeräte werden von vornherein zum Einbau angeboten. Sie sind integrierbar, indem man ihre Tür hinter einer Möbelfront oder einer Front aus Edelstahl beziehungsweise Aluminium verschwinden lässt.

Ausstattung

Die Elemente für die Programmwahl sind auf der **Bedienblende** zu finden. Diese ist sichtbar im oberen Frontbereich oder – bei vollintegrierten Spülgeräten – unsichtbar auf der Oberkante der Tür angebracht. Das gewünschte Spülprogramm lässt sich bei einfacheren Spülmaschinen per **Drehschalter**, bei den meisten moderneren Geräten über **Tasten** beziehungsweise eine **Touch-Bedienung** wählen. **Zusatzfunktionen** werden durch separate Tasten oder per Touch-Display angewählt. Bei Geräten mit elektronischer Steuerung besteht zum Teil die Möglichkeit, Zusatzfunktionen wie Innenraumbeleuchtung, Intensivtrocknen oder automatisches Abschalten am Programmende fest in den Programmablauf aufzunehmen und wieder abzuschalten.

Darüber, welches Programm gerade läuft, informieren **Leuchtdioden** oder eine **Textanzeige**. Letztere erscheint im Display oder wird auf den Fußboden vor der Maschine projiziert. Standard sind auch Kontrollleuchten, die signalisieren, ob aktuell Klarspüler oder Regeneriersalz nachzufüllen ist. Manche Modelle zeigen darüber hinaus blockierte Sprüharme oder eine nicht richtig geschlossene Tür an beziehungsweise erinnern Nutzer daran, die Filterkombination auf Verunreinigungen zu kontrollieren.

Viele Spülmaschinen verfügen über eine **Zeitvorwahl**, mit deren Hilfe sich der Programmbeginn um bis zu 24 Stunden in die Zukunft verlegen lässt. Die vorgewählte Zeit wird per LED oder im Display angezeigt. Letzteres zeigt bei manchen Geräten zudem die exakte **Restlaufzeit** des gewählten Programms an und dient als **Fehleranzeige**.

Ausstattung: **Geschirrspüler**

Bewährt und nützlich

> Hochklappbare Tassenauflagen
> Klapp- und höhenverstellbare Gläserhalter
> Anzeige der Restlaufzeit
> Vorwahl der Startzeit
> Automatikprogramm
> Akustisches Signal bei Programmende
> Höhenverstellbarer Oberkorb
> Besteckkorb mit Gitterdeckel
> Besteckschublade
> Wärmetauscher
> Option für Warmwasseranschluss
> Nachtspülprogramm

Luxuriös oder entbehrlich

> Beladungssensor
> Automatische Dosiereinheit
> Backblech-Spülfunktion/-Sprühkopf
> Zuschaltbare Hochdruckzone
> Tauschbare Spezialkörbe
> Paarweise herausnehmbarer Besteckkorb
> Alukassette zum Spülen von Silberbesteck
> Hygieneprogramm
> Reinigungsprogramm
> Bedienung per TouchControl-Tasten
> Hochschwenkbarer Unterkorb
> Innenraumbeleuchtung

Im Automatikprogramm sollen Geschirrspüler den Verschmutzungsgrad des Geschirrs erkennen und Temperatur, Dauer und Wasserverbrauch anpassen. Theoretisch ist das möglich, denn **Trübungssensoren** können die Schmutzpartikel im Spülwasser messen. Ist das Wasser stark getrübt, können die Maschinen selbsttätig das Wasser auswechseln, die Wassermenge anpassen oder die Temperatur erhöhen (siehe dazu „Unser Rat", S. 162).

Hersteller Miele hat eine **automatische Dosiereinheit** (PowerDisk) entwickelt, die sich an der Innenseite der Gerätetür befindet und automatisch die erforderliche Reinigermenge abgibt.

Viele Menschen nutzen kombinierte Reinigertabletten („Multitabs"), zu erkennen an Bezeichnungen wie „All in one" oder „Complete" im Produktnamen. Neben Reiniger enthalten sie Klarspüler, Wasserenthärter und weitere Zusätze, zum Beispiel zum schnelleren Trocknen des Geschirrs oder Schonen des Geschirrspülers. Wer Multitabs verwendet, kann in der Regel auf die Zugabe von Klarspüler und Regeneriersalz verzichten. Um Reinigungstabletten optimal zu nutzen, lässt sich bei manchen Geräten per Tastendruck eine **Multitab-Funktion** zuschalten. Diese stellt die Enthärtungsanlage auf die kleinste Stufe und reduziert die Zugabe von Klarspüler auf ein Minimum beziehungsweise auf null. Je nach Modell schalten sich dann auch die Kontrolllampen, die einen Mangel an Klarspüler und Salz anzeigen, automatisch aus. Das Einstellen der Wasserhärte beziehungsweise das Zugeben von Salz ist nicht erforderlich. Ausnahme: In Gebieten mit sehr hartem Wasser (ab 21 Grad deutscher Härte) raten die Hersteller, die Salzzugabe zu aktivieren.

Extra-Tipp: Aus ökologischen und ökonomischen Gründen sowie im Sinne eines optimalen Reinigungsergebnisses ist es in Gegenden mit sehr hartem Wasser besser, statt Multitabs Einzelkomponenten zu verwenden.

Manche Geräte mit elektronischer Steuerung verfügen zudem über eine **Reinigerautomatik**. Sie misst per Sensor die Füllstände im Klarspüler- und Salzbehälter und „merkt", ob es sich um einen

Kombireiniger oder ein herkömmliches Produkt handelt. Dementsprechend passt die Automatik den Programmablauf an und nutzt die aktuell verwendeten Komponenten optimal aus – verspricht jedenfalls der Hersteller.

Sicherheit

Eines der größten von einem Geschirrspüler ausgehenden Risiken ist austretendes Wasser. Absoluten Schutz vor einem **Wasserschaden** bietet nur ein geschlossener Zulauf-Wasserhahn. Von Art und Umfang der in einer Maschine verbauten Sicherheitssysteme und der ordnungsgemäßen Installation des Geräts hängt ab, ob der Zulauf auch im Ruhezustand geöffnet bleiben kann und der Hersteller bei einem Wasserschaden haften muss.

Über folgende Bauteile sollte ein Geschirrspüler verfügen. Sie sind in ihrer Wirkungsweise aufeinander abgestimmt:

❭ **(Doppel-)Magnetventil:** Ein, besser zwei mechanische oder elektromechanische Ventile an der Verschraubung des Zulaufschlauchs mit dem Wasserhahn. Die Ventile sind im spannungslosen Zustand geschlossen. Damit ist der Zulaufschlauch auch bei geöffnetem Wasserhahn drucklos und kann bei ausgeschalteter Maschine nicht platzen.

❭ **Knickfreier Zu- und Ablaufschlauch:** verhindert Undichtigkeiten durch abrupte Richtungsänderungen

❭ **Hüllschlauch um den Zulaufschlauch:** Ist der Zulaufschlauch undicht, fließt das Wasser innerhalb des Hüllschlauchs in die Bodenwanne. Dort schaltet der Schwimmerschalter die Magnetventile und damit die Wasserzufuhr ab. Bei manchen Maschinen ertönt zusätzlich ein akustischer Alarm.

❭ **Überlauf-Schutzschalter:** Steigt der Wasserpegel im Inneren des Geschirrspülers über die Sicherheitsgrenze, weil zum Beispiel der Ablauf verstopft ist, schaltet der Überlauf-Schutzschalter die Wasserzufuhr ab. Bei einigen Modellen springt gleichzeitig die Ablaufpumpe an.

❭ **Bodenwanne mit Schwimmerschalter:** Versagt der Überlauf-Druckwächter, wird das austretende Wasser in die Bodenwanne geleitet, wo der Schwimmerschalter aktiviert wird.

Darüber hinaus lässt sich bei einigen Geräten die Tür mit einer speziellen Vorrichtung verriegeln. Diese **Kindersicherung** verhindert das Öffnen und vermeidet so Gesundheitsschäden durch Dampf und spitze Gegenstände.

Energieeffizienz

Einen schnellen Vergleich verschiedener Geschirrspüler hinsichtlich ihrer Energieeffizienz ermöglicht das **EU-Energielabel**. Seit einigen Jahren dürfen nur noch Geräte der drei besten Klassen A+++, A++ und A+ verkauft werden. Das Label berücksichtigt jedoch ausschließlich Verbrauchswerte im Sparprogramm (Eco). Das ist zwar das effizienteste und günstigste Spülprogramm – doch nicht zwangsläufig das am häufigsten verwendete. Über den Verbrauch einer Maschine im Automatik- oder Schnellprogramm sagt das Label nichts.

Der Blick auf die Effizienzklasse allein reicht nicht aus, denn innerhalb einer Klasse gibt es größere Differenzen im tatsächlichen Verbrauch. Am größten ist die Differenz in der besten Klasse. Teilweise werden Sie daher Hinweise finden wie „20 Prozent sparsamer als A+++".

Neben dem jährlichen Energiebedarf ist auch der Wasserverbrauch in Litern angegeben. Beide Werte basieren auf 280 Standardspülgängen. Außerdem informiert das Label über die Trockenwirkung auf einer Skala von A bis G sowie über die Geräuschentwicklung in Dezibel.

Unserem Test von 2017 zufolge sparen Nutzer bei jedem Durchlauf des Sparprogramms im Vergleich zur Automatik zwischen 0,04 und 0,13 Euro an Strom- und Wasserkosten. Bezogen auf die 280 Spülgänge, die fürs Energielabel herangezogen werden, heißt das: Die jährliche Ersparnis beträgt 11,20 bis 36,40 Euro. Egal welches Programm Sie letztlich nutzen – das oberste Gebot sollte lauten: Nur ein vollbeladenes Gerät arbeitet wirklich energieeffizient.

Service

Ihr Recht als Kunde

Eine neue Küche einzurichten, soll viel Freude bereiten, kann aber auch Ärger machen. Unpünktliche Lieferung, Transportschäden und ein fehlerhafter Einbau sind nur einige Punkte, die Kunden nicht hinnehmen müssen. Um bei Reklamationen richtig vorzugehen, gilt es, einige Regeln zu beachten.

Ob Sie Küchenmöbel auswählen und Einbaugeräte erwerben oder eine komplette Kücheneinrichtung planen, anfertigen und von einem Handwerker einbauen lassen – rechtliche Grundlage für Geschäfte dieser Art ist zunächst das Bürgerliche Gesetzbuch (BGB). Ein Kunde, der einen Küchenschrank oder Geschirrspüler kauft, schließt mit dem Händler einen Kaufvertrag nach § 433 BGB ab. Ein Auftrag über die Planung und den Einbau einer Küche beruht in der Regel auf einem Werkvertrag nach § 631 BGB: Der Auftragnehmer verpflichtet sich in solchen Fällen, ein „Werk" herzustellen – hier die fachgerecht eingebaute Küche.

Nicht immer ist die Unterscheidung zwischen Kauf- und Werkvertrag einfach zu treffen. In strittigen Fällen kommt es vor allem darauf an, ob beispielsweise der **Erwerb der Küche** oder die **handwerkliche Tätigkeit bei deren Einbau** im Vordergrund steht. Ein Werkvertrag liegt in der Regel dann vor, wenn der Verkäufer sich verpflichtet, auf der Grundlage handwerklicher Fachkenntnisse eine individuell geplante Küche herzustellen und fachgerecht zu montieren.

Anbieter können zusätzlich zu den Vorgaben des BGB in ihren **Allgemeinen Geschäftsbedingungen (AGB)** weitere Regeln aufstellen. AGB gelten jedoch nur dann als wirksam vereinbart,
❯ wenn der Kunde bei Vertragsabschluss ausdrücklich auf die Bedingungen hingewiesen wurde,
❯ wenn er Gelegenheit hatte, sie zur Kenntnis zu nehmen, und
❯ wenn er dem Kleingedruckten zugestimmt hat.

Sind AGB auf der Rückseite des Kaufvertrags abgedruckt, muss ein deutlicher Hinweis darauf auf der Vorderseite erfolgen. Benachteiligen AGB den Käufer einseitig oder unzulässig, können sie von vornherein unwirksam sein. Ob das im Einzelfall für eine bestimmte Klausel zutrifft, muss häufig ein Gericht entscheiden.

Auch wenn ein einmal abgeschlossener Vertrag grundsätzlich einzuhalten ist – Kunden besitzen umfangreiche Rechte, die sie vor Betrug und mangelhaften Produkten schützen sollen und es ihnen in vielen Fällen sogar erlauben, falsche Kaufentscheidungen zu revidieren. Ein Teil der im Folgenden geschilderten Kundenrechte, namentlich **Widerruf** und **Gewährleistung**, leitet sich aus dem **Gesetz**, insbesondere dem BGB, her.

Zusätzlich kann ein Verkäufer – etwa ein Küchenstudio oder ein Möbelmarkt – Kunden **auf freiwilliger Basis** das Recht zum **Umtausch** sowie eine **Garantie** einräumen – letzteres zum Teil gegen Aufpreis. Auf diese Rechte können sich Käufer ebenfalls berufen – sollten sich jedoch vorher informieren, ob ein bestimmter Händler sie tatsächlich gewährt. Falls nicht, kann es sinnvoll sein, seine Küchenmöbel und/oder -geräte woanders zu erwerben.

Widerruf

Alles prima, der Kaufvertrag über die neue Einbauküche ist unterschrieben, doch dann finden Sie in einem anderen Küchenstudio eine noch schönere und günstigere Küche. Ein Szenario, das in der Praxis häufig vorkommt. Doch lässt sich der zuerst getätigte Kauf rückgängig machen? Antwort: Nicht ohne Weiteres. Ein **im Möbelhaus oder Küchenstudio** abgeschlossener Kaufvertrag ist grundsätzlich nicht widerrufbar. Viele Möbelhäuser lassen zwar eine Stornierung zu, verlangen dafür jedoch Gebühren. Die Konditionen stehen in den AGB. Faustregel: Je später die **Stornierung**, desto höher die Kosten.

Anders sieht es aus, wenn Sie Küchenmöbel und/oder Elektrogeräte **aus dem Katalog, am Telefon oder im Internet** bestellen und sich nach Hause liefern lassen. In diesen Fällen gilt das **Fernabsatzrecht**, das dem Käufer ein **14-tägiges Widerrufsrecht** einräumt – ohne dass er diesen Widerruf begründen müsste. Sie können natürlich sofort nach der Onlinebestellung widerrufen, die gesetzliche Frist läuft aber erst ab dem Erhalt der Ware. Beispiel: Sie haben Ihre Küchenmöbel am 31. Oktober erhalten. Die Widerrufsfrist beginnt dann am 1. November und endet mit Ablauf des 14. November. Ist der Stichtag ein Sonn- oder Feiertag, verlängert sich die Frist entsprechend. **Wichtig:** Es reicht, wenn Kunden den Widerruf am letzten Fristtag zur Post geben und dies nachweisen können, zum Beispiel bei einem Einschreiben.

Außerdem muss der Verkäufer bereits vor Vertragsabschluss über das Widerrufsrecht informieren – ohne jedoch an eine bestimmte Form gebunden zu sein. So reicht es aus, wenn ein Internethändler auf seiner Website korrekte und verständliche Informationen liefert. Zu einer solchen **Widerrufsbelehrung** gehören folgende Angaben:

❯ Hinweis auf das Bestehen des Widerrufsrechts
❯ Nennung der Widerrufsfrist und des Fristbeginns
❯ Hinweis, dass der Widerruf eindeutig erklärt werden muss und keiner Begründung bedarf
❯ Hinweis über mögliche Formen, den Widerruf zu erklären (Brief, Fax, E-Mail etc.)
❯ Hinweis darauf, dass das rechtzeitige Absenden des Widerrufs genügt, um die Frist zu wahren
❯ Angabe von Name und Anschrift des Verkäufers und dessen Telefon- und Faxnummer sowie E-Mail-Adresse
❯ Hinweis auf die Rechtsfolgen des Widerrufs für Kunde und Händler

Informiert der Verkäufer nicht oder nicht korrekt über das Widerrufsrecht, so endet die Widerrufsfrist erst zwölf Monate und 14 Tage nach Lieferung der Ware. Holt der Händler die korrekte Information innerhalb der zwölf Monate nach, beginnt die Frist von 14 Tagen ab diesem Zeitpunkt.

Der Käufer wiederum muss seinen **Widerruf eindeutig erklären**. Einen Grund für seinen Widerruf muss er nicht angeben. Der Bundesgerichtshof hat dies mit Urteil vom 16. März 2016 noch einmal bekräftigt (Az. VIII ZR 146/15).

Wollen Sie von Ihrem Widerrufsrecht Gebrauch machen, können Sie das zwar rein rechtlich auch telefonisch machen, davon ist im echten Leben aber abzuraten, weil Sie im Streitfall den Beweis des (rechtzeitigen) Widerrufs nicht führen könnten. Besser ist, Sie senden eine Widerrufserklärung per E-Mail, Post oder Fax und heben die Versand- bzw. Eingangsbestätigung gut auf. Den Zugang muss Ihnen der Händler unverzüglich bestätigen. Onlinehändler sind auch verpflichtet, Ihnen eine Musterwiderrufserklärung zukommen zu lassen, die Sie ausgefüllt zurückschicken können. Die kommentarlose Rücksendung des Warenpakets gilt dagegen nicht als wirksamer Widerruf. Auch das Erklären der „Kündigung" des Kaufvertrags gegenüber dem Verkäufer ist nicht eindeutig und kann ungültig sein.

Innerhalb von 14 Tagen nach Erklärung des Widerrufs ist der Kunde verpflichtet, paketfähige Ware in einer **geeigneten Verpackung** zurückzusenden – das muss nicht unbedingt die Originalverpackung sein. Der Verkäufer muss daraufhin innerhalb von weiteren 14 Tagen den Kaufpreis samt Versandkosten erstatten.

Ist der Käufer nicht in der Lage, die Ware zu verpacken, weil sie zu groß oder zu sperrig für ein Paket ist, muss er eine Spedition beauftragen und die Kosten selber tragen – allerdings nur, wenn das so im Kaufvertrag steht. Viele Händler schreiben dies aber nicht in den Vertrag; dann müssen sie die Rücksendekosten doch selbst tragen. Die seriösen Händler tun das ohnehin in der Regel freiwillig.

Gewährleistung

Mit dem Abschluss des Kaufvertrags verpflichtet sich der Verkäufer, dem Käufer die Ware oder das Werk mängelfrei zu übergeben. Schließt etwa die Kühlschranktür nicht richtig oder hat die Arbeitsplatte das falsche Dekor, ist von einem **Sachmangel** die Rede. In diesem Fall stehen dem Käufer gegenüber dem Verkäufer verschiedene Rechte zu, die unter dem Begriff **Gewährleistung** zusammengefasst werden. Im Einzelnen sind das:

❯ Nachbesserung
❯ Minderung des Kaufpreises
❯ Rücktritt vom Kaufvertrag
❯ Schadenersatz

Für Elektrogeräte, zum Beispiel Herd oder Kühlschrank, gilt grundsätzlich das **Kaufrecht** und damit eine Gewährleistungsfrist von **zwei Jahren ab Kauf oder Lieferung** – selbst wenn der Unternehmer das Gerät aufstellt und anschließt. In diesen Fällen überwiegt der Kaufaspekt, die Montage ist nachrangig. Wenn der Händler das defekte Gerät nicht austauschen, sondern zunächst reparieren will, stehen ihm in der Regel höchstens zwei Nachbesserungsversuche zu. Bleiben diese erfolglos, greifen die anderen Optionen.

Bei einem **Werkvertrag**, etwa dem Einbau und der Anpassung einer kompletten Küche, hat der Käufer sogar **fünf Jahre** lang Ansprüche gegenüber dem Vertragspartner.

Zu den Gewährleistungsrechten zählt zunächst der Anspruch auf **Reparatur** oder **Ersatzlieferung**. Beides sind Möglichkeiten der **Nachbesserung**. Ein Käufer, der einen Mangel reklamiert, hat nicht nur ein Recht auf Nachbesserung – er darf auch wählen, ob er den defekten Gegenstand repariert oder ersetzt haben will. Nur wenn dem Verkäufer die gewählte Art der Nacherfüllung nicht zuzumuten ist, kann er ablehnen und die andere Form wählen. Das kann der Fall sein, wenn eine Reparatur nur mit unverhältnismäßig hohen Kosten möglich wäre. Umgekehrt muss sich der Kunde mit der Reparatur zufrieden geben, wenn eine Ersatzlieferung übermäßig teuer wäre.

Andererseits darf er nicht einfach vom Vertrag zurücktreten, sondern muss dem Verkäufer die Chance geben, den Kaufvertrag doch noch zu erfüllen und ihm eine mängelfreie Ware oder Leistung zu übergeben. Sind jedoch weder eine Reparatur noch eine Ersatzlieferung möglich, bekommt der Kunde den bereits gezahlten Kaufpreis zurück.

Extra-Tipp: Stellen Sie einen Mangel fest, fordern Sie Ihren Vertragspartner, zum Beispiel das Möbelhaus oder das Küchenstudio, umgehend auf, diesen zu beseitigen. Sinnvoll ist es, dem Vertragspartner eine angemessene Frist mit Datum zu setzen, im Regelfall zwei Wochen.

Wichtig: Der reklamierte Mangel muss grundsätzlich bereits beim Kauf bestanden haben – kann sich jedoch erst verspätet zeigen, wie es zum Beispiel bei Materialfehlern oft der Fall ist. Damit Verkäufer und Kunde nicht regelmäßig in Streit geraten, wer für Mängel verantwortlich ist, hat der Gesetzgeber festgelegt, dass **innerhalb der ersten sechs Monate** monierte Mängel zu Lasten des Verkäufers gehen. Der Verkäufer müsste nun beweisen, dass er beim Kauf ein fehlerfreies Produkt übergeben hat – was meist unmöglich ist. Tritt ein Mangel dagegen erst nach Ablauf der sechs Monate auf, trägt der Käufer die Beweislast. Juristen sprechen hier von **Beweislastumkehr**.

Wurde der Anspruch auf die Sachmangelbeseitigung innerhalb der Verjährungsfrist geltend gemacht und verhandeln Sie mit dem Verkäufer noch darüber, ob der Anspruch auf die Sachmangelbeseitigung besteht oder nicht, wird der Lauf der Frist gehemmt (§ 203 BGB). Erst wenn eine von beiden Seiten die Verhandlungen

Mängel korrekt anzeigen
Einen Musterbrief finden Sie unter verbraucherzentrale.de/sites/ default/files/migration_files/ media45581A.pdf

beendet, zum Beispiel durch die Ablehnung des Anspruchs, läuft die Verjährung (drei Monate nach Abschluss der Verhandlungen) weiter.

Schlägt die Reparatur zweimal oder die Ersatzlieferung einmal fehl, kann der Käufer ohne Fristsetzung seine weiteren gesetzlichen Rechte nutzen: Entweder darf er den Kaufpreis mindern oder vom Kaufvertrag zurücktreten. Dasselbe gilt, wenn der Verkäufer eine Nacherfüllung verweigert oder diese dem Käufer in Ausnahmefällen nicht zuzumuten ist.

Die Kosten jeder Nacherfüllung, ob Reparatur oder Ersatzlieferung, trägt der Verkäufer. Er darf Kunden weder Porto fürs Einsenden an den Hersteller noch Ersatzteil- und Lohnkosten berechnen.

Bei einer **Minderung des Kaufpreises** richtet sich der Umfang des Nachlasses nach dem Ausmaß des Mangels. Bei einem **Rücktritt vom Vertrag** muss der Käufer die Ware zurückgeben, der Verkäufer hat ihm den Kaufpreis zu erstatten. Einen Gutschein muss der Käufer nicht akzeptieren.

Allerdings kann der Verkäufer eine **Nutzungsentschädigung** verlangen, wenn das Produkt vor der Rückgabe genutzt werden konnte. Die Höhe der Nutzungsentschädigung richtet sich nach dem Kaufpreis und der zu erwartenden Nutzungsdauer. Beispiel: Lässt sich ein Kühlschrank für 1000 Euro üblicherweise mindestens zehn Jahre nutzen, so entfällt auf jedes Jahr der Nutzung ein Anteil von 100 Euro. Geben Sie den Kühlschrank sechs Monate nach dem Kauf wegen eines Mangels zurück, erhält der Händler eine Nutzungsentschädigung von 50 Euro. Diese darf er bei der Erstattung des Kaufpreises abziehen.

Anders sieht es aus, wenn der Verkäufer ein defektes Gerät gegen ein neues umtauscht. Die langjährige Praxis, auch dann eine Nutzungsentschädigung zu verlangen, haben sowohl der Europäische Gerichtshof als auch der Bundesgerichtshof verboten. Anschließend wurde die Neuregelung ausdrücklich in §475 Abs. 3 S. 1 BGB aufgenommen.

Haben Verkäufer oder Werkunternehmer ein konkretes **Lieferdatum** zugesichert, halten diesen Termin jedoch aus eigenem Verschulden nicht ein, geraten sie nach Überschreiten des Termins automatisch in Verzug. Sie haben als Kunde dann zwei Möglichkeiten:

❯ Sie setzen dem Verkäufer schriftlich eine Nachfrist mit konkretem Datum. Darin kündigen Sie an, nach erfolglosem Ablauf

Fall vor Gericht

Handwerker und Lieferanten von Einbauküchen und Einbaumöbeln dürfen Anzahlungen verlangen. Die ganze Rechnung müssen Verbraucher jedoch erst nach Lieferung zahlen. Das hat der Bundesgerichtshof entschieden (Az. VII ZR 162/12). Ein Kunde hatte eine Einbauküche für 24 000 Euro gekauft. Der Verkäufer wollte, dass das Geld „spätestens bei Lieferung, aber noch vor Einbau der Küche" gezahlt werde. Der Käufer leistete jedoch lediglich eine Anzahlung von gut 18 000 Euro. Als er eine Nachbesserung verlangte, verweigert der Küchenbauer diese mit Verweis auf das ausstehende Geld. Eine entsprechende AGB-Klausel ist unwirksam, so der BGH. Ein Kunde muss genügend Geld zurückbehalten dürfen, um sein Recht auf Nachbesserung oder Nacherfüllung durchsetzen zu können. Wichtig: Das Urteil gilt nur für Werkverträge.

Kaufpreis richtig mindern
verbraucherzentrale.nrw/sites/default/files/migration_files/media45591A.pdf

Nachfrist zur Lieferung setzen
Musterbrief Verbraucherzentrale Niedersachsen

verbraucherzentrale-niedersach
sen.de/sites/default/files/me
dien/140/dokumente/r-k-1-kauf
vertrag-fristsetzung-nichtliefe
rung-der-ware.pdf

dieser **Nachfrist** gemäß § 323 BGB vom Vertrag zurückzutreten und eventuell Schadenersatz zu verlangen.

〉 Sie bestehen auf der Erfüllung des Vertrags, machen jedoch parallel den durch die Verzögerung entstandenen **Verzugsschaden** geltend. Das ist immer dann ratsam, wenn Sie grundsätzlich noch Vertrauen zum Vertragspartner und Interesse an der Ware haben.

Umtausch

Gefällt einem Käufer im Nachhinein die Farbe seiner Küchenmöbel oder das Material der Arbeitsplatte nicht mehr, hat er **kein Recht auf einen Umtausch**. Zwar sind unter dem Druck des erstarkenden Fernabsatzhandels viele Händler bereit, bereits verkaufte, mängelfreie Ware gegen Rückzahlung des Kaufpreises zurückzunehmen. Andere tauschen sie zumindest gegen eine andere Ware aus dem eigenen Sortiment beziehungsweise einen Gutschein.

Der Umtausch ist damit eine **freiwillige Leistung** des Verkäufers – deshalb darf dieser auch die Zeitdauer bestimmen, innerhalb derer er einen Umtausch akzeptiert. Insbesondere große Möbelketten zeigen sich kulant – dennoch sollten Kunden die Rückgabebedingungen vor dem Kauf in Erfahrung bringen und in ihre Kaufentscheidung einbeziehen. Ist der Umtausch einer Spüle oder eines Kühlschranks – vor allem, wenn diese originalverpackt sind – noch vergleichsweise einfach zu bewerkstelligen, dürfte sich bei einer Arbeitsplatte oder Küchenzeile – und erst recht bei einer individuell angefertigten Einbauküche – kaum ein Händler auf ein solches Vorgehen einlassen.

Garantie

Dass **Garantie** und Gewährleistung identisch seien, ist ein verbreiteter Irrtum. Während die Gewährleistung gesetzlich vorgeschrieben ist und nicht ausgehebelt werden kann, stellt die Garantie eine **freiwillige Leistung des Verkäufers** dar. Einen Garantieanspruch gibt es nicht kraft Gesetzes, sondern allenfalls auf Basis des Kaufvertrags. Die in ihm enthaltenen Garantiebedingungen regeln, wie dieser Anspruch konkret aussieht und worauf sich dieser unter Umständen nicht bezieht.

Der Verkäufer garantiert dafür, dass das Produkt – etwa ein Geschirrspüler – nicht nur bei der Übergabe fehlerfrei ist, sondern dies bis zum Ablauf des Garantiezeitraums bleibt. Andernfalls repariert der Verkäufer den Geschirrspüler auf eigene Kosten oder ersetzt ihn.

Unser Tipp: Die Wahl zwischen der Geltendmachung der Rechte aus der Herstellergarantie und aus dem Sachmängelrecht des BGB haben Sie als Käufer. Der Verkäufer kann sich das nicht aussuchen. Er darf seine Kunden bei einer Reklamation nicht abwimmeln und sie auf die Garantie des Herstellers verweisen. Ist der Händler nur zur Herstellergarantie bereit, obwohl die Gewährleistungsfrist noch läuft, sollten Kunden sich schriftlich geben lassen, dass der Verkäufer von Gewährleistung prinzipiell nichts wissen will. Denn dann können sie den Kauf sofort rückgängig machen.

Vorgehen im Streitfall

Gravierende Schritte wie einen Rücktritt vom Kaufvertrag sollten Kunden nicht auf eigene Faust unternehmen, sondern zuvor eine **Rechtsberatung** einholen. Dies ist bei der Verbraucherzentrale oder einem Rechtsanwalt möglich. Allgemeine Auskünfte, etwa zur Zulässigkeit von Rechnungsposten bei Handwerkern, erteilen die Schlichtungsstellen der Handwerkskammern.

Auch wer keine Auseinandersetzung vor Gericht riskieren will, kann seinen Fall einer **Schlichtungsstelle** vortragen. Zwar existiert keine Einrichtung für Küchen- beziehungsweise Möbelkäufe – Verbraucher können sich jedoch an folgende Adresse wenden:

❱ Allgemeine Verbraucherschlichtungsstelle des Zentrums für Schlichtung e. V., Fax: 07851/7957941, E-Mail: mail@verbraucher-schlichter.de, Internet: verbraucher-schlichter.de

Wer **im Internet** einen Kauf- oder Werksvertrag abgeschlossen hat, bei dessen Abwicklung es zu Problemen kommt – etwa wegen Mängeln an gelieferter Ware, Nicht- oder Teillieferung oder im Zusammenhang mit einem Widerruf –, kann sich an den Online-Schlichter des Zentrums für Europäischen Verbraucherschutz wenden. Voraussetzung: Verbraucher oder Unternehmer haben ihren Sitz in Baden-Württemberg, Bayern, Berlin, Brandenburg, Hessen, Rheinland-Pfalz oder Schleswig-Holstein.

❱ Online-Schlichter, Internet: online-schlichter.de

Informationsquellen

Detaillierte Informationen und vertiefende Darstellungen zu sämtlichen Themen dieses Buches, zu Fragen der Energieeffizienz und des nachhaltigen Wirtschaftens finden Sie im Internet. An dieser Stelle liefern wir Ihnen in alphabetischer Reihenfolge eine Auswahl seriöser und neutraler Quellen.

amk.de Die Arbeitsgemeinschaft Die Moderne Küche e.V. (AMK) ist der Fach- und Dienstleistungsverband der Küchenbranche und informiert auf seinen Internetseiten unter anderem über Entwicklungen und Trends in der Branche und stellt Ratgeber für Verbraucher bereit, etwa zu den Themen Küchenkauf und Küchenpflege.

bzfe.de Auf den Seiten des Bundesamts für Ernährung (BZfE) finden Verbraucher neutrale und verlässliche Informationen zu einer sicheren und nachhaltigen Auswahl von Lebensmitteln sowie Entscheidungshilfen für den Alltag. Die Palette reicht von der Produktion von Lebensmitteln über Fragen der Kennzeichnung bis zu Tipps für eine ausgewogene Ernährung.

deutschland-machts-effizient.de Die Kampagne des Bundesministeriums für Wirtschaft und Energie informiert über Möglichkeiten der Energieeinsparung – von Alltagstipps zu Heizung, Beleuchtung, Mobilität und Hausgeräten über Förderprogramme für Eigenheime bis zu Gesetzen und Verordnungen.

hausgeraete-plus.de Die Initiative Hausgeräte+ liefert neutral und herstellerübergreifend Kriterien für den Neukauf von Elektrogeräten und Entscheidungshilfen für den vorgezogenen Austausch. Darüber hinaus bietet sie Informationen rund um Hausgeräte, deren Nutzung sowie das EU-Energielabel. Getragen wird die Initiative von HEA, Hausgeräteindustrie und Energiewirtschaft.

hea.de Die Fachgemeinschaft für effiziente Energieanwendung e.V. (HEA), in der u. a. Stromversorger, Elektronikunternehmen und Gerätehersteller vertreten sind, liefert auf ihrer Website detaillierte und übersichtlich strukturierte Fachinformationen sowie Checklisten zu Fragen der Küchenplanung sowie den wichtigsten Haushaltsgeräten wie Backöfen, Geschirrspüler und Kochfeldern.

kuechen-atlas.de Unabhängig von Herstellern, Händlern und Verbänden liefert Europas größtes Küchenportal umfangreiche Informationen rund um den Kauf einer Einbauküche – von Fragen der Ergonomie über Küchenstile und Planungsgrundlagen bis zu Spartipps für den Kauf. Interessenten können sich auf der Website darüber hinaus Küchenstudios und Anbieter von Musterküchen in ihrer Nähe anzeigen lassen.

label-online.de Internetportal der Verbraucher-Initiative e. V., das über Labels, Siegel und Gütezeichen in der Warenwelt informiert. Auf Basis von Bewertungen und Hintergrundinformationen sollen Konsumenten schnell erfassen können, welches Zeichen was bedeutet und welche Qualität dahintersteckt.

test.de Ob Kochfelder, Küchenmaschinen oder Geschirrspülmittel – auf der Website der Stiftung Warentest finden Sie kostenlos umfangreiche Informationen zu allen Haushaltsbereichen. Gegen Gebühr bieten wir Ihnen sämtliche im test-Magazin veröffentlichten Testberichte der vergangenen Jahre, die Sie im PDF-Format abrufen können. Für die wichtigsten Einbaugeräte wie Kühlschränke und Geschirrspüler stehen Ihnen fortlaufend aktualisierte Datenbanken (Produktfinder) zur Verfügung, mit deren Hilfe Sie sämtliche von uns getesteten Geräte nach ihren Eigenschaften und Funktionen filtern und vergleichen können.

verbraucherzentrale.de Website der Verbraucherzentralen mit aktuellen Informationen, unter anderem zu den Themen Umwelt, Energie und Verträge. Außerdem finden Interessenten eine Übersicht über Beratungsangebote vor Ort und haben die Möglichkeit, einen Beratungstermin zu vereinbaren beziehungsweise sich telefonisch oder per E-Mail helfen zu lassen.

Stichwortverzeichnis

Die Stiftung Warentest wurde 1964 auf Beschluss des Deutschen Bundestages gegründet, um dem Verbraucher durch vergleichende Tests von Waren und Dienstleistungen eine unabhängige und objektive Unterstützung zu bieten.

Wir kaufen – anonym im Handel, nehmen Dienstleistungen verdeckt in Anspruch.

Wir testen – mit wissenschaftlichen Methoden in unabhängigen Instituten nach unseren Vorgaben.

Wir bewerten – von sehr gut bis mangelhaft, ausschließlich auf Basis der objektivierten Untersuchungsergebnisse.

Wir veröffentlichen – anzeigenfrei in unseren Büchern, den Zeitschriften test und Finanztest und im Internet unter test.de

Der Autor: Christian Eigner ist freier Journalist mit Schwerpunkt Verbraucherthemen und Textchef. Der Autor mehrerer Ratgeber schreibt auch regelmäßig für die Zeitschriften test und Finanztest – vor allem zu den Themen private Finanzen sowie Bauen und Wohnen.

1. Nachdruck
© 2021 Stiftung Warentest, Berlin

Stiftung Warentest
Lützowplatz 11–13
10785 Berlin
Telefon 0 30/26 31–0
Fax 0 30/26 31–25 25
www.test.de
email@stiftung-warentest.de

USt-IdNr.: DE136725570

Vorstand: Hubertus Primus
Weitere Mitglieder der Geschäftsleitung:
Dr. Holger Brackemann, Julia Bönisch, Daniel Gläser

Programmleitung: Niclas Dewitz

Autor: Christian Eigner
Projektleitung/Lektorat: Uwe Meilahn
Mitarbeit: Merit Niemeitz
Korrektorat: Maria Völker, Berlin

Fachliche Unterstützung: Michael Bruns (Recht)
Umschlag und Gestaltung: Phillip Hailperin, Berlin
Layout/Satz: Phillip Hailperin, Berlin
Bildredaktion: Phillip Hailperin, Berlin, Uwe Meilahn
Illustrationen: Michael Römer, Berlin S. 13, 14, 15, 18
Bildnachweis: AMK S. 4, 11, 20, 27, 40/41, 43, 51, 57, 83, 85, 95, 99, 111, 122, 133, 137, 141, 143, 150, 154/155, 166; Franke Kitchen Systems S. 21, 29; Getty Images/iStockfoto S. 4, 6/7, 9, 23, 30, 33, 62, 65, 68, 77, 80/81, 108/109, 114, 120, 125, 130, 149, 157, 161, 163, 165, 168; Hettich S. 26, 119; Leicht/P. Schumacher S. 31; Miele & Cie. KG S. 76; Neff S. 5 (2x), 73, 97, 100; Ritterwerk GmbH S. 19; shutterstock S. 54; Umschlag: Mauritius images (U1), AMK (2x U4), Neff

Produktion: Vera Göring
Verlagsherstellung: Rita Brosius (Ltg.), Romy Alig, Susanne Beeh
Litho: bildpunkt, berlin
Druck: Firmengruppe APPL, aprinta druck, Wemding

ISBN: 978-3-7471-0123-0

Wir haben für dieses Buch 100 % Recyclingpapier und mineralölfreie Druckfarben verwendet. Stiftung Warentest druckt ausschließlich in Deutschland, weil hier hohe Umweltstandards gelten und kurze Transportwege für geringe CO_2-Emissionen sorgen. Auch die Weiterverarbeitung erfolgt ausschließlich in Deutschland.